영문법에 관한 진실한 이야기
The Truth about English Grammar

The Truth about English Grammar

© 2024 by Geoffrey K. Pullum

Korean translation copyright © 2025 by A Certain Book

This edition is published by arrangement with Polity Press Ltd., Cambridge through PubHub Agency. All rights reserved.

이 책의 한국어판 저작권은 펍헙에이전시를 통해 **Polity Press Ltd**와 독점 계약한 도서출판 어떤책에 있습니다. 저작권법에 의해 한국 내에서 보호를 받는 저작물이므로 무단 전재와 무단 복제를 금합니다.

The Truth about English Grammar
영문법에 관한 진실한 이야기

제프리 풀럼 지음
경규림 옮김

현대 영어의 가장 체프리 풀럼의 영문법

Geoffrey K. Pullum

어떤책

한국어판 서문
현대적이고 일관된 관점으로 영문법을 소개합니다

한국어의 축복받은 문자 체계인 한글은 그 우아함과 소리를 정확하게 표현하는 능력으로 전 세계 언어학자들의 찬사를 받고 있습니다. 오늘날 8100만 한국어 사용자가 훈민정음을 창제하고 널리 보급한 세종대왕을 기리고 존경하는 것은 지극히 당연합니다.

영어는 좀 다릅니다. 영어 문자 체계인 알파벳에는 심각한 결함이 있습니다. 영어는 수천 년에 걸쳐 진화했지만 모호함, 예외, 불일치로 가득 차 있습니다. 그럼에도 우연히 일어난 역사적 사건들이 영어의 전 세계적 확산을 이끌었고, 이제 영어는 15억 명의 사람들이 유창하게 구사하는 글로벌 언어의 지위를 누리고 있습니다. 이는 다소 부당하게 느껴지는 사실입니다.

좋든 싫든 한국 학생들은 학창 시절 동안 8~9년을 영어 학습에 투자하며 혼란스러운 철자법과 복잡한 문법을 익히느라 고군분투해야 합니다. 따라서 학생들을 실질적으로 도울 수 있는 영어 교재가 필요합니다. 그러나 안타깝게도, 시중에 나와 있는 수천 권의 영문법 교재 중 상당수가 모호한 내용을 담고 있는 것이 현실입니다.

이 책은 현대적이고 일관된 관점을 바탕으로 초보자도 이해할 수 있게 영문법을 소개합니다. 이 책은 더 방대하고 기술적인 책《케임브리지 영문법》을 기반으로 하고 있지만, 훨씬 더 쉽고 가볍습니다. 고등학생과 대학생은 이 책의 내용을 대부분 이해할 수 있을 것입니다. 이 책은 이미 아시아 여러 나라의 학생들과 교사들로부터 피드백을 받았습니다. 그렇기에 더욱 이번 한국어판이 한국의 훌륭한 영어교사들에게도 유익하고 고무적인 책이 되리라 기대합니다.

이 책은 명사, 동사, 형용사 등 문법적으로 유사한 집합인 단어 범주에 대해(흔히 '품사'라고 일컬어지는) 새로운 정의를 제시합니다. 내가 내린 정의는 의미보다는 문법적 사실에 근거합니다. 어떤 경우에는 기존 문법서와 단어 범주를 완전히 다르게 분류합니다. 예를 들어, 전치사를 다루는 10장에서 여러분은 대부분의 영어 문법서에서 반복하는 18세기 방식의 분류와 그 오류를 확인하게 될 것이며 곧이어 내가 제시하는 현저히 다른 분석을 발견할 수 있을 것입니다. 그리하여 여러분이 기존에 부사라고 알고 있던 단어들이 대거 전치사임을 확인할 수 있을 것입니다.

나는 또한 오래된 문법서에 나오는 근거 없는 경고와 금지사항을 비판합니다. 특히 9장(부사), 14장(수동절), 16장(문법 오류가 아닌 것들)에서 매우 유명한 글쓰기 책들에 대해 강하게 비판하는 내용을 확인할 수 있을 것입니다.

유명한 글쓰기 책들에 대한 나의 비판은 논란을 불러일으킬 수 있습니다. 예상 가능한 이런 논란은 오히려 환영할 만한 일입니다. 영문법은 종교적 교리처럼 받아들여야 할 확립된 진리가 아니라, 지속적으로 과학적 탐구가 이루어지고 있는 역동적인 분야기 때문입니다. 제 연구는 수천 권의 전통 문법서에서 반복된 문법 개념을 거부하는 움직임을 이끌어 냈습니다. 저는 한국의 영어교사들이 나의 주장을 비판적으로 성찰한 뒤 나의 의견에 동의해 줄 것을 기대합니다. 또한 한국의 동료들과 앞으로 많은 논의를 나눌 수 있기를 바랍니다.

2025년 1월 한국의 동료들에게
제프리 풀럼

◆ 차례 ◆

한국어판 서문. 현대적이고 일관된 관점으로 영문법을 소개합니다 · 4
서문. 가짜 규칙에서 벗어나기 · 8
이 책의 표기법에 관해 · 14

1장. 들어가며 Introduction · 17
"200년 전에 만들어진 근거 없는 규칙은 잊어라"

2장. 절, 문장, 그리고 구 Clauses, sentences, and phrases · 29
"문법이란 문장을 구성하는 원리다"

3장. 단어의 종류 Types of words · 43
"단어는 여덟 개가 아니라 아홉 개의 범주로 나뉜다"

4장. 절의 종류 Clause types · 53
"평서절이라 하더라도 물음표로 끝날 수 있다"

5장. 명사와 명사구 Nouns and their phrases · 61
"대명사는 명사의 한 종류다"

6장. 한정사 Determinatives · 89
"한정사는 30~40개의 단어에 수를 나타내는 단어를 합한 어휘 집단이다"

7장. 동사 Verbs · 97
"동사가 반드시 행동을 나타내는 것은 아니다"

8장. 형용사 Adjectives · 119
"전통적 관점에 따르면 거의 모든 단어가 형용사가 되고 만다"

9장. 부사 Adverbs · 131
"우리가 부사라고 알고 있는 것들의 상당수는 전치사다"

***10장. 전치사** Prepositions · 145*

"home은 전치사다"

***11장. 접속사, 종속사, 감탄사** Coordinators, subordinators, and interjections · 157*

"because, although, if 같은 단어는 접속사가 아니다"

***12장. 내용절** Content clauses · 169*

"'명사절'이 아니라 '내용절'이라고 부르자"

***13장. 시제 없는 종속절** Tenseless subordinate clauses · 177*

"동사원형절, 동명분사절, 과거분사절"

***14장. 수동절** Passive clauses · 189*

"수동태를 쓰지 말라는 말은 잊어라"

***15장. 관계절** Relative clauses · 205*

"that과 which 중 무엇을 써야 할까?"

***16장. 문법 오류가 아닌 것들** Mythical grammar errors · 217*

"문법 실수에 대한 두려움을 없애는 방법"

***17장. 철자법과 문장부호** Spelling and punctuation · 259*

"일관성을 유지하는 게 중요하다"

***18장. 스타일** Style · 291*

"비격식과 격식 사이의 중간 정도를 알아 두자"

권장 도서 목록 · 305
용어 해설 · 315
찾아보기 · 324

서문
가짜 규칙에서 벗어나기

자신의 영문법 실력이 형편없다고 생각한 적이 있는가? 그렇다면 마음을 좀 편히 가져 보길 바란다. 나는 여러분이 영문법에 얽매이기보다 오히려 영문법 스트레스로부터 놓여나기를 바라며 이 책을 썼다. 이 책의 목적은 독자 여러분에게 영문법에 관한 사전 지식이 없다는 가정하에 가장 기초가 되는 영문법의 원칙을 소개하고, 그 원칙들을 좀 더 세련되고 일관되게 설명하는 것이다. 또한 이 책은 문법 실수에 관한 두려움으로부터 여러분을 자유롭게 해 줄 것이다. 놀랍게도 우리가 보통 실수라고 여기는 수많은 '문법 오류'가 사실 존재하지도 않고 존재한 적도 없는 규칙을 바탕으로 하고 있다.

엄격한 영문법 지키기 뒤에 숨어 있는 차별주의
이 세상에는 스스로를 영어의 지혜와 아름다움의 수호자쯤으로 여기며 다른 이들을 괴롭히는 사람들이 있다. 그런 사람들은 흔히 '정확성'을 빌미로 꼬투리를 잡는다. 오래된 영문법의 도그마에 사로잡혀 잘못된 주장을 펼치는 것이다. 나는 그런 사람들에게 시간을 할애할 생각이 없다. 그들은 그저 자기에게 익숙하지 않은, 별로 좋아하지 않는 다양하고도 새로운 영어에 반대하는 것일 뿐이니까("요즘 사람들이 말하는 방식은 끔찍해!"라고 하면서). 그들의 견해에는 종종 인종이나 계급에 관한 편견이 들어 있다. 결국 자기와 비슷한 환경에서 자라고 비슷한 교육을 받은 사람들이 쓰는 영어를 선호하는 깃이다.

더 큰 문제는 기존 영문법 책들이 진짜 중요한 문법 규칙조차 제대로 다루지 못하거나, 잘못 다루거나, 혹은 모순된 방식으로 다루고 있다는 점이다. 수천 권의 책에서 말 그대로 모호한 일반화와 쓸모없는 정의가 반복해서 나온다. 그런데도 영문법을 결코 의문을 제기하거나 수정해서는 안 되는 도그마처럼 여기는 경우가 너무 많다. 기존 영문법 책들은 이런 설명을 한다.

명사: 이름을 나타내는 단어

동사: 동작을 나타내는 단어

조동사: 동사를 돕는 단어

형용사: 명사를 수식하는 단어

부사: 동사를 수식하는 단어

대명사: 반복을 피하고자 명사 대신 사용하는 단어

전치사: 명사 앞에 위치하며 다른 명사와의 관계를 나타내는 단어

이 가운데 제대로 된 정의는 단 하나도 없다. 이런 정의를 액면 그대로 받아들이는 사람이라면, 영문법이란 도통 말이 안 된다고 생각할 가능성이 크다.

나는 어린 시절부터 영문법에 관심이 많았다. 2002년에 로드니 허들스턴^{Rodney Huddleston}과 함께 《케임브리지 영문법^{The Cambridge Grammar of the English Language}》을 집필했는데, 로드니는 그 책을 쓰는

과정에서 지난 수 세기에 걸쳐 통용된 문법 전통에서 벗어나 영어라는 언어를 좀 더 일관성 있는 용어로 설명해야 한다는 사실을 내게 명확히 보여 주었다. 그러나 《케임브리지 영문법》은 어느 정도 언어학에 기초가 있는 전문가를 위해 쓴 방대한 책이다(1,860페이지). 반면 이 책은 문법에 관한 사전 지식이 없고, 적당한 분량의 이해하기 쉬운 입문서를 원하는 독자를 위해 썼다.

전통적인 도그마 대부분을 폐기하는 이 책이 기존 영문법 책 저자들에게 반가울 리 없다. 기본적으로 인기 있는 영문법 입문서와 교과서, 강의 교재는 하나같이 시대에 뒤떨어져 있다. 그런 책의 용어와 개념을 버리려는 나의 시도가 그 저자들에게 달갑지는 않을 것이다.

영문법의 근거는 사람들이 실제 사용하는 언어에 있다
시간이 지났으니 영어도 변해야 한다는 얘기가 아니다. 내가 영문법을 새로운 방식으로 설명해야 한다고 주장하는 이유도 그와는 거리가 멀다. 물론 영어는 변한다. 하지만 그 변화는 아주 천천히 나타나고 별다른 문제를 일으키지도 않는다. 우리는 100년 전에 나온 책들도 여전히 잘만 본다. 뱀파이어물 《트와일라잇》의 젊은 팬들을 생각해 보자. 그들은 자신이 태어나기 100년도 더 전에 출간된(1897년) 브램 스토커의 고전 《드라큘라》를 어려움 없이 읽는다. 한 세기나 두 세기가 지났어도 영문법의 변화는 기껏해야 기성세대가 요즘 젊은이들의 화법을 두고 비난하거나 불평하는 정도로 사소하다.

사실 더 심각한 문제는 문법 규칙이 무엇인지에 관한 착각이다. 많은 사람들이 규칙에 대해 이야기하지만, 정작 그 규칙을 뒷받침하는 근거를 너무 쉽게 무시한다. 영국의 언론인이자 역사가이며 작가인 사이먼 헤퍼$^{Simon\ Heffer}$는 "전문 작가들까지 포함해, 다른 사람들이 영어를 쓰는 방식에서 나타나는 '근거'에 영향을 받고 싶지는 않다"라고(《엄밀한 영어$^{Strictly\ Enlish}$》의 서문) 썼다. 헤퍼가 따르는 문법의 근거는 결국 개인적인 불만이나 주관적인 개혁 의지, 혹은 자신이 생각하는 논리뿐이다. 그러나 이는 사실상 문법이 기댈 수 있는 유일한 근거, 즉 '영어에 능숙한 사람들이 실제로 말하고 쓰는 방식'을 무시하는 발언이다.

괜한 트집을 잡거나 반대하려는 목적으로 이런 얘기를 하는 게 아니다. 나의 목적은 실제로 사람들이 말하고 쓰는 영어를 근거로 삼아 '진짜' 영문법을 이해하기 쉽게 제시하는 것이다. 강조하자면, 문법이란 특정 개인이나 기관이 선포해 탄생한 것이 아니다. 사람들의 실제 언어 사용이 먼저고, 정리가 나중이다. 문법이 사람들이 실제로 쓰는 말과 글에 바탕을 두지 않는다면, 그 문법에는 어떠한 합리적 근거도 없다.

그런데 근거를 바탕으로 문법을 수정하는 것보다 더 중요한 일이 있다. 이는 우리가 지난 250여 년간 기대 온 문법 정의와 가정의 전체 틀, 바로 이 틀 자체를 바꾸는 일이다. 우리에게는 문법 체계를 현대적 관점에서 설명할 수 있는 새로운 개념적 틀이 필요하다. 그 틀을 세우려면 새로운 용어가 필요하다. 하지만 이 책에 해부학이나 화학에서처럼 복잡한 용어가 나오지는 않을 테니 너무 걱정하지 않아도 된다. 어쩌면 여러분은 영어 문장의 구조를 면밀히 살펴보는 일이 의외로 흥미롭고 유익하다는 사실을 발견할지도 모른다.

문법을 좀 안다고 갑자기 글이 확 좋아지지는 않는다. 좋은 글은 몇 가지 규칙이나 정의를 안다고 마법처럼 나오는 것이 아니라, 자신이 의도한 대로 효과를 내는 문장을 쓰기 위해 꾸준히 노력할 때 비로소 나온다. 하지만 문법을 알게 되면 무엇이 문제인지 파악하는 능력이 크게 향상되고, 문법이나 용례, 스타일을 상세히 다루는 책에 나오는 조언을 (그 조언이 바람직하든 그렇지 않든) 더 잘 이해할 수 있게 된다.

많은 사람이 이 책에 영향을 주었고, 그중 일부는 매우 큰 영향을 끼쳤다. 로드니 허들스턴은 늘 전통 영문법에 개정이 필요한 이유를 알려 주는 기초 문법서가 필요하다고 말해 왔는데, 이 책이 바로 그런 역할을 할 수 있기를 바란다. 나의 친구이자 《학생을 위한 영문법 입문 A Student's Introduction to English Grammar》 개정판에 없어서는 안 될 공동 저자인 브렛 레이놀즈 Brett Reynolds는 지난 십수 년간 내가 문법을 더 잘 이해하도록 헤아릴 수 없이 많은 방식으로 큰 도움을 주었다. 브렛은 큰 그림을 이루는 이론적 핵심뿐 아니라 아주 세세한 사항까지 파악할 줄 아는 탁월한 능력의 소유자다. 브렛의 그런 능력은 이 책의 초안을 개선하는 데 실질적인 역할을 했다. 폴리티프레스 출판사의 기획편집자 이안 말콤 Ian Malcolm은 실수를 잡아내고 개선하도록 통찰력 있는 제안을 해 주었다.

최종 원고를 함께 작업한 교정교열 편집자 저스틴 다이어 Justin Dyer에게도 특별히 감사 인사를 전한다. 저자에게 편집 과정이란 보통 원치 않는 변경 사항과 이의 제기에 직면하는 경험이다. 하지만 저스틴과의 작업은 완전히 달랐다. 저스틴은 마치 훌륭한 동료처럼 이 프로젝트를 완벽하게 이해했고, 최종 원고를 다듬고 마지막 단계에서 찾아낸 오류를 수정하는 데까지 아주 큰 기여를 했다. 저스틴은 단순히 잘못된 부분을 수정하는 것에 그치지 않고 책 전체를 마치 음악을 듣는 것처럼 머릿속에서 그려 냈다. 책을 완성하는 과정을 이토록 즐거운 경험으로 만들어 준 그에게 깊은 감사를 전한다.

마지막으로 내 삶의 동반자인 문법학자 조안 말링Joan Maling에게 감사를 전한다. 조안은 지난 수십 년간 예리한 편집자의 눈으로 내가 글쓰기를 개선할 수 있도록 도왔다. 내게 조안은 언어학적 지혜의 샘이며, 동시에 유익한 참고문헌을 알려 주고 적절한 예시에 관한 아이디어를 주는 동료다. 학문의 길뿐 아니라 인생의 길을 함께 걸어가는 조안에게 깊은 감사를 전한다.

이 책의 표기법에 관해

예문을 제시하거나 문장에서 특정 단어를 언급할 때는 기울임체를 사용했다. 예를 들면 다음처럼 썼다.

*the*는 정관사라고 부른다.

문법 용어는 종종 굵은 활자체로 표기했다. 예를 들면 다음처럼 썼다.

*the*는 **정관사**라고 부른다.

본문에서 강조하고 싶은 곳에도 굵은 활자체를 적용했다. 예를 들면 다음과 같이 썼다.

이는 **결단코** 사실인 적이 없다.

사전의 표제어는 기울임체를 적용한 후 검정 사각형에 넣었다. 또한 첫 글자는 대문자로 표기했다. 이런 단어를 어휘소라고 하는데 자세한 내용은 3장에서 설명한다. 예를 들면 다음과 같이 썼다.

어휘소 **Break** 에는 *break, broke, broken, breaking*과 같은 형태가 있다.
They 단수가 때때로 *themself*라는 재귀대명사를 취하기도 한다.

단어의 특정 나열이 문법 규칙에 위배된다는 것을 보여 주기 위해서 취소선을 사용했다. 예를 들어 부사의 적절한 위치를 설명하기 위해 다음의 예처럼 표기했다.

*The police obviously know about it.*경찰은 분명히 알고 있다.
~~*The obviously police know about it.*~~

이는 두 번째 문장이 사람들이 일반적으로 쓰지 않는 문장이라는 점을 명확하게 보여 주기 위함이다. 취소선은 해당 문장에 심각한 문법 오류가 있다는 것을 의미한다.

문장이 이상하게 들리거나 상당한 오류가 있다는 것을 나타내기 위해서 이따금 두 개의 물음표를 문장 앞에 넣기도 했다. 예를 들면 다음과 같이 썼다.

??*Verdi was a composer and many operas were written by him.*??베르디는 작곡가였고 많은 오페라가 그에 의해 쓰였다.

앞 문장이 문법적으로 완전히 잘못된 것은 아니다. 하지만 이렇게 쓰는 사람은 거의 없다(대신 *and he wrote many operas*그리고 그는 많은 오페라 곡을 썼다라고 한다). 왜 앞의 문장이 이상한지는 설명할 수 있어야 하며 이는 14장에서 다룬다.

문장의 일부분에 주의를 끌기 위해 때때로 밑줄을 사용했다. 예를 들어 다음 문장에서처럼 삽입구에 밑줄을 쳤다.

He must, <u>for heaven's sake</u>, have known. 그는 정말이지 분명 알고 있었을 것이다.

1장.
들어가며

Introduction

◆◆◆

200년 전에 만들어진 근거 없는 규칙은 잊어라.

사람들은 대부분 언어 사용이 **단어** 선택의 문제라고 생각하는 것 같다. 이는 사실이 아니다. 사전의 모든 단어를 알고 있어도 아무 말도 하지 못할 수 있다. 언어를 사용하려면 **문장**을 구성할 수 있어야 한다. 즉, 문법 규칙을 따라야 한다. 단순히 말하자면 **문법**은 '언어의 문장 구성 방식을 규정하는 체계'다. 그 방식은 언어마다 다르다.

이 책은 단어 혹은 단어의 의미와 용도가 아닌, 문장이 어떻게 조합되는지에 초점을 맞추고 있다. 명사 *impact*를 동사로 사용해도 되는지 아닌지를 말하는 것은 나의 역할이 아니다. 내가 할 일은 여러분이 명사와 동사가 무엇인지를, 그리고 문장에서 어떤 역할을 할 수 있는지를, 혹은 할 수 없는지를 정확히 알게 하는 것이다. '이것은 당신의 삶에 영향을 줄 수 있다'라는 뜻의 문장을 *impact*를 동사로 써서 *This could impact your life*로 쓸지, 아니면 *impact*를 명사로 써서 *This could have an impact on your life*로 쓸지는 여러분 스스로 결정하면 된다. 언론에서는 *will have an impact on the*를 *will impact the*보다 세 배나 네 배 정도 더 자주 사용하는 것으로 나타나지만, 전문 작가들은 분명 두 표현 모두 쓴다. 그러니 결정은 여러분의 몫이다.

영어 원어민조차 문법이 틀렸을까 봐 두려워한다
애석하게도 교육수준이 높은 수많은 영어 사용자조차 자신의 판단을 신뢰하지 못한다. 그들은 문법 실수 때문에, 이를테면 부사나 전치사, 혹은 분사를 잘못 써서 창피를 당할까 봐 두려워한다. 또한 문법 규칙을 권위 있는 책 어딘가에 명시돼 있는 것으로 여기며, 그저 그 권위에 따라야 한다고 생각한다.

어째서 영어를 평생 사용해 온 사람들조차 존재하지도 않는 규칙을 두려워할까? 지나치게 보수적인 수천 권의 영문법 책, 그리고 수많은 영작문 교육 웹사이트와 문법 검사 앱 때문이기도 할 것이다. 그러나 안타깝게도, 영문법 전문가라 자처하는 사람들이 쓴 책에서 반복되는 내용 중 상당수는 사실과 다르다. 어떤 내용들은 거짓은 아닐지라도 어설프며, 자칭 전문가들이 제시하는 규칙과 금기사항은 종종 허구에 가깝다.

규칙이 없다거나 규칙을 무시해도 된다는 말이 아니다. 글쓰기에 정해진 규칙이 아예 없다고 말하는 아주 자유분방한 성향의 글쓰기 교육자도 있을지 모르지만, 그런 사람들의 말조차 진짜 규칙이 없다는 뜻은 아닐 것이다. 규칙은 당연히 있다. 수많은 규칙이 존재한다. 만약 내가 여러분에게 다음의 말을 내뱉었다고 생각해 보라. **If I didn't follow the usual rules of English word order, then figure almost find I saying it out to impossible totally was what would you.**

이번에는 같은 문장에서 **then** 다음 부분을 영어의 규칙에 맞게 다시 써 보겠다. **If I didn't follow the usual rules of English word order**,만약 내가 영어의 일반적인 어순 규칙을 따르지 않았다면, **then you would find it almost totally impossible to figure out what I was saying**.여러분이 내 말을 이해하는 것은 거의 불가능하다.

이 문장 뒷부분의 열네 단어는 총 **87,178,291,200**개의 서로 다른 순서로 배열될 수 있는데, 그중에서 문법적으로 허용되는 순서는 단 몇 개뿐이다. 의도한 의미를 정확히 표현하는 단어의 배열은 내가 보기에 단 하나다. 나머지 87,178,291,199개 조합 중 하나를 선택하면 어떤 오류가 생기거나 아무도 이해할 수 없는 횡설수설이 된다. 그러니 내가 하려는 말은 규칙을 가볍게 여기거나 무시해도 된다는 얘기가 절대 아니다. 규칙이 무엇인지 정확히 파악해야 한다는 말이다.

문법과 스타일

영어는 세계에서 가장 중요한 언어고(영어의 위상은 현재로서는 의심의 여지가 없다), 따라서 영문법을 아는 것은 누구에게나 유용할 수 있다. 이미 많은 사람들이 대부분을 마스터한 영어 문장 체계의 복잡성을 일부 살펴보는 일은 그 자체로 흥미로울 뿐만 아니라, 영문법 지식은 영작 스타일에 관한 조언을 이해하는 데 필수다. 스타일은 문법이 제공하는 가능성을 효과적으로 활용하는 문제다. 그러니 기본적인 문법 개념도 알지 못한 채로 글의 스타일이 이러니저러니 얘기하며 비판하거나 글을 개선하기란 불가능하다. 해부학이 패션 디자인의 기초인 것처럼 문법은 영작 스타일의 기초다. 사람에게 팔, 다리, 팔꿈치, 무릎, 발이 있다는 사실을 모른 채 패션 디자인 전문가가 될 수는 없지 않은가.

하지만 글의 스타일을 특징짓는 속성들을 문법만으로 설명할 수는 없다. 이 책은 피할 수 있는 진부한 표현이나 더 이상 사용되지 않는 단어, 격식에 맞지 않는 표현, 수사적 힘이 떨어지는 표현에 관해서는 거의 다루지 않는다. 많은 사람들이 이런 주제에 흥미를 느끼겠지만, 이런 것들은 종종 매우 주관적이며 흘러가는 유행에 영향을 받는다.

문법은 어떤 단어들의 조합이 문장인지 아닌지를 결정하는 원칙에 관한 문제다. 내가 이 책을 쓴 이유는 문법 주제로 글을 쓰는 작가들이 지난 2~3세기 동안 잘못된 분석을 했고, 시대에 뒤떨어지거나 투박한, 혹은 완전히 잘못된 방식으로 문법을 설명해 왔기 때문이다. 혼란스러운 문법 교육이 도그마가 돼 18세기 이후부터 여러 세대에 걸쳐 전해졌고 문법서들은 부끄럽게도 종종 서로를 표절하고 서로의 실수를 반복해 왔다.

형용사와 부사 사용을 피해야 할까?

우리는 특유의 스타일이 있는 숙련된 작가라면 문법 규칙을 어기는 위험을 감수해도 된다는 말을 종종 듣는다. 하지만 규칙을 어기는지 마는지는 내게 중요한 문제가 아니다. 내 관심사는 규칙이 무엇이어야 하는지에 있고, 내가 문제 삼는 건 영어를 쓰는 방법을 알려 주는 책 대부분에 그 누구도 따르지 않는 가짜 규칙이나 금기사항이 가득하다는 점이다. 예를 들어, 영어를 잘 쓰는 방법에 관한 많은 책에서 우리는 형용사와 부사의 사용을 피하라는 터무니없는 조언을 발견할 수 있다. 내가 하려는 말은 여러분이 숙련된 작가라면 가끔 형용사나 부사를 써도 된다는 얘기가 아니다. 글에 형용사나 부사를 쓰지 말라고 말하는 사람들은 자신이 무슨 말을 하는지도 모르면서 여러분의 시간을 낭비하고 있다는 것이다.

나는 여러분의 시간을 낭비하고 싶지 않다. 그래서 이 책을 최대한 간결하게 만들었다. 나는 여러분이 누군가 읽을 영어 글을 가능한 한 잘 쓰고 싶어 한다고 가정할 것이다. 당연한 얘기다. 자기만 보는 글이라면 어떻게 쓰든 상관없을 테니까. 또한 여러분이 이전에 영문법을 깊이 공부한 적이 없고, 따라서 문법학자들이 쓰는 온갖 전문용어에 익숙하지 않을 수 있다고 생각하겠다. 그래서 필요한 용어가 나올 경우, 그 용어만 간단하게 설명할 예정이다. 여러분 또한 영문법이라는 주제에 무한한 시간을 쏟을 수는 없을 테니 난해하고 세세한 설명이나 역사적 배경을 포함하는 여담, 재밌는 농담, 유치한 삽화 등은 바라지 않을 것으로 생각하겠다.

문장을 쓸 때 어떤 스타일을 채택해야 하는지는 그 글의 독자가 누구인지에 달렸다. 어떤 글의 독자는 학생의 과제를 채점하는 교사나 교수, 잡지 편집자, 혹은 보고서와 이메일을 읽는 상사처럼 단 한 사람일 수도 있다. 어떤 글의 독자는 소셜미디어 채널의 소수 팬이나, 수백 명의 블로그 구독자, 혹은 비즈니스 때문에 소통해야 하는 수천 명의 고객일 수 있다. 어쩌면 문학계를 뒤흔들 획기적인 소설을 눈앞에 둔 수백만 명의 사람들이 독자일지 누가 알겠는가. 그러니 독자에 관해서라면 나는 그 어떤 가정도 하지 않을 셈이다.

200년 전 만들어진 근거 없는 규칙들
이 책에서 나의 임무는 대부분의 문법책이 경전처럼 반복하는 익숙하고도 오래된 내용을 전달하는 대신, 현대 영문법의 진실을, 즉 진짜 영문법을 여러분에게 보여 주는 것이다.

1992년에 개봉한 《어 퓨 굿 맨^{A Few Good Men}》이라는 영화를 본 적 있는지? 이 영화에는 냉혈한인 제섭 대령이(잭 니컬슨 분) 검사의(톰 크루즈 분) 반대 심문을 받는 장면이 나온다. 검사가 군법회의에서는 진실을 말해야 한다고 말하자, 대령은 목청을 높여가며 미국의 안전을 지키기 위해 무엇이 필요한지 설파한다. 영화사에 기록된 이 명장면에서 이성을 잃은 제섭 대령은 이렇게 소리친다. **"자네는 진실을 감당할 수 없어!"** 여러분은 어떤가? 나는 독자 여러분이 진실을 감당할 수 있으리라고 믿는다.

　지금까지 영문법에 관해 쓰인 내용 중 많은 부분은 거짓이거나 나온 지가 적어도 200년은 지난 것들이다. 영문법 책들은 신뢰를 잃은 지 오래됐고, 좀 더 나은 설명을 제시할 긍정적인 방안이 필요했다. 실제로 문법책 대부분이 얼마나 형편없는지를 확인해 본다면 경악을 금치 못할 것이다. 이런 책들을 볼 때면 나는 마치 의학서적을 들추어 봐도 혈액순환에 관한 언급조차 없고 박테리아나 바이러스에 관한 인식도 전무한 세상에 홀로 남겨진 생물학자가 된 기분이다. 만약 문법서가 문법에 무지한 만큼 의사들이 해부학이나 생물학에 무지했다면, 여러분은 이미 이 자리에 없을지도 모른다.

　빈말이 아니다. 1800년에는 질병에 관한 세균 이론을 생각조차 못 했다. 사람들은 전염병이 악취가 나는 안개 때문에 발발한다고 생각했다. 당시 문법 분야에서 가장 발전된 관점은 린들리 머레이^{Lindley Murray}의 밀리언셀러 영문법 책이었다(1795년에 출판된 이 책은 로버트 로스^{Robert Lowth}의 1762년 저작 《영어 문법 입문^{A Short Introduction to English Grammar}》의 영향을 많이 받았고 이를 상당 부분 표절했다). 1800년대 과학계와 의학계에서는 바시, 코흐, 리스터, 파스퇴르, 슈반, 제멜바이스와 같은 영웅들 덕분에 질병의 원인으로 미생물학 이론이 등장했다. 한편, 생물학에서는 다윈과 월리스의 자연선택에 의한 진화론이 널리 퍼지기 시작했다. 1900년에 이르자 생물학과 의학은 더욱 통합됐고, 두 분야 모두 이루 말할 수 없을 정도의 발전을 이뤘다. 하지만 영문법에서는 거의 진전이 없었다. 다윈이 태어나기도 전에(1809년) 만들어진 낡은 규칙이 여전히 전 세계 교사들의 입에서 입으로 전해지면서 앵무새의 말처럼 반복되고 있는 것이다.

이 책은 그런 반복을 끝내려 한다. 어떤 규칙이 확실히 진실로 확인돼 오늘날에도 유용한 경우를 제외하고는 이전 세기의 도그마를 반복하지 않을 것이다. 내 말을 믿어도 좋다.

미국영어와 영국영어

본론으로 들어가기에 앞서 미국영어와 영국영어 사이에 큰 차이가 있다는 주장을 간단히 짚고 넘어가겠다. 나는 미국과 영국에서 수십 년 동안 영어를 가르쳤다. 그 경험을 바탕으로 말하자면, 그토록 심하게 과장된 차이는 좀처럼 찾아보기 어렵다. 물론 발음 차이는 상당히 있고, 대서양 양쪽에서 각기 다르게 쓰이는 단어들도 많다. 예를 들어 영국에서 *lorry*라고 부르는 자동차를 미국에서는 *truck*이라고 하고, 미국에서는 *fitcher*라고 하는 물병을 영국에서는 *jug*라고 하는 식이다. 철자법도 오랜 옛날부터 조금씩 다르게 표준화됐다(이 책은 미국 철자법을 따른다. 17장 참조). 하지만 문법에서 주목해야 할 점은 그 차이가 얼마나 미미한지다.

문법에서 두 영어 간 차이는 결정적이지 않다

가끔 미국영어와 영국영어 말투에서 몇 가지 차이를 발견할 수 있을 것이다. 미국영어에서는 화자가 단순 과거형인 *I did that already*그거 이미 했어라고 말할 가능성이 더 크지만, 영국영어에서는 화자가 *I've already done that*이라고 말할 것이다. 그러나 둘 다 상대방이 무슨 말을 하는지 이해할 수 있다. 영국영어에서는 화자가 때때로 질문에 *She may do*그녀가 그렇게 해도 괜찮다라고 대답하고, 미국영어에서는 화자가 *do*를 생략할 것이다. 하지만 서로를 이해하는 데에는 아무런 문제가 없다. 미국영어에서 화자는 7시 45분을 *a quarter of eight*라고 하지만, 영국영어에서는 *a quarter to eight*라고 한다. 그러나 여전히 7시 45분 아침 식사 약속 시간에 잘 만날 수 있다. 이 책에서도 문장을 구성할 때 미국영어와 영국영어 중 무엇을 사용할지 결정을 내릴 필요는 거의 없었다.

문법과 단어 선택의 작은 차이가 문화와 세계관 사이에 거대한 장벽이 될 수 있다는 생각은 그야말로 어불성설이다. 오스카 와일드는 1887년에 출간된 단편소설 〈캔터빌의 유령〉에서 "요즘 우리는 미국과 정말 모든 것을 공유하고 있지. 물론 언어만은 제외하고"라고 말했지만, 그건 그저 농담이었을 뿐이다! 조지 버나드 쇼는 영국과 미국이 공통된 언어로 분리된 두 국가라는 얘기를 다양한 방식으로 했지만, 이 또한 현상에 관한 진지한 설명과는 거리가 멀다.

  놀라운 사실은 매일 영어를 사용하는 10억 명이 넘는 사람의 문장 구성 방식이 세세한 부분까지 거의 일치한다는 점이다. 영국 보수주의자들은 '아메리카니즘'이 영국 표준 영어에 유입되고 있다고 불평하지만, 이는 대부분 개별 단어 수준의 문제다(참고로 언어는 쌍방향으로 작용한다. 내 친구인 벤 야고다$^{Ben\ Yagoda}$는 미국영어에 유입된 영국영어 표현을 수집하는 '영국영어의 침투$^{Not\ One\text{-}Off\ Britishisms}$'라는 블로그를 운영하고 있다). 미국에서 바지를 *pants*라고 부르는 한편, 영국에서는 *trousers*라고 부르는 게 사실이지만 실제 문법 규칙에서 중요한 차이는 눈 씻고 찾아봐도 거의 없다. 그럼, 이제 본격적으로 문법 얘기를 해 보자.

2장.
절, 문장, 그리고 구

Clauses, sentences, and phrases

◈◈◈

문법이란 문장을 구성하는 원리다.

가장 중요한 절부터 시작해서 문장, 구 순서로, 생각을 전달할 수 있는 언어의 큰 단위들을 먼저 살펴보자.

절

문법의 가장 기본이 되는 개념은 **절**^{clauses}이다. 모든 언어에서 절은 '하나의 완전한 생각 또는 대화에서 의미 있는 발언을 표현할 수 있는 최소 단위'다. 이를테면 사실에 대한 주장, 특정 상황에 대한 설명, 답을 구하는 질문, 따라야 할 지시 등을 절로 표현할 수 있다. 몇 가지 일반적인 예시를 통해 이를 좀 더 명확하게 살펴보자.

This stinks. 이거 냄새나.

Sperm whales feed almost exclusively on squid. 향유고래는 거의 오징어만 먹는다.

What is cheese made from? 치즈는 무엇으로 만들까?

Cheese is made from milk. 치즈는 우유로 만든다.

What an idiot he was! 정말 멍청한 놈이야!

Get your hand off my leg. 내 다리에서 손 치워.

whose body was never found 시신이 발견되지 않은

which he was looking at 그가 보고 있던

whether she was aware of it or not 그녀가 그걸 알았든 몰랐든

that he was cheating on her 그가 바람을 피우고 있었다는 것

영어의 절은 다른 절을 포함할 수 있다. 예시들 중 마지막 두 절을 예로 들어 보겠다. 앞 문장의 *of it*을 뒤 문장의 *that he was cheating on her*로 대체해 두 절 중 하나를 다른 절 안에 넣을 수 있다.

whether she was aware [*that he was cheating on her*] *or not*그가 바람을 피우고 있다는 걸 그녀가 알았든 몰랐든

이 예시에서는 그의 부정을 다루는 절이 그녀의 인식에 관한 더 큰 절 안에 포함됐다. 전체를 더 큰 절 안에 넣을 수도 있다. 문장의 앞에 *I wonder*를 추가할 수 있다.

I wonder whether she was aware [*that he was cheating on her*] *or not.*그가 바람을 피우고 있다는 걸 그녀가 알았는지 몰랐는지 궁금하다.

문장

문장sentences은 완전한 대화 또는 서술을 위해 단독으로 발화할 수 있는 더 큰 단위다. 문장은 일반적으로 절로 구성된다. 하나의 절이 하나의 문장이 될 수도 있고, 하나의 절을 다른 절 안에 넣거나 두 개 이상의 절을 *and*와 같은 단어로 연결해 하나의 문장을 구성할 수도 있다.

일부 영어 교육자는 문장이 반드시 절의 형태를 취해야 한다

고 주장하지만, 영어 서적을 조금만 읽어 보면 그렇지 않다는 것을 알 수 있다. 하나의 단어가 문장이 될 수도 있다. 이 점에 대해서는 나중에 다시 논의하겠다.

다음은 앞에 나열된 절 하나를 포함해 총 네 개의 절로 구성된 상당히 복잡한 문장으로, 한 절을 다른 절 안에 넣고 두 절을 *and*로 연결하는 방법을 보여 준다.

I doubt whether Moby-Dick would have liked cheese, because he was a sperm whale, and they feed almost exclusively on squid. 모비딕은 거의 오징어만 먹는 향유고래였기 때문에, 치즈를 좋아했을 것 같지 않다.

이 문장에는 화자가 느끼는 의구심을 진술하는 **주절**(어떤 큰 절에도 포함되지 않은 절)이 있다. 주절 안에는 '모비딕이 치즈를 좋아했을까?'라는 의문을 제기하는 두 번째 절이 있다. *because* 다음에는 세 번째 절이 오는데, 이는 모비딕이 향유고래라는 진술이다. 그리고 *and* 다음에 향유고래의 먹이 선호도에 관한 또 다른 절이 나온다. 이제 같은 문장을 다시 보여 주겠다. 이번에는 각 절을 대괄호로 표시했다.

[[*I doubt* [*whether Moby-Dick would have liked cheese*]], *because* [*he was a sperm whale*], *and* [*they feed almost exclusively on squid*]].

만약에 문장이 단일 절만으로 구성되고 여러 절을 포함할 수 없다면 어떻게 될까? 효과가 정확히 동일하지는 않지만, 각각의 단일 절로 구성된 다음 네 개의 문장을 사용해서 여전히 내용을 표현할 수는 있다.

> *Would Moby-Dick have liked cheese? I doubt it. He was a sperm whale. They feed almost exclusively on squid.* 모비딕이 치즈를 좋아했을까? 아닐 것 같다. 그는 향유고래였으니까. 향유고래는 거의 오징어만 먹는다.

구

문장은 **구**phrases라는 단위를 포함한다(사실 절은 특별한 종류의 구로 간주할 수 있다). 구는 한 개 이상의 단어로 구성될 수 있으며 다른 구를 포함할 수 있다.[1] 각각의 구에는 하나의 중요한 부분이 있는데 이를 **핵심어**head라고 한다. 다음은 우리가 방금 본 네 개의 절에 있는 구며, 구의 종류를 함께 표기했다. 밑줄은 각 구의 핵심어다.

liked cheese 동사구

doubt it 동사구

a sperm whale 명사구

was a sperm whale 동사구

almost exclusively 부사구

on squid 전치사구

---

1 기존 문법책들은 구를 두 개 이상의 단어로 구성된다고 정의하는 경향이 있다. (편집자)

feed almost exclusively on squid 동사구

아주 간단한 절의 경우, 문장의 맨 앞에서 **주어**로 기능하는 명사구와, **서술어**라고 불리며 절을 완성하는 동사구로 구성된다.

앞으로 '주어'라는 용어를 자주 사용할 텐데, 주어를 어떻게 정의해야 하는지는 4장에서 설명하겠다.

핵심어와 보충어

구에는 항상 핵심어가 있다. 핵심어가 다른 단어와 함께 나오지 않으면 한 단어로 된 구가 된다. 예를 들어 _cheese_는 명사구며, _squid_도 마찬가지다. 만약 한 단어로 된 구를 허용하지 않는다면 '명사 또는 명사구', '동사 또는 동사구' 등으로 말해야 할 것이다. 이 책에서 구는 두 단어 이상을 포함하는 단위가 아니라는 사실을 기억하라. 구는 최소한 한 단어(핵심어)가 있는 단위를 의미하며, 다른 단어가 포함될 수도 있다. 성경에 나오는 다음의 짤막한 문장은(〈요한복음〉 11장 35절) 한 단어 명사구 주어와 한 단어 동사구 술어로만 이루어져 있다.

Jesus wept. 예수께서 눈물을 흘리셨다.

핵심어는 종종 다른 구의(예를 들면 명사구) 존재를 요구하거나 허용할 수 있다. 핵심어에 이처럼 추가적인 구가 필요하거

나 허용되는 경우, 그 추가되는 구를 **보충어**라고 한다. 어떤 핵심어에 어떤 보충어가 필요하거나 허용되는지는 아주 복잡한 문법 주제다. 왜냐하면 이는 개별 단어의 독특한 성질과 요구사항에 관한 문제인데, 이런 단어가 수만 개에 달하기 때문이다. 다음은 그 수많은 사례 중 일부다.

- 명사구는 동사 **Dine** 식사하다의 보충어가 될 수 없다. 다음 첫 번째 문장은 문법적으로 맞지 않지만, 두 번째와 세 번째 문장은 문법적으로 맞다.

  We dined pizza.
  We dined earlier. 우리는 일찍 식사했다.
  When do you usually dine? 보통 언제 식사를 하지?

- 명사구는 동사 **Eat** 먹다의 보충어가 될 수 있다. 다음 문장에서는 보충어가 직접목적어 역할을 한다.

  We ate pizza. 우리는 피자를 먹었다.

  하지만 **Eat**을 사용할 때 직접목적어가 필수는 아니다. 따라서 다음 두 문장도 문법적으로 맞다.

  We ate earlier. 우리는 일찍 먹었다.
  When do you usually eat? 보통 언제 먹어?

- 동사 **Devour** 허겁지겁 먹다는 반드시 명사구 보충어(직접목적어)와 함께 쓴다. 그래서 다음 첫 번째 문장은 맞지만 두 번째, 세 번째 문장은 맞지 않다.

We devoured pizza. 우리는 피자를 허겁지겁 먹었다.

~~*We devoured earlier.*~~

~~*When do you usually devour?*~~

- 동사 **Persuade** 주장하다는 명사구 보충어(직접목적어)와 함께 쓰며 그 뒤에 절이 올 수 있다.

They persuaded the patient to stop smoking. 그들은 금연하라고 환자를 설득했다.
They persuaded the patient that he should stop smoking. 그들은 담배를 끊어야 한다고 환자를 설득했다.

다음 첫 번째 문장처럼 명사구 보충어(직접목적어)만 올 수도 있다. 그러나 목적어는 필수여서 다음 두 번째 문장은 맞지 않다.

They finally persuaded him. 그들은 마침내 그를 설득했다.

~~*They persuaded.*~~

- **Give** 주다와 **Hand** 건네다는 두 개의 보충어와 함께 쓴다. 첫 번째는 수신자나 수혜자를 나타내는 간접목적어고, 두 번째는

직접목적어다. **Give**는 (*We gave them some money*우리는 그들에게 돈을 좀 주었다에서처럼) 직접목적어와 간접목적어 둘 다와 함께 쓰일 수 있고, 둘 중 하나를 생략할 수 있다. 그러나 **Hand**는 직접목적어와 간접목적어 둘 다를 요구한다. 그래서 다음 첫 번째 문장은 맞지만, 두 번째와 세 번째 문장은 맞지 않다.

*I handed him the ticket.*나는 그에게 표를 건넸다.
~~*I handed him.*~~
~~*I handed the ticket.*~~

* **Be**와 **Feel**느끼다, **Seem**~로 보이다은 **주격 보충어**라 불리는 구를 요구하며, 이때 보충어는 *I felt vulnerable*내가 약하게 느껴졌다에서처럼 종종 형용사다. 주격 보충어가 명사구일 수도 있다. 예를 들어 *He seems a very nice guy*그는 정말 좋은 남자 같아는 *He seems very nice*와 거의 같은 뜻이다(두 경우 모두 주격 보충어가 쓰였다). 하지만 주격 보충어와 직접목적어는 매우 다르다. 어떻게 다른지는 **Hire**고용하다와 같이 직접목적어와 함께 써야 하는 동사로 설명할 수 있다.

*He hired a very nice guy.*그는 아주 괜찮은 남자를 고용했다.
~~*He hired very nice.*~~

Hire는 반드시 목적어와 함께 써야 하며 그 목적어가 명사구여야 한다.

- 형용사 **Proud** 자랑스러운의 경우, 전치사 핵심어 *of*가 있는 전치사구 보충어를 허용하지만 필수는 아니다. 그래서 다음 두 문장 모두 문법적으로 맞다.

She's proud of her army service. 그녀는 군 복무가 자랑스러웠다.
She's proud. 그녀는 자랑스러웠다.

- 형용사 **Fond** 좋아하는의 경우, 전치사 핵심어 *of*가 있는 전치사구 보충어가 필수다. 그래서 다음 첫 번째 문장은 문법적으로 맞지만, 두 번째 문장은 맞지 않다.

She's fond of ice cream. 그녀는 아이스크림을 좋아한다.
~~*She's fond.*~~

어떤 보충어와 어떤 핵심어가 함께 쓰이는지가 전적으로 단어의 의미로 설명될 수 있다고 생각하기 쉽지만, 그렇지 않다. 보충어와 핵심어의 조합은 단어의 의미가 아닌 문법적 관습에 따라 결정된다. 좋은 사전은 이런 문법적 관습을 다루어야 한다. 즉, 각 단어에 어떤 보충어가 필요한지 알려 줘야 한다. 단어의 의미를 아는 것만으로는 충분하지 않다.

- **Shake** 흔들리다와 **Quake** 흔들리다는 기본적인 의미가 동일한 두 단어로, 지진 현상을 묘사할 때는 둘 중 어느 것이든 사용할 수 있다. 하지만 *Shake the bottle* 병을 흔들어라은 문법적으로 맞아

도 ~~Quake the bottle~~ 은 틀리다. **Quake**는 목적어를 취하지 않기 때문이다.

- **Likely** ~할 것 같은와 **Probable** ~할 것 같은은 의미상 명확한 차이가 없다. *It's likely that she'll win*그녀가 이길 것 같다은 *It's probable that she'll win*과 같은 뜻이다. 하지만 *She is likely to resign*그녀가 그만둘 것 같다은 문법적으로 맞아도 ~~She is probable to resign~~은 틀리다. **Probable**이 *to resign*과 같은 보충어를 허용하지 않는 것은 (의미가 아닌) 문법 문제다.

특정 핵심어가 어떤 보충어를 요구하는지는 상당히 미묘한 문제다. 다음 예를 보라. 전치사 **Out**은 보충어를 허용하지만 보통 *of*라는 핵심어가 있는 전치사구 보충어를 요구하며, 그 외 다른 명사구 보충어는 대부분 쓸 수 없다. 그래서 다음 첫 번째, 세 번째 문장은 맞지만 두 번째, 네 번째 문장은 맞지 않다.

*I'm afraid you're out of luck.*너의 운이 다한 것 같아.
~~I'm afraid you're out luck.~~

*Don't try to get out of it.*빠져나가려고 하지 마.
~~Don't try to get out it.~~

하지만 **Out**이 명사구 보충어와 함께 쓰일 때가 있는데, 명사구가 밀폐된 공간에서 나가는 경로를 의미하는 경우에만 그렇다.

The dogs ran right out the door. 개들이 바로 문밖으로 뛰어나갔다.

He threw the TV out the window. 그는 TV를 창문 밖으로 던졌다.

부가어

핵심어와 보충어 외에 **부가어**라고 하는 선택적 구성요소도 절을 이루는 부분이 된다. 쉼표로 구분해야 하는 **삽입구**나(예를 들어 *The archbishop, a frail old man of 83, was visibly trembling* 여든셋의 병약한 노인인 대주교는 눈에 보이게 떨고 있었다) 일반적으로 쉼표가 필요 없는 **수식어**가 여기 해당한다(예를 들어 *The normally courageous archbishop was visibly trembling* 평소 용감한 대주교가 눈에 보이게 떨고 있었다). 괄호 안의 예에서 밑줄 친 구는 모두 수식어다. 이 중 일부 또는 전부를 생략할 수 있으며, 그렇게 해도 문법적으로 완전히 괜찮다. 다음 예문을 살펴보자.

It came as a truly wonderful surprise. 정말 놀라운 일이었다.

☛ *surprise*를 수식하는 형용사구

I rather carelessly left the door unlocked.
부주의하게도 문을 잠그지 않은 채로 두었다.

☛ *left*를 수식하는 부사구

We were hiding in the kitchen. 우리는 부엌에 숨어 있었다.

☛ *hiding*을 수식하는 전치사구

This became obvious the very next day. 이는 바로 다음 날 명백해졌다.

☛ 동사구 *became obvious*를 수식하는 명사구

It's a plane she's never previously flown.

그녀가 한 번도 타 본 적 없는 비행기다.

☛ *plane*을 수식하는 절

3장.
단어의 종류
Types of words

◈◈◈

단어는 여덟 개가 아니라
아홉 개의 범주로 나뉜다.

호주의 생물학자 존 윌킨스^{John Wilkins}는 자신의 블로그 '진화하는 생각들^{Evolving Thoughts}'에서 다음과 같이 고백한 바 있다(2008년 6월 14일).

"내가 12년간 국공립 교육을 통해 얻은 문법 지식이라고는 명사는 사물의 이름을 나타내는 단어, 동사는 행동을 나타내는 단어, 형용사는 묘사하는 단어라는 것뿐이다. 부사는 배운 적이 없는 것 같다."

지난 300여 년간 수백만 명의 사람이 윌킨스가 배운 것과 똑같은 문법을 배워 왔다. 그런데 그가 기억하는 빈약하고 기초적인 세 가지 문법적 정의는 절망적일 정도로 부적절하다. 단어는 실로 다양한 유형으로 나뉘며 나 또한 그중 네 가지 유형에 **명사**, **동사**, **형용사**, **부사**라는 용어를 사용할 테지만, 윌킨스가 기억하는 정의는 도움이 되지 않는다.

어형과 어휘소

단어를 유형별로 나누기 전에, '단어'라는 개념의 두 가지 의미를 기술적으로 구별하는 것이 매우 중요하다. 하나는 단어의 수를 세는 데 적합한 개념이고, 다른 하나는 사전을 편찬하는 데 더 적합하다. 다음 문장에는 몇 개의 단어가 있을까?

He likes pampering you, and you like being pampered. 그는 당신을 소중히 대하는 것을 좋아하고, 당신은 소중히 대접받는 것을 좋아한다.

아홉 개라는 답이 완벽하게 합리적일 수도 있고, 서로 다른 여덟 개의 단어가 등장하고 그중 하나는 두 번 나타난다는 답도 합리적일 수 있다. 한 번 나타나는 단어는 *and*, *being*, *he*, *like*, *likes*, *pampered*, 그리고 *pampering*이며, *you*는 두 번 나타난다. 만약 단어를 일련의 문자 배열로 정의한다면, 이는 올바른 답이다.

하지만 사전 편찬자라면 앞 문장에 있는 단어가 사실 여섯 개뿐이라고 반박할 수 있다. 사전에는 동사인 **Like** 좋아하다에 하나의 항목만이 필요하다. *like*와 *likes*를 별도의 항목으로 두지 않는다. 특정 상황에서 *like*의 끝에 *s*가 붙는 것과, 정확히 어떤 경우에 그러한지 밝히는 것은 사전의 역할이 아니라 문법의 역할이다. 마찬가지로 *pampering*과 *pampered*는 별도의 항목으로 나뉘지 않는다. 이 둘은 모두 **Pamper** 소중히 대하다라는 단어 항목에서 다루어진다. 더 나아가 *being*도 **Be** 항목에서 다룰 수 있다. 따라서 사전에 필요한 항목은 (각각 한 번씩 나타나는) **And**, **Be**, **He**, 그리고 (각각 두 번 나타나는) **Like**, **Pamper**, **You**다.

사전에 자체 항목이 있어야 하는 '단어'의 이 두 번째 개념을 두고 사전 편찬자들은 때때로 '표제어lemma'라는 용어를 사용한다. 하지만 표제어에는 다른 의미도 있기 때문에 언어학자들은 보통 **어휘소**lexeme라는 용어를 쓰며 나도 이 용어를 사용할 것이다. 하나의 어휘소에 속하는 다양한 단어의 형태는 **어형**word-form 이라고 부를 수 있다.

이 책은 어휘소에 해당하는 단어에 항상 첫 자를 대문자로 하는 굵은 기울임체를 사용하고 여기에 검정 사각형 처리를 했다. 이를테면 **Pamper**는 어휘소다. 이것은 특정한 철자를 가진 몇몇 어형을 포함하는 단어를 일컬으며, **Pamper**에 속하는 네 개의 어형은 *pamper*, *pampered*, *pampering*, 그리고 *pampers*다. 어형은 항상 기울임체로 표기할 것이다.

앞서 제시한 문장에 나오는 어휘소를 살펴보자. 알파벳 순서대로 나열하면 다음과 같다. **And**, **Be**, **He**, **Like**, **Pamper**, 그리고 **You**.

- **And**에는 구어체에서 쓰이는 변형된 형태가 있다. 소설가들이 이를 *an'*이나 *'n'*으로 표시하는 경우가 있지만 **And**의 경우 일반적으로 어휘소와 어형에 별다른 차이가 없다.

- **Be**는 그와 정반대로, 어떤 다른 어휘소보다도 많은 어형을 갖는다. **Be**의 어형에는 *be*, *been*, *being*, *am*, *are*, *aren't*, *is*, *isn't*, *was*, *wasn't*, *were*, *weren't*가 있다. 발음까지 상세하게 고려하면, *It's fine*에서의 *-'s*, *I'm happy*에서의 *-'m* 등 더 많은 어형이 있다.

- 앞의 예문에서는 **He** 어휘소가 하나의 형태로만 나타나지만, **He**의 다른 어형들이 있다. 예를 들어 *He likes pampering you*그는 당신을 소중히 대하는 것을 좋아한다, *You should pamper him*너는 그를 소중히 대해야 한다, *It was his decision*그것은 그의 결정이었다, *He* *should pamper himself*그는 자신을 소중히 대해야 한다에서 밑줄 친 어형을 비교해 보라. 이들 모두 같은 의미를 포함하며 사전에서 하나의 어휘소 **He**에 통합돼 다루어진다.

- 예문의 **Like**는 규칙적인 어형을 갖는 동사 어휘소로, *like, liked, liking, likes*라는 어형이 있다.

- **Pamper** 또한 규칙 동사며, 예측할 수 있는 어형인 *pamper, pampered, pampering, pampers*가 있다.

- **You**는 대명사 어휘소며, 어형은 *you, your, yours, yourself*다.

나는 이 책에서 어휘소를 현대 언어학자들이 **범주**categories라고 부르는 아홉 가지 주요 유형으로 분류한다. 명사, 동사, 형용사, 부사, 한정사, 전치사, 종속사, 접속사, 감탄사가 그것이다.[2] 전통적인 문법에서는 다소 이상한 '품사parts of speech'라는 용어를 사용하지만, 이 책에서는 그 용어를 쓰지 않는다. 품사라는 용어 자체가 문제 될 것은 없지만, 어휘소가 어떤 것의 품목parts이 아닐 뿐더러, 특히나 말speech과 관련된 것도 아니기 때문이다.

- **명사**는 수만 개의 단어를 포함하며, 그 수가 계속해서 증가하고 있는 거대한 범주다. 명사에는 특정한 대상이나(**Car**차,

---

2 기존 영문법 책에서는 품사를 여덟 가지로 분류하는 경향이 있다. 명사, 대명사, 동사, 형용사, 부사, 전치사, 접속사, 감탄사가 그것이다. (편집자)

Lizard 도마뱀, *Planet* 행성 등) 물질의 종류에(*Blood* 피, *Clay* 찰흙, *Hydrogen* 수소 등) 붙이는 간단한 이름이 포함된다. 또한 **대명사**라는(*They*, *We*, *Who* 등) 특별한 하위 범주가 있다.

- **동사**는 수천 개의 단어를 포함하는 방대한 범주며, 자발적 혹은 비자발적 행동이나(*Announce* 발표하다, *Educate* 교육하다, *Shiver* 떨다 등) 관계적 작용을(*Admire* 존경하다, *Dislike* 싫어하다, *Precede* 선행하다 등) 가장 직접적으로 표현한다. 또한 동사는 **조동사**라는 아주 작지만 극도로 중요한 하위 범주를 포함한다. 가장 흔한 조동사는 *Be*, *Can*, *Do*, *Have*, *May*, *Must*, *Ought*, *Shall*, *Will* 이다.

- **형용사**는 보통 영구적이거나 일시적인 상태 또는 특성을 나타내는 단어의(*Colorless* 무색의, *Intelligent* 지적인, *Obvious* 명백한 등) 매우 큰 범주다. 형용사는 명사의 의미를 수식하는 데 자주 사용되며, 형용사의 **굴절형**inflectable adjectives이라는 중간 크기의 하위 범주를 포함한다. *Big* 큰(어형 *bigger* 더 큰와 *biggest* 가장 큰), *Good* 좋은(불규칙 어형 *better* 더 좋은와 *best* 가장 좋은), *Polite* 공손한(어형 *politer* 더 공손한와 *politest* 가장 공손한) 등이 그 예다.

- **부사**는 흔히 수식어로 사용되는 매우 큰 범주다(*Quite* 꽤, *Soon* 곧, *Very* 아주 등). 대부분의 부사는 형용사의 끝에 -ly가 붙은 형태를 띤다(*Contentedly* 만족스럽게, *Intelligently* 똑똑하게, *Obviously* 분명하게 등). 부사는 주로 동사, 형용사, 전치사, 한

정사, 그리고 다른 부사의 의미를 수식하는 데 사용된다.

* **한정사**는 일반적으로 짧은 단어로, 명사와 함께 쓰이는 매우 작은 범주다(**Most** 대부분의, **Some** 약간의, **This** 이 등). 두 개의 관사 **An** (어형 *a*와 *an*)과 **The** 는 한정사의 특별한 경우다.

* **전치사**는 주로 짧은 단어로 구성된 중간 크기의 범주다(**At** 에, **By** 의해, **In** 안에 등). 많은 전치사가 공간적 관계(**Above** 위에, **Beside** 옆에, **Under** 아래에 등) 또는 시간적 관계를(**After** 이후, **Before** 이전, **During** 동안 등) 나타낸다.

* **종속사**는 본질적으로 의미 없는 단어들로 구성된 매우 작은 범주로, 다른 절 안에 포함된 절의 시작을 나타낸다. 가장 중요한 종속사로는 **That** 과 **Whether** 가 있다.

    I know that he lied. 그가 거짓말한 걸 알았다.
    I wonder whether he lied. 그가 거짓말을 했는지 궁금하다.

* **접속사**는 절이나 구를 동등한 지위로 연결하는 단어의 매우 작은 범주로, **And** 그리고, **Or** 또한, **Nor** 또한 아닌 등이 있다.

* **감탄사**는 주로 짧은 단어들로 구성된 중간 크기의 범주로, 별다른 문법적 역할 없이 단순히 발화자의 반응을 나타낸다. **Hey** 어이, **Ouch** 아야, **Wow** 와 등이 있다.

단어의 범주는 생물학에서 '강classes'이라고 부르는 분류 체계와 상당히 유사하다. 포유강을 예로 들어 보자. 하나의 강에 속하는 종들은 중요한 특성을 공유하지만, 명백하게 비전형적인 종이 있을 수 있다. 오리너구리는 포유강에 속하지만, 조강인 새처럼 부리가 있고 알을 낳는다. 조강에 속하는 동물은 대부분 날지만 오리너구리는 날지 않는다. 이처럼 일반적이지 않은 유형의 어휘소로 Beware조심하다를 꼽을 수 있다. Beware는 동사의 범주에 속하지만, 접미사 없이 하나의 어형만을 취하는 단어다. 따라서 *Beware of the dog*그 개 조심해 또는 *You should beware of the dog*그 개를 조심해야 한다라고는 표현하지만, ~~*He bewared of the dog* 혹은 *I advise bewaring of the dog*~~라고 표현하지는 않는다. Beware는 동사로 분류하는 것이 가장 적절하지만, 마치 오리너구리처럼 매우 독특하고 이상한 동사임이 분명하다.

이 말은 이 책에 '대부분', '일반적으로', '거의 모두'와 같은 말이 자주 등장한다는 뜻이기도 하다. 이는 내가 설명을 모호하게 하거나 자세하게 다루려고 노력하지 않아서가 아니라, 언어라는 현상의 본질 때문이다. 인간의 언어는 깔끔하고 질서정연하거나 완벽히 논리적이지 않고, 복잡하고 미묘하다. 따라서 일반화에는 (거의 항상) 이상한 예외가 숨어 있다. 그 이유는 분류하기 어려운 동물이 나타난 현상과 마찬가지로 간단하다. 아주 오랜 시간에 걸쳐 진화가 이루어지면 이런 일이 나타날 수밖에 없는 것이다. 동물은 수억 년에 걸쳐 나타났고 언어는 겨우 수천 년 동안 진화했지만, 둘 다 부분적으로는 무작위적인 사건과 조건에 영향을 받으며 진화했다.

4장.
절의 종류

Clause types

평서절이라 하더라도 물음표로 끝날 수 있다.

영어에는 문법적으로 구별되는 네 가지 유형의 절이 있는데, 이 절들은 의미뿐만 아니라 문법 구조에서도 차이를 보인다. 이 네 가지 유형은 **평서형**, **의문형**, **감탄형**, 그리고 **명령형**이다.

절의 유형을 자세히 살펴보기 이전에 먼저 **주어**가 무엇인지 명확히 이해하면 도움이 될 것이다. 전통적인 영문법 책에서는 주어를 '행동의 주체' 또는 '문장의 주제'로 정의하지만, 이런 정의는 쓸모가 없다. *That seems reasonable*그것은 합리적이다이라는 절의 주어는 명사구인 *that*이지만, 이 절에는 '행동'이나 '주체'가 없다. *It will soon be winter*곧 겨울이 될 것이다의 주어는 *it*이지만, 이것이 무엇을 지칭하는지는 알 수 없다. 절의 주어는(문장의 주어가 아니다) 종종 절의 필수적인 구성요소인 명사구며, 가장 흥미로운 점은 주어에 따라 동사의 형태가 바뀌는 경우가 많다는 것이다. 이를 주어와 동사의 **일치**라고 한다.

*Your parcel has arrived.*소포가 도착했다.

☛ *parcel*이 단수이므로 *has*

*Your parcels have arrived.*소포들이 도착했다.

☛ *parcels*가 복수이므로 *have*

절의 네 가지 유형

이제 절의 네 가지 유형을 살펴보자. 먼저 언어학자들이 가장 간단하고 기본적인 유형으로 간주하는 평서절을, 그다음에 각각 두 가지 형태가 있는 의문절, 감탄절, 명령절을 살펴보겠다. 다음 예문은 절의 네 가지 유형과 그 형태를 보여 준다.

절의 유형	예시	
평서형	They were careful.그들은 조심했다.	
의문형	Were they careful?그들이 조심했나?	폐쇄형
	How careful were they?그들이 얼마나 조심했나?	개방형
감탄형	How careful they were.그들이 얼마나 조심했는지.	how 유형
	What care they took!그들이 얼마나 조심했는지!	what 유형
명령형	Be careful!조심해!	주어가 없는 형태
	You be careful!너 조심해!	주어가 있는 형태

평서절

평서절의 주어는 거의 항상 동사 앞에 온다. 동사가 조동사일 때도 마찬가지다. 예를 들어 *They had been so careful*그들은 정말 조심했다라고 쓴다. (하지만 격식적인 스타일에서는 부정 수식어가 절의 맨 앞에 오는 경우, *Never had they been so careful*그들이 이렇게 조심스러웠던 적은 없었다과 같이 조동사가 주어인 대명사 앞에 오는 극히 드문 예외가 있다.)

평서절은 보통 서술절이지만, 서술만을 위해 쓰이지 않는다. 절의 유형과 각 절이 전달하는 의미적 특성의 관계는 상당히 유연하다. 평서절이 명령을 나타낼 수도(*You will go to your room right now*지금 바로 방으로 가라처럼), 심지어 절 끝에 물음표를 넣어 질문을 나타낼 수도 있다(*That was all you did?*그게 다야?처럼).

의문절

의문절은 일반적으로 질문을 표현한다. 질문에는 가능한 답변이 정해져 있는 폐쇄형과 그렇지 않은 개방형의 두 가지 유형이 있는데, 유형에 따라 의문절의 구조가 달라진다.

폐쇄형 의문절은 가능한 답변이 고정돼 있고 답변의 길이가 보통 아주 짧은 질문을 표현한다. *Do you come here often?*여기 자주 와?과 같은 질문에는 *Yes*와 *No*만이 적절하고 협조적인 답변일 것이다. *Would you like chicken, fish, or pasta?*치킨, 생선, 또는 파스타 중 무엇을 먹을래?와 같은 질문에도 적절한 답변은 단 셋이다. 폐쇄형 의문절의 주요한 구조적 특성은 항상 주어 앞에 조동사가 있어야 한다는 것이다. *Will they be careful?*그들이 조심할까?

개방형 의문절은 가능한 답변이 다양한, 열린 질문을 던진다. 개방형 의문절은 **Who** 누가, **What** 무엇을, **Which** 어떤 것을, **Where** 어디에, **When** 언제, **Why** 왜, **How** 어떻게와 같이 내가 **wh-단어**라고 부르는 특정 의문구로 시작된다(**How**는 w가 끝에 붙어 있지만 나머지 단어들과 동일하게 작동한다). 절의 주어가 의문구인 경우 일반적인 주어처럼 절의 맨 앞에 위치한다.

*How many users will be that careful?*얼마나 많은 사용자가 그렇게 조심할까?

그러나 의문구가 주어가 아닌 경우, 조동사가 먼저 나오고 그 다음에 주어가 나온다.

*How careful will they be?*그들이 얼마나 조심할까?

미국의 유명한 TV 퀴즈쇼 〈제퍼디Jeopardy!〉는 절의 형식을 그 절이 일반적으로 나타내는 의미와 혼동하지 말아야 하는 이유를 잘 보여 준다. 이 쇼의 참가자들은 자신의 답변을 의문형으로 제시해야 한다. 따라서 만약 퀴즈 마스터가 "이 사람은 대통령이었지만 1974년에 사임했습니다"라고 말한다면, 올바른 답변은 "리처드 닉슨은 누구인가?Who was Richard Nixon?"와 같은 의문절이다. 하지만 참가자가 질문을 하거나 답을 구하고 있는 것은 아니다. 다시 말해 의문절로 질문이 아닌 **답**을 하는 참가자만 이 퀴즈쇼의 승자가 된다!

감탄절

감탄절은 항상 *how* 또는 *what*으로 시작하지만, 개방형 의문절과는 매우 중요한 차이를 보인다. 그 차이는 감탄절에서는 주어가 조동사 앞에 나온다는 것이다. 다음 두 문장 사이의 구조적 차이는 이것뿐이다.

How careful they were! 그들이 얼마나 소심했는지!

☞ *were*가 조동사인 감탄절

How careful were they? 그들이 얼마나 조심했어?

☞ *were*가 조동사인 의문절

감탄절은 무언가의 정도에 대한(예를 들어, 그들이 보여 준 조심성의 정도) 놀라움이나 기쁨을 표현할 때 사용된다. 하지만 이런 감정이 늘 감탄절로 표현될 필요는 없다. (많은 문법책이 마치 신나는 감정을 표현하고 있거나 느낌표로 끝나면 모두 감탄절인 것처럼 완전히 잘못 해석하고 있다. 그렇지 않다!)

우리는 모두 다 감탄절을 듣는다. 예를 들어 감탄절은 수많은 노래 제목에 나타난다(*What a difference a day makes*하루가 만드는 차이는 어떤 것인가, *What a fool I am*내가 어쩌나 어리석었던지, *How sweet it is*얼마나 달콤한가, *What a friend we have in Jesus*주님 안에서 가장 좋은 친구가 있나니, *How great Thou art*예술이란 얼마나 위대한가). 또 영화《해리 포터와 혼혈 왕자》에서 스네이프 교수가 해리에게 차갑게 던지는 다음의 유명한 대사도 감탄절이다. *How grand it must be, to be the Chosen One.*선택받은 자가 되는 것이 얼마나 위대한가.

그러나 감탄절은 분명 예전보다 덜 사용된다. 감탄절은 다소 오래된 느낌이나 문학적인 느낌을 준다. 젊은 사람들은 감탄절을 의문절로 대체하는 경향이 있다. *What a blast we had!*어쩌나 즐거웠는지! 대신에 *Did we have a blast!*라고 하거나(의문절의 형태지만 질문은 아니다) *How cool that is!*얼마나 멋진가! 대신에 *How cool is that!*으로 표현하곤 한다.

명령절

*Be careful!*조심해!과 같은 명령절에는 아주 독특한 특징이 있다. ❶ 일부 구어체 표현에서(*Mustn't be late*늦으면 안 돼) 동사 앞 명사구 주어의 생략이 허용되기는 하지만, 이 경우를 제외하면 명령절은 동사 앞에 명사구 주어가 생략될 수 있는 유일한 주절이다. ❷ 명령절은 더 큰 절의 보충어로 삽입될 수 없는 유일한 절이다. ❸ *Be that as it may*그렇게 되길 바란다나 *God be praised*하느님을 찬

양합니다처럼 수 세기 동안 전해 오는 문장들을 제외하면, 명령절은 동사원형을 취할 수 있는 유일한 주절이다.

명령절에 주어가 있을 때, 그 주어는 발화 대상자를 지칭할 수 있다. 일반적으로 명령문의 주어는 상대방인 *You*를 지칭하지만 (*You take care, now!*너, 조심해!에서처럼) 그 외 다른 발화 대상자에게 지시를 내리는 형태로 나타날 수 있다. 예를 들어 (법정에서 모두 일어서라고 지시할 때는) *All rise*모두 일어서세요, (시끄러운 회의에서 모두 진정하라고 하는 경우에는) *Everybody calm down!*모두 진정하세요!, (은행 강도가 누구도 어리석게 행동하지 말라고 소리칠 때) *Nobody move!*아무도 움직이지 마!와 같이 쓸 수 있다.

명령절은 일반적으로 사람들이 어떤 행동을 하게끔 유도하는 용도로 쓰인다(이것이 유일한 용도는 아니다). 따라서 명령, 지시 혹은 조언을 표현한다. 명령절이 반드시 고압적인 의미를 나타내지는 않는다. *Sleep well*잘 자은 단순히 편안한 밤을 기원할 때 쓰는 말이고, *Help yourself to some coffee*커피 한잔해는 커피를 마시라는 명령이 아니라 마셔도 좋다는 허용의 뜻이다. 따라서 (절의 유형인) **명령절**imperatives을 (사람들의 행동을 요구하는) **명령**commands과 혼동하는 실수를 해서는 안 된다.

또한 *Get it wrong and they'll fail you*에서 *get it wrong*은 (주어가 없는) 명령절이지만, 이 문장처럼 *and*를 통해 평서문과 결합한 경우에는 명령절이라 할 수 없다. 이 문장은 *If you get it wrong*만약 당신이 잘못하면, *they'll fail you*그들이 당신을 탈락시킬 것이다라는 뜻이다.

5장.
명사와 명사구

Nouns and their phrases

대명사는 명사의 한 종류다.

지구상 모든 언어에는 언어학자들이 **명사**라고 부르는 특별한 유형의 단어가 엄청나게 많다. 영어는 수많은 새로운 것들이 계속해서 나타나는 복잡한 현대 사회에서 수십억 인구가 쓰는 언어다. 따라서 새로운 발명품이나(예를 들면 *blockchain*블록체인) 제품의 신모델 또는 신제품에 이름이 생기고(*Elantra*엘란트라 같은), 혹은 다른 언어에서 유용한 용어가(*wasabi*와사비처럼) 채택되면서 새로운 명사들이 매일 생겨난다.

위 단락의 영어 원문에는 괄호 안 기울임체로 표시한 세 개의 예제 단어를 제외하고 총 스무 개의 서로 다른 명사 어휘가 있다. 알파벳순으로 나열하면 다음과 같다.

Artifact 발명물 *Day* 날 *Earth* 지구 *English* 영어
Fund 자금 *Hundred* 100 *Invention* 발명 *Language* 언어
Linguist 언어학자 *Lot* 다량 *Million* 100만 *Model* 모형
Name 이름 *Noun* 명사 *Product* 제품 *Society* 사회
Speaker 화자 *Term* 용어 *Type* 유형 *Word* 단어

지난 300년간 전통 영문법은 명사를 '이름을 나타내는 단어'라고 정의했다. 종종 '사람, 장소 또는 사물에 대한 이름'이라고도 규정했다. 이는 결코 적절한 정의라 할 수 없다. 이런 정의에 따르면, 어떤 단어가 명사인지를 확인하기 위해 먼저 존재하는 것을 찾아 그것에 이름을 붙여야 한다. 그러나 위에 나열된 명사들을 생각해 보라. 또 주변을 둘러보라. 세상에 어떤 것을 days, hundreds, inventions, languages, lots, millions, names, nouns, products, societies, terms, types라 지칭할 수 있을까? 그러기에 이 단어들은 너무 추상적이다. 이 단어들은 보이지 않는 과정이나 범주, 수량, 기간, 단위 또는 개념을 가리킨다. 무엇을 가리키는지가 명확하지 않은 명사도 있다. *like her a whole lot*그녀를 매우 좋아해이나 *Do this for my sake*나를 위해서 해 줘와 같은 문장에서 *lot*이나 *sake*가 무엇을 지칭하는지 자문해 보라.

생각하면 할수록 명사에 관한 전통적 개념이 엉망이라는 것을 알 수 있다. 종이와 연필을 들고 밖으로 나가서 다음과 같은 단어를 찾아낼 수 있는지 한번 확인해 보라. abandonments포기, aberrations일탈, absences부재, acquittals무죄 선고, acres에이커, admissions인정, affections애정, ailments질병, alibis알리바이, allowances수당, anachronisms시대착오, annoyances짜증, arousals깨어남, arrangements배열, attributions속성, awakenings각성, azimuths방위각······. 어떤 시각에서 보아도 이 단어들은 개체로 존재하지 않는다!

명사를 합리적으로 설명하자면 이렇게 말할 수 있다. "명사는 '사과' 같은 일반적인 물리적 개체의 한 단어 이름이나 '금' 같은 물질의 한 단어 이름을 포함할 뿐만 아니라, 문법적으로 동일한 방식으로 작동하는 수많은 다른 단어를 포함하는 집합이다. 이 단어들은 문장에서 같은 위치에 들어맞는다."

가산명사

명사의 전통적 정의가 적절한 경우는 실제로 셀 수 있는 개체의 이름을 지칭할 때뿐이다. 이런 어휘를 **가산명사**라고 한다. **Apple** 사과, **Box** 상자, **Cat** 고양이, **Dog** 개, **Elephant** 코끼리, **Fork** 포크, **Gun** 총, **House** 집, **Idiot** 바보, **Jar** 항아리, **Key** 열쇠, **Lamp** 전등, **Monkey** 원숭이, **Nail** 손톱, **Orange** 오렌지, **Pear** 배, **Queen** 여왕, **Rabbit** 토끼, **Sock** 양말, **Table** 탁자, **Umbrella** 우산, **Vase** 꽃병, **Worm** 벌레, **Xylophone** 실로폰, **Yacht** 요트, **Zebra** 얼룩말 등 수많은 단어가 여기 포함된다. 이런 단어가 지칭하는 것은 사실 특정 개체가 아니라, 그 개체의 유형이다. 나의 식탁에는 이름이 없다. **Table** 이라는 어휘소는 내 식탁과 같은 유형의 물건을 지칭하는 이름이며, 이는 여러분의 식탁에도 나의 식탁에도 동일하게 적용된다. (개별 개체를 지칭하는 고유명사에 대해서는 조금 뒤에서 다룬다.)

영어의(다른 모든 언어가 그런 것은 아니다) 가산명사에는 대부분 앞의 목록과 같은 **단수형**과 그와 구분되는 **복수형**이 있으며, 복수형은 주로 단수형 끝에 s 또는 es를 붙여 만든다(*apples*사과들, *boxes*상자들, *cats*고양이들 등). 일부 명사의 복수형은 불규칙하다. 단수형의 *f*가 복수형에서는 *v*로 바뀌는 등 작은 변화가 있는 경우도 있다(*knife*칼, *knives*칼들, *life*생명, *lives*생명들, *wife*아내, *wives*아내들). 또한 *man*남자, *woman*여자, *child*아이처럼 익숙한 단수 명사가 완전히 예측 불가능한 복수형을 취하는 경우도 있다(*men*남자들, *women*여자들, *children*아이들). 라틴어나 그리스어에서 온 일부 명사는 그 언어의 복수형을 그대로 유지하고 영어의 일반적 패턴을 따르지 않는다.

단수형	복수형	단수형	복수형
addendum 부록	*addenda*	*index* 색인	*indices*
alumnus 졸업생	*alumni*	*labium* 음순	*labia*
analysis 분석	*analyses*	*larva* 애벌레	*larvae*
antithesis 대립	*antitheses*	*locus* 장소	*loci*
automaton 자동화	*automata*	*matrix* 매트릭스	*matricesaxis*
axis 축	*axes*	*medium* 매체	*media*
bacterium 박테리아	*bacteria*	*metamorphosis* 변태	*metamorphoses*
basis 기초	*bases*	*neurosis* 신경증	*neuroses*
cactus 선인장	*cacti*	*nucleus* 핵	*nuclei*
codex 고문서	*codices*	*oasis* 오아시스	*oases*
corpus 신체	*corpora*	*opus* 작품	*opera*
corrigendum 정오표	*corrigenda*	*parenthesis* 괄호	*parentheses*
cortex 피질	*cortices*	*phenomenon* 현상	*phenomena*
crisis 위기	*crises*	*phylum* 문(새로운 분류 단위)	*phyla*
criterion 기준	*criteria*	*prolegomenon* 서문	*prolegomena*
curriculum 교육과정	*curricula*	*psychosis* 정신병	*psychoses*
datum 데이터	*data*	*quantum* 양자	*quanta*
desideratum 필요한 것	*desiderata*	*radius* 반경	*radii*
diagnosis 진단	*diagnoses*	*stimulus* 자극	*stimuli*
ellipsis 생략	*ellipses*	*stratum* 지층	*strata*
emphasis 강조	*emphases*	*syllabus* 강의 계획서	*syllabi*

erratum오자	errata	synopsis시놉시스	synopses
fungus곰팡이	fungi	synthesis합성	syntheses
ganglion신경절	ganglia	terminus말단	termini
genus속(생물 분류 단위)	genera	thesis논문	theses
hippopotamus하마	hippopotami	thrombosis혈전증	thromboses
hypothesis가설	hypotheses	vortex소용돌이	vortices

이런 단어들의 복수형은 대부분 라틴어나 그리스어 문법을 그대로 따른다. 라틴어나 그리스어를 알아야 한다고 생각하는 사람은 거의 없겠지만, 영어를 제대로 쓰고 읽으려면 앞에 나열된 복수형쯤은 알아야 한다고 생각하는 사람이 많다. **Phenomenon** 현상은 그다지 자주 쓰이지 않지만, 단수형이 *phenomenon*, 복수형이 *phenomena*라는 것은 기억할 필요가 있다. 이런 세부 사항이 종종 지적 수준을 가늠하는 기준으로 잘못 여겨지기 때문에 올바른 복수형을 외워 두는 편이 좋다.

질량명사

셀 수 있는 개체가 아닌, 물질의 유형을 지칭하는 명사도 있다. 이런 질량명사는 일반적으로 복수형을 취하지 않는다. **Air** 공기, **Beef** 쇠고기, **Coffee** 커피, **Dust** 먼지, **Earth** 흙, **Foam** 거품, **Garlicr** 마늘, **Honey** 꿀, **Ice** 얼음, **Jelly** 젤리, **Kelp** 해초, **Lava** 용암, **Milk** 우유, **Nectar** 과즙, **Oil** 기름, **Pork** 돼지고기, **Quartz** 석영, **Rhubarb** 루바브,

Smoke 연기, **Tar** 타르, **Urine** 소변, **Venom** 독, **Water** 물, **Xenon** 제논, **Yogurt** 요거트, **Zinc** 아연 등이 그 예다.

이 스물여섯 개의 질량명사는 복수형을 거의 본 적이 없기 때문에 선택했다. 하지만 다른 많은 질량명사의 경우, 물질의 관습적 단위나 다양한 종류를 지칭할 때 복수형으로 쓰이기도 한다. 예를 들어 *coffees*는 커피 여러 잔, 혹은 커피의 다양한 종류를 의미할 수 있고, *oils*는 기름의 종류나 유화 그림을 뜻할 수 있다. *foams*는 거품의 종류를 나타낼 수 있다. 그러나 **Gold** 금나 **Zinc** 아연의 복수형은 거의 볼 수 없을 텐데, 이런 물질에 익숙한 단위나 뚜렷하게 구분되는 종류가 없어서다.

물질이나 사물의 집합을 지칭하는 명사 중 일부는 복수형이 거의 사용되지 않는다. **Clothing** 의류, **Crockery** 식기류, **Equipment** 장비, **Furniture** 가구, **Wreckage** 잔해 등이 그 예다. 또한 복수형으로만 쓰이는 특이한 명사도 소수 있다. **Auspices** 후원, **Clothes** 옷, **Dribs** 소량, **Pants** 바지, **Scissors** 가위, **Throes** 극심한 고통 등이 그 예다. 이런 명사들은 일반적으로 짝을 이루거나 집합으로 존재한다고 간주된다.

생물학에 이상하고 예외적인 동물이 있는 것처럼, 일부 명사는 질량명사도 가산명사도 아닌 것처럼 보인다. **Mist** 안개와 **Midst** 중간를 비교해 보자. 이 둘은 분명히 명사다. 다음 세 표현은 문법적으로 차이가 없다.

in the midst of the turmoil 소란 속에서

in the heart of the city 도시의 중심에서

*in the mist of the morning*아침 안개 속에서

*more mist*더 자욱한 안개는 문법적으로 맞는 표현이고, *several mists*여러 종류의 안개도 괜찮다. 따라서 Mist 는 질량명사이자 가산명사다. 반면에 ~~*more midst*~~나 ~~*several midsts*~~는 잘못된 표현이다. 그러니 Midst 는 질량명사도 가산명사도 아닌 것 같다. 이처럼 영문법의 특이점을 결코 과소평가해서는 안 된다. 그야말로 언어의 밀림 속에서 길을 잃기 십상이니 말이다.

추상명사

명사의 정의 중 하나인 '사물을 지칭하는 단어'를 인정할 수 없는 가장 명백한 이유는 어떤 의미에서도 물건이나 물질이라 할 수 없는 수천 개의 추상적인 개념이 명사기 때문이다. 이런 추상명사 중 Absence 부재, Appeal 매력, Failure 실패, Intricacy 복잡함, Protection 보호, Similarity 유사성, Year 년 등은 가산명사이므로 복수형이 있다.

단수형	복수형
*absence*부재	*absences*
*appeal*매력	*appeals*
*failure*실패	*failures*
*intricacy*복잡함	*intricacies*

*protection*보호	*protections*
*similarity*유사성	*similarities*
*year*년	*years*

다른 추상적 개념들은 질량명사로 분류되며, 따라서 복수형이 없다. **Abolition** 폐지, **Boredom** 지루함, **Cautiousness** 조심성, **Decadence** 퇴폐, **Enmity** 적의, **Faith** 믿음 등이 그 예다. 혹은 복수형이 있다고 하더라도 거의 찾아볼 수 없다.

무엇보다 *absence*부재가 어떤 사물의 이름을 지칭한다고 하거나 *decadence*퇴폐가 무언가의 종류를 나타낸다고 말한다면 정말 이상할 것이다.

고유명사

우리가 방금 살펴본 가산명사, 질량명사, 추상명사는 모두 **보통명사**라고 불린다. 이런 명사들은 종종 *the*나 *a(n)* 같은 **관사**와 함께 사용된다. 그러나 관사와 함께 쓰이거나 복수형으로 사용되는 경우가 거의 없는 명사의 큰 하위 범주가 하나 있으니, 이는 바로 **고유명사**proper nouns다. 고유명사를 나타내는 'proper'는 '적절한' 혹은 '예의가 바른'이란 의미가 아니라, '단 하나의 개체에 적용되거나 속하는'이라는 이 단어의 좀 더 오래된 뜻이다. 고유명사는 개별적인 사람, 장소, 회사, 날짜 또는 다른 고유한 개체를 지칭하며, 항상 단수형이고 거의 항상 대문자로 시작한다.

Africa 아프리카, **Borneo** 보르네오, **Christmas** 크리스마스, **Denmark** 덴마크, **Everest** 에베레스트, **France** 프랑스, **Georgia** 조지아, **Hamburg** 함부르크, **Ireland** 아일랜드, **Jamaica** 자메이카, **Kelvin** 켈빈, **Libya** 리비아, **Microsoft** 마이크로소프트, **Neptune** 넵튠, **Oakland** 오클랜드, **Paris** 파리, **Qatar** 카타르, **Ritz** 리츠, **Swahili** 스와힐리어, **Turing** 튜링, **Uruguay** 우루과이, **Virginia** 버지니아, **Watergate** 워터게이트, **Xerxes** 크세르크세스, **Yellowstone** 옐로스톤, **Zimbabwe** 짐바브웨 등이 그 예다.

고유명사는 일반적으로 정관사와 함께 사용되지 않고(*the Africa*) 복수형도 없지만(*Africas*), 의미가 약간 변할 때는 정관사와 함께 사용되거나 복수형으로 나타날 수 있다. 천재적인 컴퓨터 과학자인 튜링*Alan Turing*의 이름을 따서 또 다른 천재 컴퓨터 과학자를 *a second Turing*이라고 부를 수도 있고, 여러 해의 12월 25일을 *Christmases*라고 표현할 수도 있다. 하지만 이는 모두 예외적인 경우다.

아주 소수의 다른 단어는 정확히 고유명사처럼 행동하지만, 반드시 대문자로 시작하지는 않는다. (내가 아는 한 그 어떤 문법서에서도 이 점을 다루지 않았다.) **Today** 오늘, **Yesterday** 어제, **Tomorrow** 내일는 각각 현재 날짜, 그 전 날짜, 그리고 그 다음 날짜를 나타낸다. 또한 **Heaven** 천국, **Hell** 지옥, **Limbo** 고성소, **Nirvana** 열반, **Paradise** 천국, **Purgatory** 연옥 등 몇 개의 극소수 단어는 특정한 물리적 장소나 상태를 지칭한다. **Earth** 지구는 *nowhere else on earth* 지구상 어디서도와 같은 표현에서는 보통 대문자로 쓰이지 않지만, *from Mars to Earth* 화성에서 지구로처럼 다른 행성과 함께 언급될 때는 대문자로 쓴다. 이런 단어들은 보통 관사 없는 단수형으로 나타나므로 대문자 여부와 관계없이 고유명사로 보는 것이 가장 적절하다.

내가 어휘소 단어의 첫 글자를 대문자로 표기하는 이유는 각 어휘소가 사전에 있는 특정 단어를 나타내는 사실상의 고유명사기 때문이다.

명사구

구는 **핵심어**라고 불리는 주요 단어를 중심으로 구성된 단어의 배열로, 문장의 식별 가능한 구성요소로 작용한다. **명사구**에서는 명사가 거의 항상 주요 단어가 된다(뒤에서 한두 가지 사소한 예외를 언급하겠다). 관사와 형용사 같은 다양한 추가 단어가 명사구에 포함될 수 있다. 다음의 모든 예에서 핵심어 명사는 **Car** 자동차다.

> *my car*내 자동차
>
> *the car of my dreams*내 꿈의 자동차
>
> *the luxury car that the two of them arrived in*그 두 사람이 타고 온 고급차
>
> *several expensive foreign cars*여러 대의 비싼 외제차
>
> *the thousands of cars in the airport parking structure*공항 주차장에 있는 수천 대의 자동차
>
> *several brand new cars on the deck of a massive container ship*대형 컨테이너 선박 갑판 위에 있는 여러 대의 신차

예시 중 처음 세 개는 핵심어 명사가 단수이므로 단수형 명사구라고 할 수 있다. 마지막 세 개는 핵심어 명사가 복수이므로 복수형 명사구다.

*London*런던과 같은 고유명사나 *birds*새들와 같은 복수 보통명사가 다른 단어 없이 단독으로 나타나는 경우에도 나는 이를 한 단어로 된 명사구로 간주한다. 이렇게 하는 것이, 마치 한 명의 회원만 있는 클럽처럼 처음에는 약간 이상하게 보일 수도 있지만 아주 유용하다. 다시 강조하자면, 한 단어 명사구를 허용하지 않으면 문법을 설명할 때 '명사 또는 명사구'라고 반복해서 말해야 해서다.

고유이름

*Washington*워싱턴과 같은 **고유명사**와 *the White House*백악관와 같은 **고유이름**proper names을 명확히 구별하는 것은 매우 중요하다. 전통적인 문법에서는 종종 이 둘을 구별하지 않는다. 고유이름은 특정한 사람, 장소, 기관 또는 기타 개체를 가리키는 명사구며, 고유명사를 포함할 수도 있지만 그렇지 않을 수도 있다(*the White House*에 대문자는 있지만 고유명사는 없다). 또한 고유이름은 *the*, *of*와 같은 다른 단어, 보통명사, 형용사 등을 포함할 수 있고, 단수형이나 복수형으로 나타날 수 있다. 일부 고유이름에는 *the*가 필수다. 하지만 문장의 첫 단어가 아닌 이상 *the*는 대문자로 시작하지 않는다! 예를 들어 *the Pentagon*펜타곤, *the Kennedy*

Center케네디센터, *the Atlantic Ocean*대서양, *the Sahara Desert*사하라 사막, *the Virgin Islands*버진아일랜드, *the Great Lakes*오대호, *the Rocky Mountains*로키산맥 등이 있다.

모든 고유이름이 *the*로 시작하는 것은 아니다. *Buckingham Palace*버킹엄궁전, *Carnegie Hall*카네기홀, *Edinburgh Castle*에든버러성, *Lake Superior*슈피리어호, *Lincoln Center*링컨센터, *Los Angeles International Airport*로스앤젤레스 국제공항, *Wild Turkey*와일드 터키, *Madison Square Gardens*매디슨스퀘어 가든, *Western Sahara*서부 사하라 등 수천 개의 고유이름 앞에 *the*가 오지 않는다.

명사구의 원형과 속격

명사구에는 일반적인 형태 또는 **기본형**plain form 외에도 특정한 용도로 사용되는 **속격**genitive form이 있다. 속격은 보통 명사구의 마지막 단어 끝에 's를 추가해 표시하는데, 그 마지막 단어가 복수형인 경우에는 아포스트로피(')만 추가된다. 다음 예시에서는 속격 명사구를 밑줄로 표시했다. (속격 명사구 안에 또 다른 속격 명사구가 포함되는 경우도 볼 수 있다.)

*the commander in chief's decision*사령관의 결정

*the sergeant major's voice*준장의 목소리

*the Duke of Edinburgh's car*에든버러 공작의 자동차

*the person I spoke to's attitude*내가 말한 사람의 태도

*all of my friends' bicycles*내 친구들 모두의 자전거

*the Beatles' first album*비틀스의 첫 번째 앨범

*successive governments' lamentable failures*역대 정부의 한탄스러운 실패

*Santa's elves' ugly green costumes*산타의 요정들의 촌스러운 초록색 의상

 속격까지 포함해 영어 명사구에는 보통 단수, 복수, 원형, 속격이라는 네 가지 다른 철자 형태가 있다. 그중 세 개의 발음은 정확히 같다. (항상 그런 것은 아니지만) 대부분 핵심어 명사 자체가 철자를 결정한다. 다음 예문에서 전형적인 규칙 명사의 네 가지 철자 형태를 살펴볼 수 있다.

	단수형	복수형
원형	*box*	*boxes*
속격	*box's*	*boxes'*

 *box*와 같은 규칙 명사의 경우, 단수형을 제외한 모든 형태는 즉, 복수형 *boxes*, 속격 단수형 *box's*, 속격 복수형 *boxes'*는 발음이 완전히 동일하며 철자만 다르다. 그러나 *man*, *woman*, *child*와 같은 불규칙 명사의 경우, 발음뿐만 아니라 철자도 모두 다르다.

	단수형	복수형
원형	*man, woman, child*	*men, women, children*
속격	*man's, woman's, child's*	*men's, women's, children's*

아포스트로피는 **복수형**을 만들 때가 아니라 **속격**을 만들 때 사용된다. 엄격한 문법주의자들은 복수형에 -'s를 사용하는 것을, 혹은 속격에 -'s를 생략하는 것을 끔찍하게 싫어한다. 그들은 신문에 게재된 슈퍼마켓 광고에서 *fresh tomato's*신선한 토마토라는 문구를 보면 질색하며 신문사에 항의 편지를 보낸다. 그러니 (너무 강조해서 미안하지만) 절대로! 복수형에 아포스트로피를 사용하지 마라. (아주 소수의 예외에 대해서는 266페이지에서 다루겠다.)

대명사

명사에는 아주 작지만 특히 중요한 하위 집합이 하나 있는데, 이는 바로 **대명사**다. 대명사는 완전한 명사구로 작동하는 짧은 단어들이다. 전통 문법에서는 종종 대명사를 명사와 별도의 장에서 다루며, '사람이나 사물을 지칭할 때 이름이나 설명을 대신하는 단어'라고 정의한다. 그러나 대명사를 명사와 분리하는 것은 잘못된 접근이다. 대명사의 정의 또한 틀렸다. 이 점은 곧 다시 설명하겠다.

    대명사는 다른 명사보다 고유명사와 훨씬 유사하다. 대명사는 한정사나 형용사와 함께 사용되는 경우가 거의 없다. 대명사와 다른 명사의 가장 중요한 문법적 차이는 대명사의 경우 지칭하는 사람이나 사물에 따라 **인칭**이라는 추가적인 구분이 나타난다는 점이다. **1인칭**, **2인칭**, 또는 **3인칭**이라는 용어는 다음과 같은 방식으로 사용된다.

- **1인칭** 대명사로는 발화자 자신을 가리키는 **I**와 발화자를 포함하는 집단을 가리키는 **We**가 있다. (몇 가지 사소한 예외로는, 의사들이 *How are we feeling today, Mrs. Glenmont?*글렌몬트 씨 오늘 우리, 좀 어떠실까요?라고 말하거나, 과거 군주나 왕이 왕실 용어로 자신을 **We**라고 언급했던 경우, 또는 과학자들이 *We supply fuller details in our PhD dissertation*우리의 박사 논문에 더 자세한 설명이 나온다이라고 하며 항상 자신을 팀으로 지칭하는 이상한 관습을 따르는 경우 등이 있다.)

- **2인칭** 대명사로는 발화자 자신을 완전히 제외하고 오로지 발화 대상자만을 지칭하거나, 발화 대상자와 한 명 이상의 다른 사람을 지칭하는 두 가지 어휘소가 있다. 이 두 대명사는 어형이 대부분 같으며, 이 책에서는 이를 **You**단수와 **You**복수라고 표기하겠다. *You embarrassed yourself*너는 스스로를 부끄럽게 만들었다와 *You all embarrassed yourselves*여러분 모두 스스로를 부끄럽게 만들었다에서 어형의 차이를 확인할 수 있다.

- **3인칭** 대명사는 발화자나 발화 대상자를 가리키지 않는다. (대명사가 아닌 일반적인 다른 모든 명사구도 마찬가지이므로, 이런 명사구 또한 3인칭이다.) **He**, **It**, **She**와 **One**사람은/누구나이라는 특이한 대명사가 3인칭이다. **One**은 *One must look after oneself*누구나 자신을 돌봐야 한다와 같이 쓰인다. 또한 *they*라는 형태를 공유하는 두 개의 대명사가 있다. 이는 복수형인 **They**복수와 단수형인 **They**단수다. (**They**단수를 문법 오류로 잘

못 다루어 온 오랜 전통에 대해서는 16장에서 간단히 논의하겠다.)

영어의 3인칭 대명사는 지칭하는 주체의 성격에 대해 서로 다른 의미를 내포한다.

- **He**는 지칭하는 대상이 소년이나 남성, 식별할 수 있는 수컷 동물, 또는 남성으로 의인화한 대상임을(수컷 개, 남성적으로 보이는 로봇 등) 나타낸다. **He**가 중립적인 성을 나타내는 대명사로 사용될 수 있다는 아주 잘못된 믿음은 해외에까지 널리 퍼져 있는데, 따라서 *any engineer who knows his job*자기 일을 잘 아는 모든 엔지니어이라는 문구가 여자 기술자를 포함할 수 있다고 여겨진다. 이런 믿음은 1745~1778년 수많은 저서를 출간한 문법학자 앤 피셔*Ann Fisher*로부터 시작됐는데, 문법적 사실에 근거를 둔 것은 전혀 아니다. 다음과 같은 문장이 얼마나 이상하게 들리는지 보라.

⁇*Did one of your parents injure himself?*⁇부모님 중 한 분인 그가 다쳤니?
⁇*If your brother or your sister wants to come, we can invite him.*⁇형제나 자매가 오기를 원한다면 그를 초대할 수 있다.

이런 문장이 이상하게 들리는 이유는 **He**가 결코 중립적인 성을 나타내지 않기 때문이다. **He**는 항상 소년이나 남성을 가리킨다. 물론 그럼에도 윈스턴 처칠은 독일의 런던 폭격이 시작된 1940년 연설에서 *"Every man and woman will therefore prepare himself to do his duty*모든 남성과 여성은 그의 의무를 다할 준비가 돼 있어야 합니다"라고 말했다. 이처럼 처칠은 앤 피셔가 만들어 낸 잘못된 규칙을 굳게 고수했다. 하지만 오늘날에는 이런 문장이 터무니없게 들릴 수밖에 없다.

- **She** 는 소녀 또는 여성, 그리고 여성으로 의인화해 분류되는 모든 것을(여성처럼 생긴 로봇, 때때로 오래된 문헌에서는 배, 자동차, 특정 국가 등) 지칭하는 데 사용된다. 따라서 성별에 대한 암시 없이 3인칭을 지칭할 때 **She** 가 **He** 보다 나을 것이 없다. 예를 들어 *The reader can find out for herself*독자 스스로 찾을 수 있다라는 문장은 독자가 여성임을 내포한다.

- **It** 은 남성 또는 여성으로 쉽게 구별할 수 없는 무생물이나 동물을 지칭할 때 사용된다. 가끔 아주 어린 아기를 *it*으로 지칭하기도 하지만(*The baby was asleep and we tried not to wake it* 아기가 잠들어 있어서 깨우지 않으려 애썼다) 요즘은 예전보다 그렇게 쓰는 경우가 훨씬 드물다.

- **One** 은 격식적인 문체에서만 사용되며, 임의의 인간을 지칭한다. 예를 들어 *One should never perjure oneself*누구도 절대 위증해서는 안 된다와 같이 사용된다. 때때로 **One** 은 (*One does what one can to help the poor*가난한 사람들을 돕기 위해 할 수 있는 일을 하는 겁니다처럼) 발화자가 쑥스러워한다는 의미를 함축한다. 구어체에

서는 같은 의미를 나타내기 위해 2인칭 단수 대명사 **You** 단수를 사용한다(이 경우 *you*를 약하게 발음하여 *ya*나 *yuh*처럼 들리며, 가끔 그렇게 쓰기도 한다). 예를 들어 *You try not to show your feelings or embarrass yourself* 감정을 드러내거나 스스로를 당황스럽게 하지는 않으려고 노력한다는 *One tries not to show one's feelings or embarrass oneself*의 좀 더 비격식적인 표현이다.

- **They** 복수는 언급된 사람이나 사물이 둘 이상이라는 것 외에는 어떤 가정도 하지 않는다.

- 반면 **They** 단수는 **He**나 **She**와 달리 성별을 명시하지 않으면서 인간에 대한 언급을 전제로 한다. 따라서 다음 첫 번째 문장은 문법적으로 맞지만 두 번째, 세 번째 문장은 맞지 않다.

    Someone reported that they left their umbrella in the restaurant. 누군가 식당에 우산을 놓고 갔다고 말했다.
    ~~This dog has lost their owner.~~ ~~이 개는 그의 주인을 잃었다.~~
    ~~That parcel has lost their label.~~ ~~그 소포는 그의 라벨을 잃어버렸다.~~

재귀대명사

대명사 어휘소에는 *-self* 또는 *-selves*로 끝나는 **재귀형**도 있다. 재귀대명사 reflexive pronoun forms 는 같은 절 안에서 앞서 언급한 명사구와 동일한 사람 또는 개체를 가리킬 때 사용된다. 다음 두 문장이 그런 예다.

She was so pleased with herself. 그녀는 자신을 매우 만족스러웠다.
They surprised themselves. 그들 자신도 놀랐다.

현대 용법에서는 **They** 단수가 때때로 *themself*라는 재귀대명사를 취하기도 한다.

Sometimes a person can surprise themself. 때때로 사람은 자신을 놀라게 할 수 있다.

하지만 마이크로소프트 워드의 문법 검사 도구는 이런 표현을 싫어하고, *themself*를 즉시 *themselves*로 바꿔 버린다. 대단한 자신감이다!

대명사의 복수형

대명사의 단수/복수 구분은 일반 명사의 단수/복수와는 차이가 있지만, 대명사에도 '단수' 및 '복수'라는 용어를 사용하는 것이 표준적인 관행이다. 따라서 여기서도 이 관행에 따라 **I**와 **We**를 (**We**가 분명 여러 **I**의 집합을 의미하진 않지만), **It**과 **They** 복수를, 그리고 **You** 단수와 **You** 복수를 단수와 복수로 구분해 사용하겠다.

두 가지 형태의 속격

모든 명사에는 속격이 있지만, 대명사에는 두 가지 유형의 속격이 있다. **종속속격**은 핵심어 명사 앞에 위치하며, **독립속격**은 (보통 종속속격과는 다른 형태로) 단독으로 사용되지만 속격과 관련한 의미를 가진다. **I**를 예로 들면, *my painting*나의 그림에서 *my*는 **I**의 종속속격이고, *That painting is mine*그 그림은 나의 것이다에서 *mine*은 **I**의 독립속격으로, 사실상 *my painting*을 의미한다.

주격과 목적격 대명사

다른 명사에는 없지만 대명사에는 있는 또 하나의 특별한 구분이 있다. 일부 대명사에는 하나가 아닌 두 가지 특수한 비속격 형태가 존재한다. 바로 주격과 목적격이다. 다시 대명사 **I**를 예로 들어 설명하겠다.

- **주격 대명사** *I*는 *I agree*나는 동의한다와 같이 대명사가 주어일 때 사용된다. 매우 보수적인 일부 오래된 책에서는 **Be** 동사 뒤에서도 *I*를 쓰라고 제안하지만, 나는 추천하지 않는다. 지나치게 거만하게 들려서다. 여러분이 문을 두드리고 친구가 *"Who's there?"*누구세요?"라고 물었을 때, 여러분의 대답이 만약 *"It is I*나라는 자이다"라면 어떨까? 친구가 차마 문을 열어 주지 못할 수도 있다. 만약 영어에서 주격이 **Be** 동사 뒤에서 일반

적으로 사용된다면, 다음 문장이 자연스럽게 들려야 한다.

~~*Let's switch roles: I can be you and you can be I.*역할을 바꿔 보자. 나는 네가 되고 너는 나인 자가 돼.~~

하지만 보통 사람들은 이렇게 말하거나 쓰지 않는다. 대신 *I can be you and you can be me*나는 네가 되고 너는 내가 돼라고 한다. *than* 뒤에서도 비슷한 현상이 나타난다. 오래된 문법서들은 ??*No one would be happier than I*??나보다 더 행복한 사람은 없다를 추천하지만, 이런 문장은 마치 아흔 살 영국 귀족의 말처럼 들린다. 아마 여러분이 스스로 생각하는 이미지와는 다를 것이다. 일반적으로 사람들은 *No one would be happier than me*라고 말한다.

- *I*의 **목적격**인 *me*는 *Watch me*나를 지켜봐에서처럼 대명사가 주어가 아닐 때 사용된다. 또한 문장 나머지 부분에서 대명사가 주어인 구조가 나오지 않을 때, 질문에 대한 한 단어로 된 답변으로 쓰일 수도 있다. 누군가 "*Who wants some pizza?*피자 먹고 싶은 사람?"라고 묻는다면, 배가 고픈 사람이 대개 "*Me!*나!"라고 대답할 것이다.

대명사의 모든 형태

영어 대명사의 모든 형태는 다음 페이지의 표에서 볼 수 있다. 바로 위의 칸과 철자가 동일한 경우 화살표를 넣어 표시했는데, 이는 또 다른 불규칙 사례를 보여 준다. 여기서 나타나는 불규칙성은 영어 단어의 다른 형태적 불규칙성과 매우 유사하다. **It**, **You** 단수, **You** 복수는 주격과 목적격의 구별이 없으며(위쪽으로 향한 화살표는 '위의 형태를 사용하라'는 의미다) **She**는 종속속격과 목적격이 같은 형태를 띠고, **He**와 **It**은 종속속격과 독립속격 사이에 차이가 없다.

대명사의 기능

전통적인 문법에서는 대명사를 명사의 자리를 대신하는 단어로 정의한다(사실 명사구의 자리를 대신한다고 말하는 것이 더 정확할 것이다). 이런 정의의 의미는 다음 문장을 보면 알 수 있다.

Montmorency thought he could get awaywith awarding himself a prize for his work. 몽모랑시는 자신의 작품으로 상을 받아도 괜찮을 거라고 생각했다.

대명사 *he*와 *himself*를 사용하면 몽모랑시라는 이름을 세 번이나 반복하지 않아도 된다. 그러나 명사의 자리를 대신한다는 이 사용법을 대명사를 정의하는 근거로 삼을 수는 없다.

단수형 대명사

	1인칭	2인칭	3인칭			
			남성	여성	공통	성이 없음
주격	I	you	he	she	they	it
목적격	me	↑	him	her	them	↑
종속속격	my	your	his	↑	their	its
독립속격	mine	yours	↑	hers	theirs	↑
재귀	myself	yourself	himself	herself	themself	itself

복수형 대명사

	1인칭	2인칭	3인칭
주격	we	you	they
목적격	us	↑	them
종속속격	our	your	their
독립속격	ours	yours	theirs
재귀	ourselves	yourselves	themselves

왜냐하면 대체됐다고 말할 수 있는 명사구가 없는 채로 쓰이는 대명사도 많기 때문이다. 다음 문장을 살펴보자. 대명사는 밑줄로 표시했다.

It really impressed me the way you politely made it clear that we disagreed. 우리가 동의하지 않는다는 점을 네가 정중하고 명확하게 밝힌 점이 정말 인상적이었다.

이 문장의 다섯 개 대명사 중 어느 하나도 같은 자리에 올 수 있었던 다른 명사구를 대체한다고 할 수 없다. 첫 번째 *it*은 어떤 것을 지칭하지도 대신하지도 않는다. *me*는 특정한 사람의 이름이나 설명과 관계없이 화자 자신을 지칭한다. *you*는 대화 상대를 지칭하는데, 화자가 그 대화 상대의 이름을 알지 못할 수도 있다. 그러므로 누군가의 이름을 대신하고 있다고 확신할 수 없다. 두 번째 *it* 역시 별다른 의미가 없으며 다른 어떤 명사구로 대체할 수 없다. *we*는 화자를 포함하는 어떤 집단을 지칭하지만 대화 상대를 포함하는지의 여부가 모호하며, 어떤 명사구 목록이 여기에 포함되는지 알 수 없다.

대명사의 정의

대명사라는 범주는 다른 몇 가지 특성으로 더 정확하게 정의할 수 있다. 여기서는 두 가지 특성만 언급하겠다. ❶ 고유명사와 마찬가지로 대명사도 보통은 관사나 수식 형용사와 함께 쓰이지 않는다. (*This isn't the you I fell in love with*내가 사랑했던 예전의 당신이 아니다처럼 아주 드문 예외적인 경우에는 그 뜻이 달라진다. 이 예에서 *the you*는 '너의 특정 모습' 혹은 '예전의 너'와 같은 의미로 해석된다.)

❷ 다음 문장들의 밑줄 친 부분처럼 사람들이 가끔 문장에 추가해 자기 말에 대한 상대의 동의 여부를 확인하기 위해 사용하는 부가 의문문을 대명사를 찾기 위한 유용한 테스트로 삼을 수 있다.

That was unprecedented, wasn't it? 그건 전례가 없었어, 그렇지 않아?

She's really smart, isn't she? 그녀는 정말 똑똑해, 그렇지 않아?

One does what one can, doesn't one? 할 수 있는 걸 하는 거지, 그렇지 않아?

We weren't really ready for that one, were we? 우리가 정말 그걸 대비하지는 못했어, 그렇지?

부가 의문문의 첫 부분은 항상 **조동사**고(절의 앞부분이 긍정형이면 부정 조동사를 사용하고, 부정형이면 긍정 조동사를 사용한다), 두 번째 부분은 항상 대명사다. 부가 의문문에는 해당 대명사와 운율이 맞는 짧은 이름조차 사용할 수 없다.

Dee's a genius, isn't she? 디는 천재야, 그렇지 않아?

Dee's a genius, ~~isn't Dee?~~

You will be there, won't you? 너도 올 거야, 그렇지?

Hugh will be there, ~~won't Hugh~~?

I looked pretty silly, didn't I? 나 좀 바보 같지, 그렇지?

Guy looked pretty silly, ~~didn't Guy?~~

따라서 대명사를 제대로 정의하자면 다음과 같다. "대명사는 관사나 수식 형용사를 거의 취하지 않지만, 부가 의문문에서 명사구로 쓰일 수 있는 매우 특별하고 몇 안 되는 명사의 집합이다."

6장.
한정사

Determinatives

한정사는 30~40개의 단어에
수를 나타내는 단어를 합한 어휘 집단이다.

이제 관사 및 이와 유사한 단어를 좀 더 자세히 살펴볼 차례다. **한정사**는 이미 언급한 두 개의 관사와(**부정관사** An과 **정관사** The) (종종 **지시사**라 불리는) 본문서체, This이, That그, 그리고 All모든, Any어떤, Both두, Each각, Either어느 하나, Every모든, Few약간의, Many많은, No아무, Several여러, Some약간의 등 수량이나 정도를 나타내는 30~40개의 단어로 구성된 작은 어휘 집합이다. 수를 나타내는 모든 단어도 한정사에 포함되므로(one, two, three, four 등) 그런 의미에서는 한정사가 매우 방대한 범주라고 할 수 있다.

내가 '한정사^{determinatives}'라고 부르는 범주를 다른 많은 책에서는 '한정어^{determiner}'라고 칭하고 있다는 점을 잠시 짚고 넘어가자. '-사$^{-ive}$'로 끝나는 형용사^{adjective}, 지시사^{demonstrative}, 그리고 한정사도 모두 (단어의) 범주를 지칭한다. 내 생각에 **한정어**는 한정사가 일반적으로 수행하는 기능을 지칭하는 단어로 보는 것이 맞다. 즉, 한정어는 명사구 안에서 속격 명사구처럼 작동하는 기능을 일컫는다. 예를 들어 *dean's list*우등생 명단와 *that list*그 명단에서 각각 밑줄 친 단어는 *list*라는 핵심어 명사의 **한정어**다. 수식어^{modifiers}와 한정어는 모두 -er로 끝나며, 둘 다 **기능**을 나타내는 용어다. 다시 말해, 단어의 범주나 유형이 아니라 구성요소가 할 수 있는 역할을 가리킨다. 이런 용어가 헷갈릴 수 있겠지만, 범주와 기능을 혼동하는 것보다 용어를 올바르게 사용하는 것이 좋다. 단어의 범주를 의미하는 용어일 때는 '한정사', 단어의 기능을 의미할 때는 '한정어'다.

한정사 An은 b, c, d, f, g, j, k, l, m, n, p, r, s, t, w, z 같은 자음 소리 바로 앞에서는 *a* 형태로 쓰인다. 모음 소리 바로 앞에서

는 *an*의 형태가 된다. 여기서 중요한 것은 문자가 아니라 소리다. 영어 철자 체계는 혼란스러우며, 따라서 많이 헷갈릴 수도 있지만 단어들을 소리 내 말해 보면 쉽게 이해될 것이다.

*a horrible act*끔찍한 행동   *an honorable act*명예로운 행동
*a ewe*암소   *an emu*에뮤
*a hotel*호텔   *an honest man*정직한 사람
*a unicorn*유니콘   *an unknown animal*알 수 없는 동물
*a yellow sign*노란색 간판   *an ytterbium laser*이테르븀 레이저

This 한정사는 단수 명사구 앞에서는 *this*의 형태로 쓰이고, 복수 명사구에서는 *these*의 형태로 쓰인다. **That** 한정사에는 단수형 *that*과 복수형 *those*가 있다. *I know that you're lying*네가 거짓말하는 것 알아에서 쓰인 *that*과는 다르다는 의미다.

한정사가 단독으로 사용되는 경우

세 가지 예외를 제외하고, 모든 한정사는 다음과 같이 단독 명사구로 쓰일 수 있다.

*All were saved.*모두 구조됐다.
*Some like it hot.*어떤 사람들은 뜨거운 것을 좋아한다.
*Most were rejected.*대부분은 거절당했다.

You can have either, or both. 둘 중 하나를 갖거나 둘 다 가져도 된다.

We found a few clues, but none were helpful. 우리는 몇 가지 단서를 찾았지만, 그 무엇도 도움이 되지 않았다.

일반적으로 명사구에는 핵심어가 있지만 **An**, **Every**, 그리고 **The**를 제외한 한정사들은(이 세 가지가 예외다) 마치 핵심어 명사처럼 단독으로 사용될 수 있다. 즉, 한정사는 명사구에서 유일한 단어로 기능할 수 있다.

한정사 뒤에 of와 명사구를 결합한 구(이를 **부분격 전치사구**라고 부른다)를 추가해 특정 집합에서 선택된 일부를 나타낼 수 있다. 다음 밑줄 친 부분이 부분격 전치사구다.

All of the children were saved. 모든 아이들이 구조됐다.
Some of us like it hot. 우리 중 일부는 뜨거운 것을 좋아한다.
Most of the applicants were rejected. 지원자 대부분이 탈락했다.
You can have either of the desserts, or both [= *both of the desserts*]. 디저트 중 하나를 선택하거나, 둘 다[= '두 디저트 모두'] 선택할 수 있다.
We found a few clues, but none of the clues that we found were useful. 몇 가지 단서를 찾았지만, 우리가 찾은 단서 중 그 어떤 것도 유용하지 않았다.

단수 가산명사는 *one, a(n), the, every, this, that* 또는 단수로 쓰일 수 있는 다른 한정사와 결합해 단수 명사구가 될 수 있다. 복수 명사는 단독으로 명사구가 될 수 있고, 혹은 (*the, these, those, many, most, few* 또는 *one*을 제외한 다른 숫자 등) 복수로 쓰일 수 있는 한정사와 결합해 복수 명사구가 될 수 있다.

단수	복수
*this apple*이 사과	*these apples*이 사과들
*one box*한 상자	*two boxes*두 상자
*every house*모든 집	*all houses*모든 집
*that potato*그 감자	*those potatoes*그 감자들
*any table*어떤 테이블	*any tables*어떤 테이블들
*this zebra*이 얼룩말	*most zebras*대부분의 얼룩말

전치 한정사 *All*과 *Both*

일반적으로 하나의 명사구에는 하나의 한정사만 사용되므로, ~~*the both children, a this clever trick, some most cookies*~~와 같은 표현은 쓸 수 없다. 하지만 **All**과 **Both**라는 두 개의 특별한 한정사는 명사구의 한정사 앞에 전치 한정사로 나타날 수 있다.

***All the chairs** were damaged.*모든 의자가 손상됐다.
*I love **both my children**.*나는 두 아이 모두 사랑한다.

앞에서 언급했던 내용을 바탕으로, 이 문장들을 다른 방식으로 표현할 수도 있다.

All [of the chairs] were damaged. 모든 의자가 손상됐다.

I love both [of my children]. 나는 두 아이 모두 사랑한다.

여기에서 *all*과 *both*는 *All were damaged*나 *I love both*처럼 사용됐지만, 중간에 부분격 전치사구가 추가됐다. 그렇다고 해서 부분격 전치사구의 *of*가 생략될 수 있다는 얘기는 아니다. 이는 사실이 아니며, 생략할 경우 온갖 잘못된 결과가 나타날 수 있다. 예를 들어 *those of the children who were eligible* 자격을 갖춘 아이들에서 *of*를 생략해 ~~those the children who were eligible~~ 처럼 쓸 수는 없다. 전치 한정사 용법은 **All**과 **Both**에만 있는 특징이지, *of*를 생략한 결과가 아니다(규칙이 무엇인지 단순하게 추측하는 일을 피하라. *of*가 생략될 수 있다는 규칙은 없다!).

7장.
동사
Verbs

◇◇◇

동사가 반드시
행동을 나타내는 것은 아니다.

수천수만 개에 달하는 방대한 어휘군을 이루는 동사는 행동, 또는 사람이 할 수 있는 무언가를 지칭하는 가장 간단한 단어를 모두 포함한다. 동사의 예로는 **Assess** 평가하다, **Betray** 배신하다, **Caress** 쓰다듬다, **Decide** 결정하다, **Eliminate** 제거하다, **Forge** 위조하다, **Give** 주다, **Hinder** 방해하다, **Investigate** 조사하다, **Jostle** 밀치다, **Keep** 유지하다, **Linger** 맴돌다, **Memorize** 기억하다, **Nibble** 조금 물어뜯다, **Obtain** 얻다, **Pierce** 관통하다, **Quit** 그만두다, **Ravage** 황폐화하다, **Succeed** 성공하다, **Tremble** 떨다, **Understand** 이해하다, **Vanish** 사라지다, **Weep** 울다, **X-ray** 엑스레이 찍다, **Yawn** 하품하다, **Zoom** 빠르게 쌩 가다 등이 있다.

동사는 위의 예로 나열한 단어들의 공통점 때문에 종종 '행동 단어'라고 불린다. 그러나 동사가 반드시 행동을 나타내는 것은 아니다. 어떤 의미에서도 행동을 나타내지 않고 단순히 특정 상태를 지칭하는 동사도 많지만, 이 동사들 역시 위 목록에 있는 동사들과 동일한 문법적 특성을 보인다. 예를 들어 *It seems hot in here* 여기 더운 것 같아라는 문장에서 *seems* 동사가 어떤 행동을 나타낸다고 할 수는 없다. **Abhor** 혐오하다, **Be** 있다, **Contain** 포함하다, **Decrease** 감소하다, **Exceed** 초과하다, **Forget** 잊다, **Glisten** 빛나다, **Have** 가지다, **Impend** 임박하다, **Justify** 정당화하다, **Keep** 유지하다, **Languish** 약화되다, **Merit** 가치가 있다, **Necrotize** 괴사하다, **Outrank** 능가하다 같은 동사도 마찬가지다. 이런 동사들의 의미를 행동으로 개념화하는 것은 어렵거나 불가능하다.

거의 모든 동사에는 여러 상황에서 사용되는 기본 형태가 있다. 이를 **동사원형**이라고 부르겠다. 어휘소에는 간편하게 원형을 사용한다. 앞서 언급한 동사의 원형은 *abhor*, *be*, *contain*, *decrease* 등이다. 그러나 동사는 주로 원형 말미에 접미사를 추가해 다양한 어형을 갖춘다. 예를 들어 **Abhor** 에는 *abhors*, *abhorred*, *abhorring*과 같은 형태가 있다. 동사의 다양한 형태를 설명하기 위해 먼저 '시제'라는 개념을 살펴보자.

시제

거의 모든 동사에는 주로 사건이나 상태가 시간상 어디에 있는지를 나타내는 **시제**^{tense}의 대조가 있다. **현재시제**는 *I recommend it*나는 그걸 추천해처럼 사건이나 상태가 현시점에 있을 때, 혹은 *People always say that*사람들은 항상 그 얘기를 한다처럼 시간이 지나도 변하지 않는 것에 관해 이야기할 때 사용된다. **과거시제**는 일반적으로 동사원형 끝에 *ed*가 추가되며, 사건이나 상태가 과거에 있을 때 사용된다(*I recommended it*내가 그걸 추천했어).

'과거시제'가 말 그대로 과거의 시간을 가리킨다고 생각하기 쉽지만, 항상 그런 것은 아니다. 과거시제는 때때로 실제와는 다른 가상의 상황을 나타낼 때 사용된다. 예를 들어 *If I investigated further, would I find out anything bad?*더 조사하면 나쁜 점을 발견할 수 있을까?라는 문장은 내가 과거에 수행했던 조사가 아니라, 미래에 할 수도 있는 가상의 조사에 관한 말이다. 또 어떤 때는 과거시제가 단지 좀 더 겸손하거나 공손하게 표현하려는 화자의 의도를 나타낼 수 있다. 예를 들어 *I wondered if I could possibly borrow your car*

제가 당신의 차를 좀 빌릴 수 있을지 생각했어요는 반드시 과거에 했던 생각이 아닌, 내가 현재 하는 생각에 관한 이야기일 수 있다.

시제 얘기를 했으니, 앞서 언급한 한 가지 내용에 대해 좀 더 정확하게 설명할 수 있을 것 같다. 그것은 대명사는 주어일 때 쓰는 주격 형태가 따로 있다는 설명이었다. 그러나 좀 더 정확하게는 **과거시제 또는 현재시제 동사가 있는 절**, 즉 **시제가 있는 절**에서 주어일 때 대명사는 주격으로 사용된다고 해야 한다.

과거분사

거의 모든 동사에는 전통적으로 **과거분사**라고 불리는 형태가 있다(과거분사는 사실 과거와 큰 상관이 없기 때문에 좋은 이름은 아니다. 하지만 일반적으로 사용되는 용어이므로 그대로 쓰도록 하겠다). 과거분사는 과거시제와는 완전히 다른 용도로 사용되지만, 규칙 동사의 과거분사와 과거시제는 철자와 발음이 동일하다. 예를 들면 **Assess** 평가하다는 *Yesterday we assessed the damage* 어제 우리는 피해를 평가했다에서 과거시제로, *We have now assessed the damage* 우리가 지금 피해를 평가했다에서 과거분사로 쓰였다(주목할 점은 두 번째 문장이 현재에 대한 언급이라는 것이다).

불규칙동사

영어에는 과거시제가 **불규칙한** 동사가 거의 200개나 있다. 일부는 중간의 모음 글자가 바뀌고(run, ran) 일부는 d 대신 t가 붙는다(send, sent). 또 일부는 모음이 바뀌고 t가 추가되며(keep, kept) 일부는 아무런 변화 없이 사용된다.

다음의 첫 번째 문장은 현재시제고, 두 번째 문장은 과거시제다.

They always let me out on weekends. 그들은 주말에는 항상 외출할 수 있게 해 준다.

They let me out last weekend. 그들이 지난 주말에 외출할 수 있게 해 줬다.

일부 동사는 전혀 다른 형태로 바뀌기도 한다(**Go**의 불규칙 과거형은 이상하게도 *went*이고, *is*의 불규칙 과거형은 *was*다).

또한 과거분사와 과거시제의 형태가 서로 다른 불규칙 동사도 아주 많다. 수많은 불규칙 동사가 매우 자주 사용되기 때문에 어린 시절부터 영어를 써 온 사람이라면 이상하다고 생각하지도 못한 채 불규칙 동사 대부분을 자연스럽게 배워 왔을 것이다. 다음의 예는 과거시제와 과거분사가 동일한 열 개의 불규칙 동사다.

현재시제	과거시제/과거분사
*feel*느끼다	*felt*
*find*찾다	*found*

*have*가지다	*had*
*leave*떠나다	*left*
*make*만들다	*made*
*sell*팔다	*sold*
*send*보내다	*sent*
*stand*서다	*stood*
*think*생각하다	*thought*
*win*이기다	*won*

그리고 다음은 과거분사와 과거시제 형태가 다른 좀 더 불규칙한 열 개의 동사다.

현재시제	과거시제	과거분사
*choose*선택하다	*chose*	*chosen*
*come*오다	*came*	*come*
*drive*운전하다	*drove*	*driven*
*fall*떨어지다	*fell*	*fallen*
*give*주다	*gave*	*given*
*go*가다	*went*	*gone*
*hide*숨다	*hid*	*hidden*
*see*보다	*saw*	*seen*
*sing*노래하다	*sang*	*sung*
*take*가져가다	*took*	*taken*

동명분사

거의 모든 동사에는 하나의 형태가 더 있다. 나는 이를 **동명분사** gerund-participles라고 부른다. 동명분사는 완전히 규칙적으로 만들어지는데, 모든 동사원형의 끝에 -ing를 추가하면 동명분사가 된다. 철자에 묵음 *e*가 있는 경우에는 *e*를 없앤다. 예를 들어 *be*는 *being*, *come*은 *coming*, *go*는 *going*, *have*는 *having*이 된다. 그러니 동명분사의 형태에 대해서는 걱정할 필요가 없다.

조동사

영어 동사의 대부분은 내가 **어휘동사**lexical verbs라 부르는 아주 큰 집합에 속하지만, **조동사**auxiliary verbs라는 매우 중요하고 작은 하위 집합이 있다. 조동사라는 전통적인 명칭은 다른 동사를 돕는다는 의미를 내포하고 있으며, 따라서 전통 문법에서는 조동사를 종종 '도와주는 동사'라고 부른다. 하지만 이는 부적절한 명칭이고 잘못된 정의다. 왜냐하면 조동사가 (도울 수 있는) 다른 동사와 함께 나타나지 않을 수도 있기 때문이다. 그러나 '조동사'라는 용어가 확립돼 있으므로, 나도 이 용어를 사용하겠다.

    미국영어와 영국영어 사이에 사용법의 차이가 아주 약간 있지만, 대부분의 영어에는 약 열두 개의 조동사가 있다.

    가장 기본적인 세 개의 조동사는 *You should be dancing*너 춤춰야지에서의 **Be**, *Do you come here often?*여기 자주 오니?에서의 **Do**, 그

리고 *You have lost your mind*당신은 미쳤어에서의 **Have**다. 뒤의 두 동사는 어휘동사로도 사용된다.

조동사는 의미가 아니라 다른 중요한 문법적 특성에 따라 식별된다.

- 조동사의 **부정형**은 대개 조동사의 현재 및 과거시제에 접미사 *-n't*를 붙여 만든다. 따라서 조동사에는 *do/don't, does/doesn't, have/haven't, has/hasn't, is/isn't, was/wasn't*와 같은 짝이 있다. 반면 어휘동사에는 *-n't* 형태가 없다. 해당 동사에 *-n't*를 적용하는 게 아니라 *do/don't, does/doesn't*처럼 **Do**를 쓴다. 한편, 전통 문법에서는 이런 *-n't* 형태를 **축약**이라고 부르는데, 마치 *do not*을 빠르게 말해서 두 단어가 합쳐진 결과가 *don't*인 것처럼 설명한다. 그러나 실제로는 그렇지 않다. *do*와 *don't*의 발음을 들어 보면 두 단어의 모음 소리가 전혀 같지 않다는 사실을 알 수 있다. **Will**의 *-n't* 형태는 *won't*이고, *mustn't*의 경우 *must*의 *t*가 묵음이 된다. 이런 불규칙성은 조동사의 부정형이 결코 축약이 아닌, 많은 과거시제가 그런 것처럼 동사의 불규칙한 변형태임을 보여 준다(*sent*는 *sended*를 축약한 것이 아니다!).

- 조동사는 **폐쇄 의문절**을 포함한 절의 맨 앞에 위치할 수 있지만, 어휘동사는 절대 그렇지 않다. 다음 두 문장에서 첫 번째 **Can**은 조동사지만, 두 번째 **Can**은 어휘동사다.

*They can tune it.*그들이 그것을 조율할 수 있다. [=*They are able to tune it.*]

*They can tuna.*그들은 참치를 캔 안에 넣는다. [=*They pack tuna into cans.*]

그러므로 *Can they tune it?*은 문법적으로 옳지만, ~~*Can they tuna?*~~는 그렇지 않다. 조동사 **Do** 를 추가해서 *Do they can tuna?*라고 해야 한다.

- 부정어 *not*은 조동사 뒤에서 절을 부정형으로 만든다. 다음 두 문장에서 첫 번째 **Have** 는 조동사지만, 두 번째 **Have** 는 어휘 동사다.

*We have washed the machine.*우리는 기계를 막 세척했다.

*We have a washing machine.*우리에게는 세탁기가 있다.

그러므로 *We have not washed the machine*은 문법적으로 옳지만, ~~*We have not a washing machine*~~은 그렇지 않다.

조동사 **Be**

Be 는 다른 어떤 동사와도 비교할 수 없을 정도로 독특한 어형 변화를 보여 주는 아주 이상한 동사다. 동명분사형의 경우 형태를 예측할 수 있다. 원형에 *-ing*를 추가해 *being*이 된다. 그러나 과거분사형인 *been*은 예상과 다르다. 나머지 형태들은 더 불규칙하다.

	중립형	부정형
1인칭 단수 현재형	am	—
3인칭 단수 현재형	is	isn't
현재형 (나머지)	are	aren't
1인칭 및 3인칭 단수 과거형	was	wasn't
과거형 (나머지)	were	weren't

(-n't가 없는 형태는 중립형^{neutral}이라고 한다. 이를 '긍정형 positive'이라고 할 수 없는 이유는 *That is definitely not true*그건 결코 사실이 아니다와 같은 절이 부정적 진술이기 때문이다. 즉, *is*는 긍정형 절과 부정형 절 모두에서 사용될 수 있지만, *isn't*는 부정형 절에서만 사용된다.)

Be는 항상 조동사다. **Be**가 문장에서 유일한 동사일 때도 마찬가지다. 이것이 조동사를 '도와주는 동사'라고 부르지 말아야 할 이유다. 그러므로 기존 영문법 책들의 조동사 정의는 틀렸다. 일부 조동사는 도울 수 있는 다른 동사와 함께 쓰이지 않는다.

*That guy is crazy.*저 사람은 미쳤다. ☛ 동사가 *is* 하나만 있음

*Is that guy crazy?*저 사람이 미쳤니?

☛ *is*가 맨 앞에 위치, 조동사의 주요 특징

*That guy isn't crazy.*저 사람은 미치지 않았다.

☛ 동사에 *-n't* 접미사 추가, 조동사의 주요 특징

*That guy is not crazy.*저 사람은 미치지 않았다.

☛ 동사 뒤 *not*, 조동사의 주요 특징

Be 동사의 용법

Be 동사에는 몇 가지 독특한 용법이 있는데, 그로 인해 **Be** 동사는 영문법에서 필수불가결한 지위를 차지한다. 다음은 **Be** 동사의 필수불가결한 여섯 가지 용법이다.

- **진행형**: 거의 모든 어휘동사는 **Be** 동사와 동명분사를 사용해 어떤 활동이 현재 진행 중임을 나타낼 수 있다. *He makes a lot of noise*그는 많은 소음을 낸다는 어떤 사람이 늘 시끄럽다는 의미지만, *He is making a lot of noise*그는 소음을 많이 내고 있다는 현재를 포함한 일정 시간(일시적일 수 있음) 동안 그가 계속 소음을 내고 있다는 것을 의미한다. *He built a house*그는 집을 지었다는 과거에 완료된 일을 나타내지만, *He was building a house*그는 집을 짓고 있었다는 과거 일정 기간 진행 중이었던 (어쩌면 완료되지 않은) 활동을 묘사한다. 시간적 경계가 없거나 일시적이지 않은 동사에는 진행형을 사용하지 않는다. 예를 들어 ~~*She is knowing the answer*그녀가 답을 알고 있는 중이다~~라고 하지 않는 이유는 지식의 상태가 잠재적으로 끝날 것이라고 예상하지 않기 때문이다.

- **서술**: 누군가 어떤 특성을 보인다고 서술할 때는 **Be** 동사 뒤에 형용사구를 쓰는 것이 가장 보편적이다. **Be** 동사뿐만 아니라 다른 몇 가지 동사도 비슷한 방식으로 사용될 수 있다.

    *Mary is extremely clever.*메리는 정말 똑똑해.

Mary seems extremely clever. 메리는 정말 똑똑한 것 같아.

- **위치**: 어떤 사람이나 물건이 특정 **전치사구**로 지정된 위치에 있다고 말하는 표준적인 방법은 전치사구 앞에 **Be** 동사를 사용하는 것이다.

    George is in the kitchen. 조지는 주방에 있다.

- **정체성**: 한 사람과 다른 사람의 동일성을 주장하는 가장 간단한 방법은 명사구 앞에 **Be** 동사를 두는 것이다.

    Superman is really Clark Kent. 슈퍼맨이 정말 클라크 켄트다.

- **역할**: 어떤 사람이 사회에서 특정한 역할을 맡았다고 말하는 매우 일반적인 방법은 역할을 나타내는 명사구 앞에 **Be** 동사를 넣는 것이다. 이때 명사구는 보통 한정사 없이 쓰인다.

    Professor Nesbit is dean of the college. 네스빗 교수는 이 대학의 학장이다.

- **수동형**: 수동절이라 불리는 절의 구조는 종종 **Be** 동사에 과거분사를 결합한 형태다(14장 참조).

    Hawaiian wildlife has been decimated by feral cats. 하와이의 야생동물이 길고양이들 때문에 멸종됐다.

조동사 **Do**

내가 **Do** 조동사라 칭하는 어휘소는 아주 흥미로운 속성을 가지고 있는데, 문장에 조동사가 필수지만 다른 조동사가 없을 때만 **Do** 조동사가 나타난다는 점이다. 예를 들어, 특정 평서절에 대응하는 폐쇄 의문문을 만들려면 주어 앞에 조동사가 필요하다.

Lunch will be ready soon. 점심 식사가 곧 준비된다.
Will lunch be ready soon? 점심 식사가 곧 준비될까?

그런데 만약 주어 앞에 조동사가 없다면? 그럴 때는 **Do** 조동사를 사용해야 한다.

They opened on time. 그들은 제시간에 문을 열었다.
Did they open on time? 그들이 제시간에 문을 열었나?

이는 절의 동사가 동작을 나타내는 어휘동사일 경우에도 동일하게 적용된다. 어휘동사가 **Do** 여도 마찬가지다.

Do your homework. 숙제해라.
Did you do your homework? 너 숙제했어?

두 번째 문장인 폐쇄 의문문에는 **Do** 조동사와 **Do** 어휘동사가 각각 하나씩 사용됐다.

조동사 **Have**

Have 조동사는 현재와 관련된 관점에서 과거에 완료된 행동에 대해 이야기할 때 사용된다. **Have** 조동사 뒤에는 과거분사 형태의 동사가 따른다. *The milk went sour*우유가 상했다는 과거에 일어난 사건을 다루고 있지만, *The milk has gone sour*우유가 상했다는 과거에 발생했으나 현재와 관련이 있는 사건을 나타낸다. *Elvis appeared in many films*엘비스는 많은 영화에 출연했다는 전혀 문제가 없지만, *Elvis has appeared in many films*는 이상하게 들릴 수 있다 (엘비스 프레슬리가 1977년에 사망했기 때문에 과거분사를 사용한 이 문장의 진술이 현재와의 관련성에 대한 우리의 지식과 충돌한다). 절의 어휘동사가 '소유하다' 또는 '가지다'라는 의미의 **Have** 어휘동사일 경우에도 **Have** 조동사가 필요하다. 다음 문장에서 주어 앞에 있는 것은 **Have** 조동사고, 주어 뒤에 있는 것은 **Have** 어휘동사의 과거분사다.

*Have you had this rash for more than a week?*발진이 일주일 이상 지속됐니?

동일한 단어가 연속해서 나타날 수도 있다. 다음 문장은 **Have** 조동사 뒤에 **Have** 어휘동사가 연이어 나타난 구조다.

*I had had the rash for several weeks.*나는 몇 주 동안 발진이 있었다.

서법 조동사

이제 **서법 조동사**^{modal auxilary verbs}라고 불리는 독특한 조동사만 남았다. 다음 페이지의 표는 가장 기본적인 여섯 개 서법 조동사의 중립형과 부정형이다.

표의 빈칸들은 서법 조동사의 불규칙성이 얼마나 큰지 잘 보여 준다. **May**에는 부정형이 없고 **Can**에는 일반적으로 쓰이는 *can't*와 격식 있는 문체에서 쓰이는 *cannot*이라는 두 개의 부정형이 있다. 그리고 **Must**에는 과거시제가 없다. 독특한 점들은 또 있다.

현재시제절에서 주어가 3인칭 단수일 때 다른 동사에는 접미사 *s*가 붙지만, 서법 조동사에는 붙지 않는다. 또 다른 이상한 점은 서법 조동사에는 현재시제와 과거시제만 있다는 것이다. 분사형이 없기 때문에 *musted*나 *maying* 같은 형태가 없다. 동사원형도 없기 때문에 *I would like to be able to*라고 할 수는 있지만 ~~*I would like to can*~~이나 ~~*I would like to could*~~라고 할 수는 없다.

독특한 변종인 서법 조동사 중에는 아주 오랫동안 매우 흔하게 사용되다가 이제 거의 볼 수 없거나 완전히 사라지고 없는 것들도 있다. 이를테면 100여 년 전까지만 해도 많이 쓰이던 *mayn't*라는 형태는 이제 완전히 사라지고 없다. *mightn't*와 *oughtn't*는 일부 나이 든 사람들이 여전히 쓰지만 젊은 사람들은 거의 쓰지 않는 말이 됐다. **Shall**은 어떤 것을 하자고 제안할 때와(*Shall I do it for you?*내가 할까?) 보수적인 법률 언어에서 여전히 사용되지만(*No state shall pass any law impairing the*

	현재 중립형	현재 부정형	과거 중립형	과거부정형
Can	can	can't, cannot	could	couldn't
May	may	—	might	mightn't
Must	must	mustn't	—	—
Ought	ought	oughtn't	ought	oughtn't
Shall	shall	??shan't	should	shouldn't
Will	will	won't	would	wouldn't

*obligation of contract*어떤 주도 계약의 의무를 저해하는 법률을 통과시킬 수 없다) 사용빈도가 **Will** 보다 400배 이상 적다. 또한 현재시제 부정형인 *shan't*는 1차 세계대전 이후 미국영어에서 사실상 사라졌다. 44,000,000개 단어 분량의 미국 신문 텍스트에서 *won't*는 14,000번 등장했지만, *shan't*는 1914년에 태어난 버몬트 로이스터[3]가 쓴 칼럼에서 단 두 번 사용된 것이 전부다!

*should*는 원래 *shall*의 과거형에서 유래했다. 20세기 초의 소설가라면 I expect that I shall be needed at the office사무실에 내가 필요하다고 생각한다를 과거시제로 바꿀 때 I expected that I should be needed at the office사무실에 내가 필요했을 거로 생각했다라고 썼을 것이다. 그러나 오늘날에는 **Will** 이라는 어휘소를 쓰는 것이 훨씬 더 일반적이며, 따라서 **Will** 의 과거형 *would*를 쓸 것이다.

몇 가지 덜 중요한 다른 항목들도 조동사와 유사한 문법 규칙을 따르며, 화자에 따라 사용방식에 약간의 차이를 보인다.

---

3 Vermont Royster. 퓰리처상을 두 번 수상한 미국의 언론인. 〈월스트리트 저널〉의 편집국장을 역임했다. (옮긴이)

*Dare we tell her?*감히 그녀에게 말해도 될까?

*Need we tell her?*그녀에게 말해야 할까?

*We had better tell her.*그녀에게 말해야 한다.

*Would you rather I didn't tell her?*내가 그녀에게 말하지 않는 것이 좋겠어?

*John is to be summoned immediately.*존을 즉시 소환해야 한다.

여기서 밑줄 친 표현들은 거의 멸종 직전의 희귀 동물들 같다. 이 단어들이 어떻게 사용되는지, 그 의미는 무엇인지, 그리고 문법적 특성이 어떻게 다르고 겹치는지를 자세히 살펴보면 볼수록 사람들이 이런 표현을 배울 수 있다는 사실이 그저 놀랍게 느껴진다.

서법 조동사의 핵심 의미

조동사는 대부분 ❶ 가능성 또는 허락 ❷ 필요성 또는 의무라는 두 가지 주요 개념 중 하나와 관련된 의미를 지닌다.

Can 과 **May** 는 둘 다 어떤 일이 발생할 가능성 또는 무언가를 할 수 있는 자유를 표현한다. **Can** 은 단순히 능력을 표현하는 경우가 많다.

*You can get it if you really try*정말 노력하면 얻을 수 있다는 무언가를 얻을 수 있는 능력을, *It can rain even in the desert*사막에서도 비가 내릴 수 있다는 사막에도 비가 올 가능성을 나타낸다. 하지만 **Can** 은 *You can go now*이제 가도 돼에서처럼 허락을 의미하는 경우도 많다. (**Can** 을 허락의 의미로 사용하면 절대 안 된다고 말하는 사람들의 말을 믿지 마라. 그들이 맞다면 *Can I kiss you?*키스해도 돼?는 '나

에게 키스할 수 있는 신체적 능력이 있나요?'라는 뜻인데, 그렇다면 움직일 수 없는 사람을 제외한 모든 사람이 *Yes*라고 답해야 한다. 그러나 *Can I kiss you?*는 사실상 언제나 허락을 구하는 말이며, 그러니 거절해도 된다!)

May 는 우리가 알고 있는 모든 정보와 충돌하지 않는다는 의미에서 어떤 것이 사실일 수 있음을 표현할 때 자주 사용된다. 예를 들어 *There may be chemical elements we haven't yet discovered* 우리가 아직 발견하지 못한 화학 원소가 있을 수 있다나 *There may be no integer solutions to this equation* 이 방정식에는 정수의 답이 없을 수 있다 처럼 쓰인다. 하지만 May 는 허락을 표현할 때도 자주 사용된다. *You may kiss me now* 이제 키스해도 돼가 그 예다.

반면, 다른 서법 조동사는 지금까지 살펴본 개념들의 논리적 반대인 필요, 강제, 요구, 의무 등을 표현한다.

- Must : *There must be something wrong with the mechanism* 그 메커니즘에 문제가 있는 것이 분명하다은 그 메커니즘이 올바르게 작동할 가능성이 없고 반드시 어떤 결함이 있다는 의미다. *You must try harder* 너 더 열심히 노력해야 해는 반드시 그래야 하니 더 열심히 노력하라는 명령이나 촉구다.

- Need : *You needn't wear shoes* 신발 안 신어도 돼는 신발을 신을 필요가 없다는 의미다.

- Ought : 이 조동사는 도덕적 또는 윤리적 의무를 언급할 때 자

주 사용된다. *You ought to be more careful*너 더 조심해야 해은 더 조심해야 할 의무나 책임이 있다는 뜻이다.

- **Shall**: *We shall overcome*우리는 이겨 낼 것이다은 승리에 대한 확고한 예측을 표현한다. 과거형인 *should*를 사용하면 주장이 약간 부드러워지지만, 이는 과거에 대한 언급이 아니다. *We should be all right*괜찮을 거야은 현재의 지식을 바탕으로 우리가 아마 괜찮을 것이라는 의미다. 그러나 어느 시점부터 *should*는 완전히 다른 의미로 발전했으며, 그래서 지금은 *should*를 별개의 어휘로 보는 것이 가장 적절하다. 예를 들어 *You should be more careful*너 더 조심해야 해은 *You ought to be more careful*과 대체로 같은 의미고, **Shall**의 과거형과는 더 이상 관련이 없다. 여기서 *should*는 여전히 필요성을 나타내지만, 도덕적이거나 실용적인 의무에서 비롯된 약한 필요성을 의미한다.

- **Will**: *You will do as I say*너는 내가 말하는 대로 할 거야는 내가 명령을 했기 때문에 너에게 선택의 여지가 없다는 의미를 전달한다. 그리고 *I will get this done*이 일을 해내겠다은 일을 해내겠다는 내적 결의를 표현한다. (**Will**은 내적 의지를 나타내는 명사로도 사용된다.)

미래 나타내기

Will은 *The bus will leave soon*버스가 곧 출발한다에서처럼 (버스의 내적 결심이 아닌) 미래 시점을 나타낼 때 압도적으로 많이 사용된다. 전통 문법에서는 이를 '미래시제'라고 부르지만, 잘못된 표현이다. 그것은 '시제'가 아니다.[4] 영어는 다양한 단어의 조합을 통해 각기 다른 즉각성을 가진 미래를 표현하지만, 그 어느 것도 시제는 아니다. *The bus will leave soon*뿐만 아니라, *The bus leaves soon*, *The bus is leaving soon*, *The bus is to leave soon*, *The bus is set to leave soon*, *The bus is going to leave soon*, *The bus is about to leave*, *The bus is on the point of leaving* 등 미래를 나타내는 표현은 다양하다.

또한 **Will**의 과거시제인 *would*를 사용해 과거 시점에서의 미래, 즉 당시에는 미래였던 과거의 한 시점에 대해 이야기할 수 있다.

> *They told me at 7:55 that the bus would leave at 8:05, and it's now 8:15.* 그들이 7시 55분에 버스가 8시 5분에 출발한다고 했는데 지금은 8시 15분이다.

*would*는 미래 시점을 나타내는 **Will**의 과거시제로, 이는 안내 데스크 직원이 버스가 8시 5분에 출발할 것이라고 말했던 그 시점(7시 55분)을 기준으로 미래에 대해 이야기한다. 그러나 8시 15분이 되면 그 미래는 이미 과거다. 잘 생각해 보면 말이 된다. 하지만 이런 미묘한 의미 차이가 상당히 복잡하므로, 이 짧은 장에서는 일부만 다루었을 뿐이다.

---

4 시제는 동사의 어형 변화를 통해 시간을 나타내는 것을 의미한다. (옮긴이)

8장.
형용사

Adjectives

전통적 관점에 따르면 거의 모든 단어가
형용사가 되고 만다.

형용사는 사람이나 사물의 일시적이거나 영구적인 상태 또는 조건을 가장 간단하게 표현하는 단어들이다. 여기에는 **Anxious** 불안한, **Bold** 대담한, **Childish** 유치한, **Deceptive** 기만적인, **Eager** 열망하는, **Furtive** 은밀한, **Great** 훌륭한, **High** 높은, **Interesting** 흥미로운, **Jaunty** 쾌활한, **Keen** 예리한, **Loose** 느슨한, **Marvelous** 놀라운, **New** 새로운, **Old** 오래된, **Public** 공공의, **Quiet** 조용한, **Realistic** 현실적인, **Shady** 음침한, **Tremulous** 떨리는, **Unfortunate** 불운한, **Vicious** 사나운, **Wild** 야생의, **Xenophobic** 외국인을 혐오하는, **Young** 젊은, **Zesty** 풍미 있는 등 수천 개 단어가 포함된다.

형용사 중 상당수는 **정도를 나타낼 수 있는데**, 이는 어떤 성질이 더 크거나 더 적을 수 있다는 뜻이다. 이런 형용사들은 *highly* 매우 *extremely* 극도로 같은 수식어, 혹은 극도로 자주 쓰이는 *very* 아주와 같은 강조 부사와 함께 사용될 수 있다. 예를 들어 *very anxious* 아주 불안한, *very bold* 아주 대담한, *very childish* 아주 유치한, *very deceptive* 아주 기만적인, *very eager* 아주 열망하는와 같이 쓴다. 부사 *very*는 형용사를 판별하는 좋은 기준이 되는데, 이는 *very*가 수식하는 단어라면 형용사일 가능성이 크기 때문이다. (이 강조 부사 *very*를 *the very person I was looking for* 내가 찾던 바로 그 사람 같은 표현에 있는 동일 철자의 다른 단어와 혼동해서는 안 된다. 여기서 *very*는 '정확한'이라는 의미의 형용사며, 정도를 나타내지 않기에 반복할 수 없다. *very, very anxious*는 맞지만 ~~*the very, very person I was looking for*~~는 틀린 표현이다.)

형용사에는 시제가 없으며 (주어-동사 일치와 달리) 주어-형용사의 일치도 없다. 예를 들어 *anxious*에는 과거형이 없으며,

*She was anxious*그녀는 불안했다에서 시제는 동사 *was*에 있다.

전통적인 정의의 문제

형용사는 전통적으로 명사를 수식하는 기능의 단어 또는 더 모호하게 명사를 '설명하는' 단어로 정의돼 왔다. 이런 정의는 무용하다. 모든 형용사가 명사 수식어로 기능하는 것도 아니고, 형용사가 아닌 많은 단어가 그 기능을 수행할 수 있기 때문이다. 예를 들어 보통명사 *bus*는 *bus station*버스 정거장이라는 구에서 명사 *station*을, 고유명사 *California*는 *Califonia girls*캘리포니아 소녀에서 명사 *girls*를 수식한다. 또한 동사의 분사형인 *written*쓰여진이나 *sleeping*자고 있는도 각각 *written materials*써면 자료와 *sleeping dogs*자고 있는 개에서 명사를 수식한다. 형용사를 명사의 수식어로 정의하면, 형용사의 범위가 지나치게 넓어진다. 더 큰 문제는 **All** 전체, **An** 하나의, **The** 그와 같은 한정사도 명사 앞에서 명사를 수식하는 역할을 하므로 전통적인 관점에 따르면 모든 한정사가 형용사에 포함돼야 한다.

전통적 정의에 따르면 사실상 영어 단어 대부분이 형용사가 될 수 있고, 그래서 형용사의 개념이 완전히 모호해지고 만다. 형용사는 좀 더 신중하게 분류돼야 한다. 형용사가 명사를 수식하는 경우가 많지만, 명사를 수식하는 모든 단어가 형용사는 아니다!

형용사의 굴절형

영어에서 가장 흔하게 나오는 형용사 어휘소, 특히 짧은 형용사는 대부분 **비교**를 나타내는 어미를 취한다. 어휘소의 **원형**에는 어미가 없다. 예를 들어 *The Moncktons are rich*몽크톤가 사람들은 부자다에서는 원형이 사용된다. **비교급**에는 어미 *-er*를 사용하며, 이는 비교 대상보다 같은 속성을 더 많이 가지고 있음을 나타낸다. 같은 문장에서 비교급을 사용하면 *The Moncktons are richer than our family*몽크톤가 사람들은 우리 가족보다 부자다라고 쓸 수 있다. 그리고 **최상급**은 *-est* 어미를 사용하며, 이는 어떤 집합에서 1위를 차지하는 것처럼 해당 속성을 가장 많이 가졌음을 나타낸다. *The Moncktons are the richest people in town*몽크톤가 사람들은 마을에서 가장 부유하다라고 표현할 수 있다. 이런 형태를 '형용사의 굴절형'이라고 말한다. 다음은 굴절형의 예다.

어휘소	원형	비교급	최상급
Bold 대범한	bold	bolder	boldest
Deep 깊은	deep	deeper	deepest
Easy 쉬운	easy	easier	easiest
Grand 웅장한	grand	grander	grandest
Happy 행복한	happy	happier	happiest

이런 굴절형 어미를 취하는 형용사는 대부분 3음절 미만으로 이루어져 있다. 다음 단어들이 그 예다. **Angry** 화난, **Bold** 대

담한, **Calm** 차분한, **Deep** 깊은, **Easy** 쉬운, **Fresh** 신선한, **Grand** 웅장한, **Happy** 행복한, **Idle** 한가한, **Jaunty** 쾌활한, **Keen** 예리한, **Loose** 느슨한, **Mild** 온화한, **New** 새로운, **Old** 오래된, **Pretty** 예쁜, **Quiet** 조용한, **Rare** 희귀한, **Shady** 그늘진, **Tight** 딱 맞는, **Ugly** 못생긴, **Vast** 거대한, **Wild** 야생의, **Young** 젊은, **Zippy** 발랄한. 몇몇 형용사의 굴절형은 형태가 불규칙하다.

어휘소	원형	비교급	최상급
Bad 나쁜	bad	worse	worst
Far 먼	far	farther	farthest
Good 좋은	good	better	best

더 길고 복잡한 형용사에는(대부분의 형용사가 그렇다) 이런 어미 변형이 없다. 즉, *attractiver*, *childisher*, *picturesquer*, *enjoyablest*, *fabulousest*, *interestingest* 등의 형태는 존재하지 않는다. 그렇다면 굴절형 없이 비교를 어떻게 표현할까? 바로 *attractiver* 대신에 *more attractive* 더 매력적인, *attractivest* 대신에 *the most attractive* 가장 매력적인를 쓰는 것처럼 *more*와 *most*를 사용해 표현한다.

*more attractive*나 *the most attractive*는 **형용사구**며 *more*와 *most*는 **수식어** 역할을 한다. 부사 등 다른 많은 항목도 형용사구에서 수식어로 사용될 수 있다. *very attractive* 아주 매력적인, *so careful* 매우 조심스러운, *more important* 더 중요한, *extremely kind* 극도로 친절한 등이 그 예다.

형용사구는 문장에서 네 가지 다른 기능을 수행할 수 있다. 다음 예시는 핵심어가 **Attractive** 매력적인인 형용사구의 네 가지 기능을 보여 준다.

❶ 명사구에서 한정 수식어 역할

It was [*a very attractive design.*] 그건 정말 매력적인 디자인이었다.

❷ 동사구에서 서술적 보충어 역할

The design [*looked very attractive.*] 그 디자인은 정말 매력적으로 보였다.

❸ 명사구에서 후치 수식어 역할

Try to create [*something really attractive.*] 정말 매력적인 걸 만들려고 해 봐라.

❹ 부정관사와 함께 명사구의 외부 수식어 역할

I'd never seen [*so attractive a design.*] 그토록 매력적인 디자인은 본 적이 없다.

부자와 가난한 사람들

전통 문법에서는 *the poor* 가난한 사람들나 *the French* 프랑스인 같은 구를 두고, 아마도 형용사가 명사처럼 사용된 경우라고 설명할 것이다. 하지만 이는 완전히 잘못된 설명이다. 이런 구는 전혀 명사처럼 행동하지 않는다. 명사에는 복수형이 있지만, 가난한 사람들을 *poors*라고 부르거나 프랑스 사람들을 *Frenches*라고 부르지는 않는다. 이런 구에는 분명 정관사와 형용사만 있을 뿐, 그 외 다른 것은 없다.

더구나 *poor*가난한와 같이 점진적 의미를 내포하는 형용사에는 *very* 같은 부사를 앞에 넣어서 *the very poor*매우 가난한 사람들라고 (혹은 *the very, very poor*매우 매우 가난한 사람들) 표현할 수 있다. *the poor*는 한정 형용사의 독특한 용법 중 하나를 보여 준다. 특정 속성을 지닌 전체 인간 집단을 지칭할 때 정관사와 그 속성을 나타내는 한정 형용사를 결합하면, 문법적으로는 집단 전체를 나타내는 복수형 명사구와 같은 의미로 사용될 수 있다는 것이다. *the good, the bad, and the ugly*좋은 사람들, 나쁜 사람들, 그리고 추악한 사람들와 같은 표현에서도 이런 현상을 볼 수 있는데, 여기서 형용사는 수식어면서 동시에 구의 핵심어 역할을 한다.

실제로 명사로 사용되는 형용사는 극소수에 불과하다. **Grateful** 감사하는과 **Hopeful**희망적인을 비교해 보자. **Grateful**은 형용사기 때문에 감사하는 사람들을 *gratefuls*라고 부를 수 없다. 그런데 선거철에 자주 사용되는 *presidential hopefuls*는 어떤가? 이는 '대통령 후보자들'을 일컫는 표현으로, *hopeful*에 붙은 *s*는 이 단어가 형용사뿐만 아니라 명사로 사용될 수 있음을 나타낸다. 형용사는 보통의 경우 명사로 변환되지 않지만 **Hopeful**은 예외다.

특정 국가의 국민을 지칭하는 명사가 여럿 있다. *Americans* 미국인, *Germans*독일인, *Icelanders*아이슬란드인, *Israelis*이스라엘인, *Russians*러시아인가 그 예다. 이렇게 국민을 나타내는 명사가 있는 경우에 우리는 그 단어를 사용한다. 그러나 영국, 프랑스, 네덜란드, 스위스, 중국, 일본의 경우에는 국민을 지칭하는 적절한 명사가 없다. *Frenchmen*이라고 쓰면 남성만 포함하는 느낌을 주고, *Chinamen*은 무언가 구식이면서 모욕적인 느낌을 준다. 따라서 이럴 때는 한정 형용사의 독특한 용법을 사용한다. 즉, *the British*, *the French*, *the Dutch*, *the Swiss*, *the Chinese*, *the Japanese*와 같이 표현하는 것이다.

이 유형의 명사구는 복수형이며(그래서 *The poor are always with us*가난한 자들은 항상 우리와 함께 있다라고 하고, ~~*The poor is always with us*~~라고 하지 않는다) 오로지 인간을 지칭한다(*The Swiss are wonderful*스위스 사람들은 정말 좋다은 스위스 사람들에 관한 말이지 스위스산 시계에 대한 것이 아니다). 하지만 이는 형용사를 사용해 복수 명사구를 만드는 특별한 용법일 뿐이며, 형용사가 사람을 지칭하는 복수 명사로 변한 것은 아니다.

추상적인 개념을 가지고도 이와 비슷하게 구를 만들 수 있지만, 이런 표현은 흔히 사용되지는 않고 다소 문학적인 느낌을 준다. 예를 들어, 생각할 수 없는 모든 것을 가리켜 *the unthinkable*이라고 하거나, 흑마술이나 심령주의 등을 일컬어 *the occult*주술적인 것들라고 하고, 예상치 못했던 모든 일을 *the unexpected*라고 할 수 있다. 이런 표현은 추상적인 개념을 나타내는 단수형 명사구다. 그런데 다시 말하지만, 명사 핵심어가 없다는 특성 때문에 이런 구를 '형용사가 명사로 사용된 예'라고 말할 수는 없다. 그런 주장은 사실이 아니다. ~~*We faced many unexpecteds*~~라는 표현은 문법적으로 맞지 않다. 왜냐하면 형용사에는 복수형이 없어서다. 실제로 명사로 쓰이는 형용사는 잘 알려진 표현 *There are unknown unknowns*알려지지 않은 미지의 영역이 있다에 쓰인 *unknown*

정도가 있으며, 이런 형용사는 극소수에 불과하다.

형용사구의 보충어

동사와 마찬가지로 형용사도 핵심어 뒤에 보충어를 추가해 형용사구를 만든다. 이때 보충어는 거의 항상 전치사구나 절이다.

*proud <u>of her achievements</u>*그녀의 성취가 자랑스러운

☛ *of*-전치사구 보충어

*content <u>with his present job</u>*현재 직장에 만족하는

☛ *with*-전치사구 보충어

*kind <u>to animals</u>*동물에게 친절한 ☛ *to*-전치사구 보충어

*aghast <u>at the prospect of moving</u>*이사 가능성에 충격받은

☛ *at*-전치사구 보충어

*glad <u>that no one had seen us</u>*아무도 우리를 보지 못해서 기쁜

☛ 전체 절 보충어

*eager <u>to assist you</u>*너를 도와주기를 갈망하는

☛ 주어 없는 절의 보충어

각기 다른 형용사가 서로 다른 보충어를 취하므로, 내용이 충실한 사전이라면 각 형용사가 어떤 보충어를 취하는지 명시해야 한다. **Proud**^{자랑스러운}는 *of*가 있는 전치사구 보충어를 요구하기 때문에 ~~proud to her achievements~~라고 할 수 없다. **Content**^{만족하는}는 *with*가 있는 전치사구 보충어를 요구하므로 ~~content to his present job~~ 같은 표현은 적절하지 않다. 또한 **Kind**^{친절한}는 절을 보충어로 취하지 않기 때문에 ~~kind that no one had seen us~~라고 할 수 없다.

어떤 형용사가 어떤 전치사를 취하는 걸까? 안타깝지만 이는 의미나 논리에 의해 결정되는 것이 아니어서 상식이나 추측으로는 해결할 수 없다. 의심이 들 때는《롱맨 현대 영어 사전*Longman Dictionary of Contemporary English*》처럼 신뢰할 수 있는 참고 자료를 확인하거나, 필요하다면 다른 사람들이 쓴 글을 참고하라. 구글에서 적절한 구문을 (따옴표로 묶어) 검색창에 입력하고 다른 사람들이 작성한 내용과 일치하는지 확인해 보라.

"proud to her achievements"

이렇게 검색어를 넣어 보니 "일치하는 결과가 거의 없습니다"라는 메시지가 나왔다. 그래서 대신 이렇게 입력해 보았다.

"proud of her achievements"

이번에는 "약 1,500,000개의 결과"라는 메시지가 나왔다. 구글 검색 항목 수는 보통 데이터로 잘 사용되지 않지만(이 수치는 구글이 웹 색인에 저장된 일부 항목을 빠르게 훑어 도출하는 것으로, 종종 부정확하다) 그래도 거의 없음과 1,500,000 사이의 차이는 여러분이 어떤 선택을 해야 하는지에 대한 분명한 힌트가 된다!

9장.
부사

Adverbs

우리가 부사라고
알고 있는 것들의 상당수는 전치사다.

영작문을 가르치는 사람들이 부사에 대해 하는 말은 글에서 부사를 찾아 없애라는 것뿐인 것 같다. E. B. 화이트는 "글은 명사와 동사로 써라. 형용사와 부사는 쓰지 말라"라고 말했다. 그러나 화이트 자신을 포함해 누구도 그렇게 하지 않는다. 윌리엄 진서^{William Zinsser}는 "부사는 대부분 불필요하다"라고 썼다(문장의 의미 따위는 신경 쓰지 않는다면, 그럴 수도 있겠다). 스티븐 킹은 더 나아가 "지옥으로 가는 길은 부사로 포장돼 있다"라고 단언했다. 그런데 바로 이 문장의 고작 스물여덟 단어 뒤에 부사가 나왔으니, 킹 자신이 이미 지옥으로 가는 길에 들어서 있던 셈이다.

이런 말을 하는 사람들은 사실 자신이 하는 조언을 전혀 따르지 않는다. 만약 그 조언을 따랐다면 글을 계속 쓰는 것 자체가 불가능했을 것이다. 사람들이 쓰는 거의 모든 글에서 부사는 보통 5~10퍼센트 정도의 비중을 차지한다. 부사의 수를 0으로 줄이겠다는 목표는 터무니없으니, 이 목표를 달성하려고 노력할 필요는 없다.

(나는 위의 두 단락을 작성하고 내가 원하는 내용이 잘 전달됐는지 확인하며 교정한 후에 내 글에서 부사의 수를 세어 보았다. 두 단락의 전체 단어 수에서 부사가 차지하는 비율이 6.6퍼센트를 조금 넘는 것으로 나타났다.[5] 이는 매우 정상적인 수치다.)

---

5   영어 원문 기준이다. (옮긴이)

부사 식별하기

부사를 쓰지 말라고 경고하는 사람들도 정작 부사를 어떻게 식별해야 하는지 모르는 경우가 많다. 이는 부사에 대한 전통적인 설명을 고려하면 그리 놀랄 일이 아니다. 부사의 정의가 끔찍할 정도로 부적절하기 때문이다. 전통 문법에서는 명사 이외의 단어를 수식하거나 한정하는 모든 단어를 부사로 본다. 그래서 문법서들은 *The kitten climbed up the tree*고양이가 나무 위로 올라갔다에서 *up*은 전치사라고 하면서(10장 참조) *The kitten climbed up*고양이가 위로 올라갔다에서 *up*은 부사라고 한다. 이는 같은 철자(우연의 일치 첫 번째!), 같은 발음(두 번째!), 같은 의미(세 번째!)를 가진 단어가 두 개 있다고 주장하는 것이나 마찬가지다. 아주 서툴고 우아하지 못한 가설이 아닐 수 없다.

논리적으로 설명하기 어려운 이런 관행은 이제 무시하자(내가 아는 모든 종이 영어사전이 이런 관행을 따르고 있긴 하지만). 나는 두 경우 모두에서 *up*을 전치사로 취급할 것이다.

부사로 잘못 분류된 전치사를 제외하면, 영어의 부사는 두 개의 다른 범주로 나눌 수 있다. 첫 번째는 기본 부사로 이루어진 작은 범주다. 다음은 기본 부사 목록이다. 이 목록은 기본 부사로 분류되는 30여 개의 부사 대부분을 포함하고 있다.

Again 다시 **Almost** 거의 **Aloud** 소리 내서 **Already** 이미
Also 또한 **Altogether** 완전히 **Always** 항상 **Anyhow** 어쨌든
Anyway 어쨌든 **Doubtless** 의심할 여지 없이 **Else** 그 밖에 **Even** 심지어

Ever 언제든지　**However** 아무리 ~해도　**Indeed** 참으로　**Just** 단지
Likewise 비슷하게　**Maybe** 아마　**Moreover** 더욱　**Nevertheless** 그럼에도
Not 아닌　**Often** 자주　**Perhaps** 아마도　**Please** 제발
Quite 꽤　**Rather** 오히려　**Right** 바로　**Seldom** 드물게
So 너무　**Soon** 곧　**Still** 아직　**Though** 그렇지만
Too 너무　**Very** 매우　**Why** 왜　**Yet** 아직

이 중 한두 개는 다른 어휘 범주에 속하는 단어와 철자가 동일하다. 예를 들어 *the even number*짝수에 있는 형용사 *even*은 *Don't even try*시도하지도 마에 있는 부사 *even*과 구별된다. 중요한 경우에는 모호한 항목에 명확한 단어 범주를 지정할 것이다. 형용사에는 **Even** 형용사을, 부사에는 **Even** 부사이라고 표시할 수 있다.

그러나 수천 개가 넘는 나머지 부사는, 그러니까 부사의 두 번째 범주는 대부분 형용사의 원형에 -*ly*를 추가해 만들며, 보통 어떤 일이 수행되는 방식과 관련된 것으로 그 뜻을 예측할 수 있다. **Anxiously** 불안하게('in an anxicous way'불안한 방식으로'), **Boldly** 대담하게('in a bold way'대담한 방식으로'), **Childishly** 유치하게('in a childish way'유치한 방식으로'), **Deceptively** 기만적으로('in a deceptive way'기만적인 방식으로'), **Eagerly** 간절히('in an eager way'간절한 방식으로'), **Furtively** 은밀하게('in a furtive way'은밀한 방식으로'), 이후에도 **Zealously** 열정적으로까지 목록을 계속 확장해 나갈 수 있지만 -*ly* 부사의 의미가 예상과 다른 경우도 있다. 이를테면 **Great** 은 '매우 크거나 매우 좋은'이라는 뜻이지만, **Greatly** 는 '아주 많이'라는 뜻이다. **High** 는 '땅 위로 높이 솟아 있는'이란

뜻이지만, **Highly**는 '매우'라는 뜻이다. **Large**는 '큰'이란 뜻이지만, **Largely**는 '대부분'을 의미한다.

일부 형용사에는 -ly로 끝나는 부사형이 없다. *asleeply, bigly, coloredly, deafly, exemptly, fatly, goldenly* 같은 부사는 없으며, 이 목록을 *zodically*까지 계속 확장해 나갈 수 있다. 이런 차이는 대부분 단어의 의미로 설명이 된다. 예를 들어 *cautious*신중한라는 형용사는 당연히 *cautiously*신중하게라는 부사로 바뀐다. 신중한 방식으로 무언가 하는 것을 상상할 수 있기 때문이다. 하지만 *asleep*자는, *big*큰, *colored*색깔이 있는 등은 형용사가 의미하는 방식으로 무언가를 한다는 생각을 하기 어렵다. 세 형용사에는 -ly로 끝나는 부사형이 없다.

-ly로 끝나는 부사 중 일부는 형용사가 아닌 명사를 기반으로 한다(*bodily*몸으로, *chiefly*주로, *partly*부분적으로, *purposely*의도적으로). 접미사 -ly가 부사를 완벽하게 가려내 주지는 않는다. 일부 -ly로 끝나는 단어는 형용사고(**Early**이른, **Jolly**유쾌한, **Ugly**못생긴, **Weekly**매주의) 이와 유사한 명사와 동사도 있다.

부사의 용법

부사는 동사, 형용사, 전치사, 한정사 또는 다른 부사를 수식하고, 때로는 명사를 수식하는 역할을 한다. 다음 예시 문장들에서 부사는 굵은 활자체로, 부사의 수식을 받는 단어는 밑줄로 표시했다.

*The remaining forces resisted **strongly**.* 남은 세력은 강하게 저항했다.

☛ 동사 수식

*Their house was **extremely** small.* 그들의 집은 매우 작았다.

☛ 형용사 수식

*This piano is **completely** out of tune.* 이 피아노는 조율이 전혀 안 돼 있다.

☛ 전치사 수식

*There were **hardly** any nuts left.* 견과류가 거의 남지 않았다.

☛ 한정사 수식

*The water was **quite** unnecessarily hot.* 물이 너무 불필요하게 뜨거웠다.

☛ 부사 수식

*The news **recently** that he had died shocked us.* 최근에 들은 그가 죽었다는 소식은 우리에게 충격을 주었다.

☛ 명사 수식

거의 모든 전통 문법책이 부사의 **범주**를 부사의 수식어 **기능**과 혼동하는 실수를 범한다. 어떤 문법책을 보더라도 동사, 형용사, 전치사, 한정사 또는 다른 부사를 수식하는 것처럼 보이는 모든 구를 부사라고 부를 확률이 높다(그렇지 않으면 내가 피하는 '부사적*adverbial*'이라는 용어를 사용하는데, 이 용어는 정말 도움이 되지 않는다). 예를 들어 *She left in haste* 그녀는 서둘러 떠났다가

*She left hastily*와 거의 동일한 의미라는 이유로, *in haste*를 '부사' 또는 '부사적'이라고 부르는 경우가 많다. 이는 잘못된 것이다. *in haste*는 문법적으로 전치사 in이 핵심어인 전치사구며, 이 전치사구가 동사를 수식하는 **기능**을 하지만 그렇다고 부사인 것은 아니다.

부사구

부사도 부사구를 형성한다. 일반적으로 부사구에는 다른 부사의 수식을 받는 부사 핵심어가 있다. 예를 들어 *very carefully*아주 조심스럽게, *quite sufficiently*꽤 충분하게, *almost completely*거의 완전히는 두 번째 단어가 핵심어인 부사구다.

몇몇 부사는 특정 유형의 전치사구 보충어를 취하기도 한다. 다음 예시에서 밑줄 친 부분은 부사와 그 부사의 전치사구 혹은 절 보충어로 이루어진 부사구다.

*The subsidiary operates independently of the rest of the company.*자회사는 회사의 다른 부서와 독립적으로 운영된다.

*The lions are housed separately from the tigers.*사자들은 호랑이들과 분리 수용된다.

*Fortunately for you, no one was killed.*너에게 다행히도, 아무도 죽지 않았다.

형용사와 동일한 형태의 부사, 그리고 비격식 스타일

일부 기본 부사는 미국영어와 영국영어를 포함한 모든 영어에서 형용사와 정확히 동일한 형태로 쓰인다. 다음 예문의 밑줄 친 단어들이 이에 해당한다.

> *The mail arrived late.* 우편이 늦게 도착했다.
> *Hit that nail hard.* 그 못을 세게 쳐라.
> *You have to dig deep.* 깊이 파야 한다.
> *It had seldom flown so high.* 그것은 그렇게 높이 날아오른 적이 거의 없었다.

하지만 미국영어의 비표준 방언에서는(그리고 비격식 스타일의 표준어에서는) 이런 패턴이 종종 다른 부사에까지 적용된다. 엘비스 프레슬리가 부른 세 곡의 제목(〈*Love me tender* 부드럽게 사랑해 줘요〉, 〈*Treat me nice* 친절하게 대해 줘요〉, 〈*Kiss me quick* 빨리 키스해 줘요〉)과 다른 많은 노래 제목에서도(비틀스의 〈*Hold me tight* 꼭 안아 줘요〉 등) 그 예를 찾아볼 수 있다. 또한 다음과 같은 표현을 들을 수 있다.

> *Drink it slow now, you hear?* 이제 천천히 마셔, 알겠어?
> *Tom slapped him good.* 톰이 그를 세게 때렸다.
> *It come up real nice when we polished it.* 우리가 다듬자 정말 멋지게 나왔다.
> *You're ugly and your mom dresses you funny.* 넌 못생겼고 네 엄마는 너를 우스꽝스럽게 입혀.

어떤 사람들은 이런 비표준 표현을 언급하면서 부사가 영어에서 완전히 사라지고 있다고 주장한다. 그러나 이는 전혀 사실이 아니며, 이런 현상은 그리 흔하지도 않다. 우선 이 용법은 부사가 동사구에서 동사 뒤에 나오는 경우에만 나타난다. *Quite frankly I don't care*솔직히 난 상관없어 대신에 ~~Quite frank I don't care~~ 라고 말하는 사람은 없고, *He had evidently embellished his resumé* 그는 분명 자기의 이력서를 꾸몄다 대신에 ~~He had evident embellished his resumé~~라고 말하는 사람도 없다. 마찬가지로 *The whole thing was beautifully done*모든 것이 아름답게 돼 있다 대신에 ~~The whole thing was beautiful done~~이라고 하지도 않는다. 다시 말해, 형용사와 형태가 동일한 부사는 미국 구어체 영어에서 아주 제한적으로만 나타난다. 그러니 과장해서는 안 된다.

이 주제와 관련된 사소한 문제가 하나 있는데, 이는 바로 형용사처럼 보이는 부사 사용에 대해 지적을 받은 일부 사람들이 필요하지 않을 때도 -*ly*를 과도하게 붙이는 현상이다. 예를 들어 *thusly*라고 쓰는 사람들이 있다(*thus*그러므로 자체가 부사이므로 -*ly*를 붙여서는 안 된다). 또 어떤 사람들은 형용사에 -*ly*를 붙여 *I feel badly*라고 쓴다. (동사 **Feel**느끼다은 주격 형용사구 보충어를 취하므로 *I feel bad*느낌이 안 좋아라고 해야 한다.)

요약하자면, 형용사와 부사의 구분이 약간 흐려지면서 부사를 형용사 형태로 사용하는 것이 미국영어의 특정 상황에서 나타나는 일종의 스타일 문제가 됐다. 하지만 형용사와 부사는 여전히 명확하게 구분되며, 이런 현상을 과장해서는 안 된다.

부사 공포증

지금까지의 논의는 우리를 영작법 책에 줄곧 나오는 이해하기 어려운 현상으로 이끈다. 바로 부사 공포증이다. 영작법을 가르치는 사람들은 왜 그토록 부사를 두려워할까? 그들은 아마 여러분이 마음대로 글을 쓰다가는 피할 수 있는 맥락에서조차 부사를 지나치게 많이 사용할 수 있다고 걱정하는 것 같다. 즉, 여러분이 애초에 더 나은 동사와 형용사를 선택하는 대신 그저 부사를 붙일 거라고 생각하는 듯하다.

예를 들어 *huge*거대한 대신 *very big*매우 큰을, *evil*사악한 대신 *really bad*진짜 나쁜를, *snatched it*그것을 낚아챘다 대신 *rudely took it*그것을 무례하게 가져갔다을, *skimmed it*빠르게 훑어보았다 대신 *read it hastily*서둘러 읽었다를, *obese*비만인 대신 *grossly overweight*심하게 과체중인을, *petrified*굳어 버린 대신 *terribly frightened*몹시 겁에 질린를, *guzzled the wine*와인을 들이켜다 대신 *greedily drank the wine*탐욕스럽게 와인을 마셨다 등을 쓸 것이라고 생각한다. 나로서는 후자의 표현들이 왜 그토록 끔찍하고 위험한지 잘 모르겠지만, 부사에 대한 우려는 대체로 이렇다. 영작문을 가르치는 사람들은 학생들의 글에서 후자의 표현들을 너무 자주 본다고 이야기한다.

하지만 부사를 피하라는 조언은 두 가지 명백한 이유로 잘못된 것이므로, 이를 알려 주는 일이 나의 의무라고 생각한다. 첫 번째 이유는 동사나 형용사 등을 더 잘 선택한다고 해서 부사를 없앨 수는 없다는 것이다. 많은 경우 그렇게 할 만한 단어가 존재하지 않는다. *It rapidly corroded*그것은 빠르게 부식됐다와 같은 문장에서 부사 *rapidly*를 제거하기 위해 '짧은 시간 안에 부식되다'라는 뜻의 다른 동사를 찾는 것은 불가능하다. *permanently ineligible*영원히 자격이 없는이라는 형용사구에서 *ineligible*보다 더 나은 형용사, 즉 시간의 제한이 없다는 의미를 내포하는 형용사를 선택해서 *permanently*를 없앨 수도 없다. 또한 *He seldom wrote to her*그는 그녀에게 거의 편지를 쓰지 않았다라는 문장에서 부사 *seldom*을 없애기 위해 '쓰다'라는 의미가 있으면서 '자주 쓰지 않는다'라는 뜻을 내포한 동사를 찾아내는 것도 불가능하다. 이런 예는 계속 찾을 수 있다.

부사를 피하라는 조언이 잘못된 두 번째 이유는, 일부 글쓰기 경험이 부족한 사람들이 필요하지 않은 곳에 부사를 쓸 수 있지만(불필요하게 쓰거나, 아니면 과제에 요구되는 쪽수를 맞추려고 단어 수를 늘리려고 하거나) 그것이 다른 모든 사람에게 항상 부사를 쓰지 말라고 할 이유가 될 수는 없기 때문이다! 예를 들어, 어떤 사람이 *shouting*의 소리가 항상 크다는 것을 모르고 *He shouted loudly*그는 크게 고함을 쳤다라고 쓰거나, *hurrying*이 서두른다는 의미인지 몰라서 *We hurried off quickly*우리는 빠르게 서둘렀다라고 쓸 수 있다. 그렇다고 해서 이들의 글이 다른 사람들의 글쓰기에 영향을 끼친다고 봐야 할 이유가 있을까. 내가 *He lingered uneasily*그는 불안해하며 머뭇거렸다나 *She responded bitterly*그녀는 씁쓸하게 대답했다라고 쓴다면, 그건 나의 선택일 뿐이다. 단순히 부사 공포증 때문에 부사를 빼라고 하는 자칭 작문 전문가들의 조언은 받아들일 수 없다.

그러니 글쓰기 책들이 이 주제에 관해 말하는 내용은 대부분

무시해도 좋다. 부사는 모든 사람의 글에서 나타나는 익숙한 요소다. 스티븐 킹은 지옥으로 가는 길이 부사로 포장돼 있다고 단언했지만 자신이 잘하는 일, 즉 서스펜스물과 공포소설을 쓰는 일로 돌아가는 순간, 다른 이들과 마찬가지로 부사를 자유롭게 사용했다. 오히려 평균보다 약간 더 많이 사용했다. 내가 킹의 글 몇 페이지를 확인해 보았을 때, 그의 글에서 부사가 차지하는 비율은 보통 약 8퍼센트였다. 그가 부사를 사용하지 말라고 쓴 《유혹하는 글쓰기》의 출판 전후를 비교해도 별 차이는 없었다. 스티븐 킹의 소설 《불면증》(1994)에서 첫 번째 부사는 첫 페이지 첫 줄에 있고, 《언더 더 돔》(2009)에서는 첫 페이지 셋째 줄에 있다. 여러분이 직접 확인해 보시라. (참고로 만약 우리가 부사의 전통적인 정의를 따른다면, 모든 사람의 글에서 부사 비율이 더 높아질 것이다. 이 9장의 첫 두 단락의 부사 비율은 거의 10퍼센트에 이를 것이고, 스티븐 킹의 경우 지옥의 영원한 고통에 훨씬 더 가까워질 수 있다.)

부사는 사라지지 않을 것이다. 그러니 필요할 때 부사를 쓰고, 이를 부끄러워하지 마라. 부사를 무조건 없애라는 지침이 여전히 너무 많은 글쓰기 책과 웹사이트에 나오지만, 이는 터무니없는 주장이다. 아주 명백하게 불합리하다.

10장.
전치사

Prepositions

home은 전치사다.

내가 아는 모든 영어사전은 **전치사**를 잘못 설명하고 있다. 대부분 전치사를 부사나 접속사와 뒤섞어 설명하는데, 이는 전통 문법의 잘못된 선례를 따르기 때문이다. 이 장에서 우리는 지난 수백 년간의 혼란과 부정확성에서 벗어날 것이다. 그렇게 하면 영어에 훨씬 더 많은 전치사가 있다는 점을 알 수 있다.

가장 기본적이고 자주 사용되는 전치사는 명사구 보충어를 필수로 취하는 짧은 단어들이다. 이 전치사가 표현하는 의미는 대개 시간이나 공간에서의 위치와 관련이 있다. 전치사는 보충어와 결합해 **전치사구**를 형성한다. 이 책에서는 때때로 핵심어 전치사에 따라 전치사구의 종류를 지칭한다. 예를 들어, 전치사 *of*를 핵심으로 하는 전치사구는 '*of*-전치사구'라고 부를 수 있다.

일부 전치사는 명사구 보충어를 **필수적으로** 취한다. 다음의 각 예제에서 전치사구는 밑줄로 표시했으며, 명사구 보충어를 생략했을 때 나타나는 문법적으로 맞지 않는 표현도 함께 보여 준다.

She's at school. 그녀는 학교에 있다. *She's at.*

Get into the car. 차 안으로 들어가. *Get into.*

I took a photo of you. 너의 사진을 찍었어. *I took a photo of.*

Do one favor for me. 부탁 하나만 들어줘. *Do one favor for.*

This came from India. 이건 인도에서 왔다. *This came from.*

I'm with her. 나는 그녀와 함께 있다. *I'm with.*

18세기와 19세기의 문법서들은 전치사를 '명사(실제로는 명사구) 앞에 위치해 문장의 다른 단어와의 공간적 또는 시간적 관계를 나타내는 말'로 정의했고, 모든 전치사가 그런 것처럼 설명했다. 이는 큰 실수다. 첫째, 많은 전치사가 명사구와 함께 쓰이기도, 단독으로 쓰이기도 한다.

*They went right by it.*그들이 그곳을 바로 지나갔다.
*They went right by.*그들이 바로 지나갔다.

*He fell down the stairs.*그가 계단에서 넘어졌다.
*He fell down.*그가 넘어졌다.

*Just jump off the roof.*그냥 지붕에서 뛰어내려.
*Just jump off.*그냥 뛰어내려.

*I can't get in my room.*내 방에 못 들어가겠어.
*I can't get in.*못 들어가겠어.

*What's on TV tonight?*오늘 밤에 TV에 뭐 나와?
*What's on tonight?*오늘 밤에 뭐 나와?

*Go round the corner and collect it*모퉁이 돌아가서 가져와.
*Go round and collect it*돌아가서 가져와.

전통적인 문법에 따르면 앞의 예문쌍 두 번째 문장들에서 밑줄 친 단어는 부사다. 동사를 수식한다고 보기 때문이다. 하지만 이 단어들은 부사처럼 행동하지 않는다! 부사는 종종 동사 앞에 올 수 있지만, 앞 예문들의 밑줄 친 단어들은 그렇지 않다. 다음 예문들을 통해 좀 더 살펴보자.

My horse fell immediately. 내 말이 바로 넘어졌다.

My horse immediately fell.

My horse fell down. 내 말이 넘어졌다.

~~*My horse down fell.*~~

The plumber fixed it promptly. 그 배관공이 그걸 즉시 고쳤다.

The plumber promptly fixed it.

The plumber fixed it up. 그 배관공이 잘 고쳤다.

~~*The plumber up fixed it.*~~

I'll come soon and collect it. 내가 곧 가서 가져올게.

I'll soon come and collect it.

I'll come round and collect it. 내가 가서 가져올게.

~~*I'll round come and collect it.*~~

이 예문들에서 *down*, *up*, 그리고 *round*를 부사라고 부르는 것은 큰 오류다. 어떻게 문법학자들이 그런 실수를 할 수 있었을까? 나도 모르겠다. 사실 18세기 전반에 사람들은 온갖 잘못된 생각을 하고 있었다. 그러나 1756년에 칼 폰 린네는 고래를 어류가 아닌 포유류로 분류하기로 했다. 반면, 전치사에 관한 난센스는 200년이 지난 지금까지도 여전히 반복되고 있다.

놀라운 점은 전치사를 올바르게 설명하는 것이 매우 간단하다는 사실이다. 동사와 마찬가지로 전치사 또한 일부는 반드시 명사구 보충어를 취하고(*Let's get some pizza*피자 먹자는 괜찮지만, *Let's get*은 문법적으로 틀린 것과 마찬가지로) 다른 전치사는 선택적으로 명사구 보충어를 취할 수 있다(*Let's eat some pizza*피자 먹자도 괜찮고, *Let's eat*먹자도 괜찮은 것처럼).

이 시점에서 이런 질문이 떠오를 수 있다. 보충어를 전혀 취하지 않는 동사가 있는 것처럼(*elapse*경과하다라는 동사처럼) 보충어를 아예 취하지 않는 전치사도 있을까? 대답은 '그렇다'이다. 이를 확인하기에 앞서, *right*바로이 다음에 오는 단어를 수식할 때, 현대 표준 영어에서는(비표준 방언의 경우는 다르다) 오직 전치사만을 수식할 수 있다는 점에 먼저 주목하자.

~~*The school is right convenient.*그 학교는 바로 편리하다.~~
☛ *right*+형용사: 문법적으로 틀림

~~*There is a school right locally.*그 학교가 바로 지역적으로 있다.~~
☛ *right*+부사: 문법적으로 틀림

~~*The school is right faces our house.*그 학교는 우리 집을 바로 마주 본다.~~
☛ *right*+부사: 문법적으로 틀림

*The school is right across the road.*그 학교는 길 바로 건너에 있다.
☛ *right*+전치사: 문법적으로 맞음

수식어 *right*이 시간이나 공간의 위치와 관련된 전치사와 함께 사용되면 *right on target*목표에 정확하게이나 *right on time*제시간에에서처럼 정확성이라는 의미가 더해진다. 또한 방향성을 나타내는 전치사와 함께 사용됐을 때 *right*은 어떤 경로를 완전히 통과하는 느낌을 준다(예를 들면 *She rode right into the town center*그녀는 시내 중심부로 바로 들어갔다 또는 *It lasted right into the summer*그것은 여름까지 쭉 지속됐다처럼 쓸 수 있다). 그리고 이런 *right*의 의미는 명사구 보충어를 취하지 않는 전치사를 수식할 때도 적용된다.

*That road doesn't go right through the park.*그 도로는 공원을 바로 통과하지 않는다.
*That road doesn't go right through.*그 도로는 끝까지 바로 이어지지 않는다.
*It went right down the trash chute.*그것은 쓰레기통 투입구로 바로 떨어졌다.
*It went right down.*그것은 바로 아래로 떨어졌다.

전치사가 명사구 보충어를 아예 허용하지 않는 경우에도 마찬가지다.

*You should keep right away.*당장 멀리 떨어져 있어야 한다.
*I'll be right back.*금방 돌아올게.
*Let's hold the show right here!*바로 여기서 쇼를 진행하자!
*Make sure you come right home afterwards.*끝나고 꼭 집에 바로 와.
*Clean up your room right now.*지금 당장 방 치워.
*It happened right there.*바로 저기서 그 일이 일어났다.

그러니 *away, back, here, home, now, there* 모두 부사가 아니라

전치사로 간주하는 것이 가장 좋다!

전치사에 대한 전통적인 설명의 또 다른 결함은 *after*, *before*, *since*와 같은 단어에서 더 분명하게 드러난다. 이 단어들은 종종 절을 보충어로 취한다. 내가 아는 모든 종이 영어사전은 이 단어들을 **종속 접속사**라고 부른다. 하지만 다음 문장에 나오는 세 개의 *before*를 보자. 모두 철자가 같고 기본적인 의미도 같다. 그런데도 모두 다른 범주에 속한다고 한다면, 정말 이상하지 않은가.[6]

I'd never seen him before that fight. 나는 그 싸움 전에 그를 본 적이 없었다.
☛ *before*+명사구 보충어

I'd never seen him before we had that fight. 우리가 그 싸움을 하기 전에는 나는 그를 본 적이 없었다.
☛ *before*+절 보충어

I'd never seen him before. 나는 그를 전에 본 적이 없었다. ☛ 보충어 없음

마찬가지로, 철자와 기본 의미가 동일한 다음 세 개의 *since*가 서로 다른 범주에 속한다는 생각도 합리적이지 못하다.

I've loved her ever since our first meeting. 나는 첫 만남 이후로 그녀를 사랑해 왔다.
☛ *since*+명사구 보충어

I've loved her ever since we first met. 우리가 처음 만난 이후로 나는 그녀를 사랑해 왔다.
☛ *since*+절 보충어

I've loved her ever since. 나는 그녀를 사랑해 왔다. ☛ 보충어 없음

---

6   기존 영문법 책들은 첫 번째 예문의 *before*를 전치사로, 두 번째 *before*를 종속 접속사로, 세 번째 *before*를 부사로 취급하는 경향이 있다. (편집자)

이런 문제를 지적한 사람이 내가 처음은 아니다. 1784년 에든버러왕립학회 the Royal Society of Edinburgh에서 존 헌터가 발표한 논문에 같은 주장이 있었다. 하지만 이 전통은 240년 이상 지속됐고, 무엇이 논리적인지를 제대로 인식한 사람들은 소수의 언어학자뿐이었다. 전치사 또한 동사와 마찬가지로 절을 포함한 다양한 보충어를 취할 수 있다.

이런 설명은 *although*, *until* 그리고 *Take it if you want it*만약 원한다면 가져가라에서 볼 수 있는 조건부 *if*와 같은 단어를 어떻게 분류해야 하는지를 알려 준다. 이런 단어들은 **항상** 절 보충어를 취하는 전치사다.

전치사는 또한 전치사구 보충어를 취할 수 있다(이번에도 동사와 매우 유사하다). 다음 예에서 밑줄 친 구를 살펴보자.

*Keep the flowers away from the candle.*꽃을 촛불에서 멀리 떨어뜨려 둬라.
*According to this website, aliens built the pyramids.*이 웹사이트에 따르면, 외계인들이 피라미드를 지었다.
*The land is more level east of the river.*이 땅은 강 동쪽이 더 평평하다.
*They had to cancel the trip because of the fog.*그들은 안개로 여행을 취소해야 했다.
*She carefully lifted it out of the box and held it up.*그녀는 신중하게 상자에서 그것을 꺼내 들었다.

away, *according*, *east*, *because*, 그리고 *out*은 각각 전치사구 보충어를 취하는 전치사며, 각각의 보충어는 특정 전치사 핵심어를 요구한다. 예를 들어 *away*는 *from*이 핵심어인 전치사구를,

*according*은 *to*가 핵심어인 전치사구 보충어를, *east*는 *of*가 핵심어인 전치사구 보충어를 요구한다.

일부 방언에서는 약간의 차이가 있다. 미국영어의 구어에서는 He ran out the door그는 문밖으로 달렸다에서처럼 *out*이 명사구 보충어와 함께 쓰였을 때 밀폐된 공간에서 나온다는 의미를 가진다. 또한 Get this thing off of me이걸 나한테서 떼어내 줘와 같은 예에서 보듯이, *off*, *inside*, *outside* 같은 전치사 뒤에 *of*를 핵심어로 하는 *of*-전치사구 보충어가 나오기도 한다.[7] 또한 조금 더 장난스럽게 말할 때는 *because* 뒤에 명사구 보충어가 나타나는 경우도 있다. 예를 들면 I must photograph this salad – because Instagram!이 샐러드 사진을 찍어야 돼, 인스타그램 때문에!이라고 할 수 있다. 하지만 이런 이유로 이 단어들을 다른 범주로 분류할 필요는 없다. 이런 예는 특정 전치사의 전치사구 보충어에 어떤 전치사 핵심어가 요구되는지에 관한 몇 가지 독특한 사례일 뿐이다.

영어에는 실제로 250개가 넘는 전치사가 있지만, 스코틀랜드 영어의 *anent*관해나 *outwith*밖에처럼 사람들이 잘 모르는 단어도 있다. 따라서 155~156페이지에 있는 전치사 목록에는 전치사로 가장 잘 분류되는 단어 160개만을 포함했다. 여기에는 잘 쓰이지 않는 단어나(*aslant*) 고어 같은 표현도 있고(*unto*) 동사의 분사형에서 유래한 단어도 있다(*including*). 몇몇 단어는 프랑스어나(*sans*) 라틴어에서(*qua*) 차용된 것이다. 하지만 대부분은 영어 사용자라면 거의 모두 알고 있을 만큼 흔한 단어들이다.

---

7 영국영어에서는 보통 He ran out of the door, Get this thing off me라고 한다. (옮긴이)

전치사

*aboard*탑승해　*about*관해　*above*~보다 위에　*abreast*나란히

*abroad*해외에　*absent*없는　*according*~에 따르면　*across*건너서

*adrift*떠서　*aft*배의 꼬리 쪽에　*after*뒤에　*against*반대하여

*ago*전에　*ahead*앞에　*akimbo*양손을 허리에 댄 채로　*aloft*하늘 높이

*along*따라　*alongside*옆에　*although*~이긴 하지만　*amid*가운데

*among*중에　*apart*떨어져　*apropos*관해　*around*둘레에

as~처럼　*ashore*물가에　*aside*한쪽으로　*aslant*비스듬하게

*astride*두 다리를 쫙 벌리고　*at*~에　*away*떨어져　*back*뒤에

*bar*제외하고　*barring*제외하고　*ased*~을 기준으로　*because*때문에

*before*전에　*beforehand*사전에　*behind*뒤에　*below*아래

*beneath*밑에　*beside(s)*옆에　*between*사이에　*betwixt*사이에

*beyond*너머　*but*제외하고　*by*옆에　*chez*~의 집에서

*circa*약　*come*~(의 역할)로서　*contra*대조해서　*counting*포함하여

*cum*겸　*despite*~에도 불구하고　*down*아래로　*due*때문에

*during*동안에　*east*동쪽으로　*ere*전에　*except*제외하고

*excepting*빼고　*following*후에　*for*위해　*forth*앞에

*forward(s)*앞으로　*from*~로부터　*given*~을 고려할 때　*granted*~을 고려하면

*hence*그래서　*henceforth*그때부터　*here*여기에서　*home*집으로 향하여

*if*만약에　*in*안에　*including*포함하여　*indoors*실내에서

*inside*내부에　*instead*대신에　*into*안으로　*less*제외하고

lest~하지 않도록　*like*~처럼　*minus*~을 뺀　*modulo*~을 나눈 후 나머지로

*near*가까이에　*nearby*근처에　*next*옆에　*north*북쪽으로

*now*지금부터   *o'clock*시   *of*~의   *off*떨어져

*on*위에   *once*~하자마자   *onto*위로   *onward(s)*앞으로

*opposite*맞은편에   *out*밖으로   *over*위에   *owing*때문에

*past*지나서   *pending*~을 기다리는 동안   *per*당   *plus*~을 더한

*prior*전에   *pro*위해   *provided*~라는 조건하에   *providing*~라는 조건하에

pursuant~에 따라   *qua*~로서   *regarding*관해   *respecting*관해

*round*주위를 돌아   *sans*없이   *save*제외하고   *saving*~을 제외하고

*seeing*고려해   *short*제외하고   *since*이래로   *so*~하므로

*south*남쪽으로   *sub*아래에   *supposing*~라고 가정하면   *than*보다

*then*그때   *thence*그곳으로부터   *thenceforth*그때부터   *there*그곳에서

though~에도 불구하고   *through*~을 통해   *throughout*~동안 내내   *till*~까지

times~의 배수로   *to*~로   *together*함께 있어   *toward(s)*쪽으로

*under*아래에   *underfoot*발밑에   *underground*지하에   *underneath*아래에

unless~하지 않는 한   *unlike*~와 달리   *until*~까지   *unto*~에게

*up*위로   *upon*위에   *versus*~대~   *via*~을 통해

*vis-à-vis*관해   *wanting*부족한   *west*서쪽으로   *when*~할 때

whence~로부터   *where*~하는 곳에   *whereas*~인 반면에   *while*~하는 동안에

whilst~하는 동안에   *with*함께   *within*안에   *without*없이

11장.
접속사, 종속사, 감탄사

Coordinators, subordinators, and interjections

because, although, if 같은 단어는
접속사가 아니다.

이제 이 책에서 다루는 단어의 범주가 얼마 남지 않았다. 그중 두 개의 범주가 매우 중요한데, 바로 접속사와 종속사다. **접속사**는 구나 절을 연결하는 데 필수적이며, **종속사**는 한 절을 다른 절 안에 포함시킬 수 있도록 해 준다. 나머지 하나는 일상 대화에서 자주 사용되지만 문법적으로는 그다지 중요하지 않은 **감탄사**라는 범주다.

접속사

접속사coordinators는 단어, 구 또는 절을 동등하게 연결하는 데 사용되는 단어들의 작은 집합이다. 가장 중요한 접속사로는 *and*, *but*, *nor*, *or* 등이 있다(기존의 문법에서는 이를 '등위 접속사' 또는 간단히 '접속사'라고 한다).

동등하게 연결한다는 의미는 다음과 같은 문장에서 밑줄 친 두 부분 중 하나가 다른 하나를 포함하거나 문법적으로 상위에 놓이지 않는다는 뜻이다.

I'm not going to tidy my room and I'm not going to take out the trash. 내 방을 정리하지 않을 거고 쓰레기도 비우지 않을 거야.

*and*의 앞에 있는 부분은 뒤의 부분에 종속되지 않는다. 그 반대도 마찬가지다. 두 절은 동등하게 놓여 있으며, 각각 고유한 반항적 주장을 표현한다. 사실 두 절의 순서를 바꿔도 그 의미는

바뀌지 않는다. *I'm not going to take out the trash and I'm not going to tidy my room*나는 쓰레기를 비우지 않을 거고 내 방을 정리하지도 않을 거야은 앞의 문장과 정확히 같은 의미다.

이와 같은 연결을 **접속**coordination이라고 하며, 접속된 두 개 절은 **접속부**coordinates라고 부르도록 하겠다.

접속부는 절이 아닌 구일 수도 있다. *Jack and Jill went up the hill*잭과 질은 언덕을 올라갔다에는 (밑줄이 그어진) 명사구 접속부가 있고, 이는 *Jill and Jack went up the hill*과 같은 의미다.

전치사구도 접속부가 될 수 있다. *It's either under the sink or in the cellar*그건 싱크대 아래 있거나 지하실에 있을 거야에는 (밑줄이 그어진) 전치사구 접속부가 있고, 그 의미는 *It's either in the cellar or under the sink*와 완전히 같다.

그런데 서로 다른 범주의 구성요소라도 같은 기능을 하면 접속사로 연결할 수 있다. *The incident was off campus and relatively unimportant*그 사건은 캠퍼스 밖에서 일어났고 상대적으로 중요하지 않았다에서 접속부는 각각 전치사구와 형용사구지만, 둘 다 **Be** 동사의 보충어 역할을 한다. 미국영어의 구어체에서는 *It will arrive Friday or over the weekend*금요일이나 주말에 도착할 거야와 같이 명사구와 전치사구가 접속부로 쓰일 수 있는데, 두 접속부 모두 *arrive* 절에서 시간을 나타내는 부가어로 기능하고 있다.

또한 *He's a liberal and proud of it*그는 정치적 진보이고 이를 자랑스러워한다이라고 쓸 수도 있는데, 명사구 *a liberal*과 형용사구 *proud of it* 둘 다 이 절에서 보충어 역할을 해서다. 그러나 ~~*A liberal and proud of it would have voted the other way*~~라고 쓸 수는 없다. 왜냐

하면 명사구 *a liberal*은 *would have voted the other way*다르게 투표했을 것이다의 주어가 될 수 있지만, 형용사구 *proud of it*은 그렇지 않기 때문이다.

명사구 접속부가 단 두 개고 접속사가 *and*일 때는 한정사 *both*가 앞에 올 수 있다(*both Jack and Jill*잭과 질 둘 다). 접속사가 *or*일 때는 한정사 *either*가 사용된다(*either Jack or Jill*잭이나 질 중 하나). 그런데 접속사가 *or*일 때는 나열되는 접속부가 모두 선택 가능한 대안이라는 것을 나타내기 위해 접속부의 개수와 상관없이 맨 앞에 *either*를 붙일 수 있다(*either toast, hash browns, or pancakes* 토스트나 해시브라운, 아니면 팬케이크).

접속사에 관한 복잡한 문법적 논의는 아주 많지만, 이 짧은 책에서는 그중 극히 일부만 다룰 수 있다. 우선 접속사 *but*은 두 개의 접속부만 허용한다(~~*I love you but she hates me but I love her*~~~~는 너를 사랑하지만 그녀는 나를 싫어하지만 나는 그녀를 사랑해~~ 같은 문장은 완전히 비문처럼 보인다). 그러나 접속사가 *and*나 *or*일 때는 여러 개의 접속부가 쓰일 수 있는데, 접속사는 맨 마지막 접속부 앞에 오거나(*For a Waldorf salad you need celery, walnuts, apples, grapes, and mayonnaise*월도프 샐러드를 만들려면 셀러리, 호두, 사과, 포도 그리고 마요네즈가 필요하다) 첫 번째 접속부를 제외한 모든 접속부 앞에서 반복될 수 있다(*celery and walnuts and apples and grapes and mayonnaise*).

이쯤에서 영어 작문 교사들이 접속사에 관해 하는 조언 두 가지를 짚고 넘어가자. 하나는 접속사가 많은 글을 쓰지 말라는 것이다. 구체적으로 말하자면, 일반적인 글에서 접속사가 네다섯 개, 혹은 여섯 개 들어간 문장을 찾는 일이 어렵지 않고, 때때로 수십 개의 접속사로 연결된 문장을 쓰는 작가도 있지만, 진지한 글에서는 이를 권장하지 않는다는 조언이다. 이 점에 대해서는 교사들의 조언이 옳다. 긴 사슬처럼 *and*로 계속 연결된 문장은 종종 유치해 보이므로 피하는 것이 좋다.

또 다른 조언은 접속사로 문장을 시작하지 말라는 것인데, 아직도 이렇게 생각하는 교사나 글쓰기 선생님들이 있다. 하지만 이는 틀린 조언이다. 이 상상의 규칙을 따르는 사람은 전문 작가 중에도 없다. 여러분이 어떤 종류의 글을 보든 거의 항상 접속사로 시작하는 문장을 찾을 수 있을 것이다. 대부분의 소설에서 접속사로 시작하는 문장은 첫 페이지나 두 번째 페이지에 나오며, 그 뒤로도 계속 등장한다.

종속사

영어에는 큰 절 안에 포함된 하위절의 시작을 표시하는, 사실상 의미가 없는 단어들의 작은 집합이 있다. 나는 이를 **종속사** subordinators라고 부른다(일부 언어학자들은 '보문소complementizers'라는 이름을 쓰고, 전통 문법에서는 여러 전치사를 잘못 포함해 '종속 접속사subordinating conjunctions'라 부른다). 여기서는 명백히 종속사라고 불러야 할 세 가지 항목만 다루겠다.

That

두 개의 완전히 다른 단어가 동일한 철자 *that*을 공유한다. 하나는 '저기 있는 것'을 의미하는 지시대명사로, *cat*과 운율이 맞고 항상 강세가 있다. 이 지시대명사는 이번 장과 무관하며 **That** 지시대명사이라고 표기하겠다. 나머지 하나는 이번 장에서 다루는 종속사다. 이 종속사 *that*은 의미가 없고, *delicate*의 마지막 음절과 운율이 맞으며 강세가 거의 없다. 이를 나타내기 위해 **That** 종속사이라고 하겠다.

That 종속사은 두 가지 역할을 한다. 하나는 서술적 내용절을 도입하는 역할로(12장 참조), 예를 들어 *I thought that you didn't really care*나는 네가 진짜 신경 안 쓴다고 생각했다와 같이 사용된다. 다른 하나는 특정 유형의 관계절을 도입하는 역할로, *a car that I'm really happy with*내가 정말 만족하는 차와 같이 사용된다.

That 종속사은 의미가 없기 때문에 종종 생략할 수 있지만, 조건이 있다. 내용절이 동사 바로 뒤에 올 때, 종속사를 생략할 수 있다.

*I thought that you didn't really care.*나는 네가 진짜 신경 안 쓴다고 생각했다.
I thought you didn't really care.

그러나 내용절이 주어일 때는 생략할 수 없다.

*That no one really liked him was well known.*아무도 그를 좋아하지 않는다는 것은 잘 알려진 사실이다.

~~No one really liked him was well known.~~

관계절이 **That** 종속사으로 시작할 경우 **That** 종속사은 생략할 수 있지만, 표준 영어에서는 뒤따르는 절이 동사로 시작하는 경우에는 **That** 종속사을 생략하면 안 된다.

It's a car that I'm really happy with 정말 만족스러운 차다.
It's a car I'm really happy with.
It's a car that appeals to me. 나에게 매력적인 차다.
~~*It's a car appeals to me.*~~

Whether

Whether 는 폐쇄형 의문 내용절을 도입하며 I wondered *whether anybody really cared* 정말 신경 쓰는 사람이 있기는 한지 궁금하다와 같이 사용된다. 밑줄 친 절은 *Does anybody really care?* 라는 질문과 같은 내용을 나타낸다. 조금 더 비격식적인 스타일에서는 *whether* 를 *if*로 바꿀 수 있다. 이 경우 *if*는 *whether*와 마찬가지로 의미 없는 종속사며, *If you want it you can have it* 네가 원한다면 가질 수 있어의 조건부 전치사 *if*와 다르다.

I wondered whether anybody would listen. 누가 들어 줄지 궁금했다.
I wondered if anybody would listen. 누가 들어 줄지 궁금했다.

그러나 의문절이 주어인 경우에는 *if*가 *whether*를 대체할 수 없다.

Whether anybody was listening is the key question. 누군가가 듣고 있었는지가 중요한 질문이다.

~~*If anybody was listening is the key question.*~~

For

대부분의 경우 *for*라는 철자는 전치사를 나타내며, 예를 들어 *I bought a present for you* 너를 위해 선물을 샀어와 같이 사용된다. 그러나 *for*는 **For** 종속사라고 표기할 수 있는 종속사로도 사용되며, 다음과 같은 문장에서 이를 볼 수 있다.

Jim arranged for us to be met at the airport. 짐은 우리가 공항에서 만날 수 있도록 준비했다.

여기서 *for*는 전치사가 아니라 종속사며, 주어 명사구 *us*가 포함된 부정사절을 이끈다.

전통 문법의 혼란

이제 우리는 전통 문법이 초래한 혼란에서 벗어나야 한다. 안타깝게도 내가 아는 한 현재까지 출판된 모든 사전은 접속사에 관한 전통적 관점을 따른다. 이 관점에 따르면 **That** 종속사,

Whether 종속사, **For** 종속사뿐만 아니라, 이미 살펴본 특성이 매우 다른 단어들, 즉 *after, although, because, before, if, lest, since, though, till, until, while*까지 포함하는 훨씬 더 큰 범주가 존재한다. 그러나 전통 문법서에서 '종속 접속사'라고 부르는 이런 단어들은 사실 모두 **전치사**며(10장 참조), 각 단어에 실질적인 **의미**가 있다는 아주 중요한 차이가 있다.

예를 들어 *I'm happy that my ex is here*는 단순히 나의 전 남자친구가 여기 있다는 사실과 내가 행복하다는 의미를 전달한다. 그래서 단어 *that*을 생략해도 의미에 영향을 주지 않는다. 그러나 *I'm happy because my ex is here*는 매우 다르다. 이 문장은 내 전 남자친구의 존재가 나의 현재 행복을 **초래했다**는 의미를 담고 있다. 또한 *I'm happy although my ex is here*는 전 남자친구가 나타났음에도 **불구하고** 내가 여전히 행복하다는 뜻을 전달한다. 이런 차이는 매우 중요하다. *because*나 *although*와 같은 전치사는 실질적인 의미에 기여하지만, *that*과 같은 종속사는 그렇지 않다.

감탄사

사전에서 명사, 동사, 형용사, 부사, 전치사, 한정사, 종속사 또는 접속사로 분류되지 않는 또 다른 범주는 **감탄사**다. 감탄사는 문장구조에 포함되는 경우가 거의 없고, 주로 감정이나 반응을 단어 하나로 표현하는 데 사용된다. 감탄사는 단독으로 사용되거나 문장의 거의 모든 위치에 끼어들 수 있다. 우리가 말하는 감탄사는 바로 이런 단어들이다.

*ah*아, *ahem*음, *aw*어, *gah*어휴, *gack*어머, *gee*이런, *gosh*세상에, *ha*하, *heck*이런, *hell*젠장, *hello*여기요, *hey*이봐, *hi*여기요, *hmm*흠, *huh*허, *humph*흥, *hurrah*호라, *hush*쉿, *oh*오, *okay*오케이, *ouch*아야, *phew*휴, *pooh*응, *sheesh*아이고, *shush*쉿, *ugh*윽, *unh*음, *well*음, *whee*와!, *whoa*우와, *wow*와, *yeah*응, *yikes*아이크, *yippee*야호, *yuck*우웩

일부 감탄사는 불경스러운 표현이나(*Christ*오 예수님, *damn*젠장, *God*하느님 맙소사, *Jesus*예수여) 혹은 외설스러운 표현으로(*bugger*망할, *fuck*엿 같은, *shit*빌어먹을) 여겨진다. 이런 감탄사는 종종 비속어로 불리며, 보수적인 신문에서는 인용문에 이런 단어가 있을 때 대시나 별표로 대체하기도 한다.

감탄사를 본능적인 반응 정도로 생각하는 것은 잘못이다. 감탄사는 배워야 하는 단어며, 사전에 별도 항목이 필요하다. 발을 밟혔다고 해서 전 세계 모든 사람들이 *Ouch!*아야!라고 말하지는 않는다. 또한 유행에 따라 감탄사가 변하기도 한다(18세기까지 사용됐던 *zounds*제기랄와 20세기 초반까지 흔했던 *golly*어머나는 더 이상 쓰이지 않는다.

감탄사는 종종 단독으로 나타나지만, 이것만으로는 어떤 단어가 감탄사인지 판별할 수 없다. 거의 모든 범주의 단어가 단독으로 화자의 반응을 나타낼 수 있기 때문이다. 동사(*Stop!*멈춰!), 명사(*Idiot!*바보야!), 형용사(*Nice!*좋아!), 부사(*Never!*절대로!), 대명사(*What?*뭐?), 전치사(*Down!*아래로!), 심지어 접속사까지도(*And?*그

래서?) 단독 발화될 수 있다.

 그렇다고 해서 이 단어들이 감탄사가 되는 것은 아니다. 감탄사와 결합해 발화되는 유일한 범주는 명사구로, 이때 명사구는 대화 상대자(혹은 발화 대상자)를 지칭해야 한다. 예를 들어 *Oh Mom, you're such a darling!*아이고 엄마, 너무 소중해! 또는 *Gee, John, what were you thinking?*이런 존, 너 무슨 생각을 한 거야? 또는 *Hey, you, get off my lawn*야, 너, 우리 집 잔디에서 나가 등이 여기 해당한다.

 긍정과 부정을 나타내는 단어 yes와 no는 아마도 감탄사로 분류하는 것이 가장 적절할 것이다. 이들은 순간적인 감정이나 반응을 표현할 수 있다. 예를 들어 *Yes!*는 좋아하는 테니스 선수가 멋진 발리를 할 때 나올 수 있는 반응이고, *No!*는 자동차가 홍수에 휩쓸리는 것을 볼 때 나올 수 있는 반응이다. 그러나 yes와 no는 다른 감탄사들과 달리 중요한 논리적 기능을 수행한다. 바로 yes는 질문에 대한 긍정적 답변이나 주장에 대한 동의를 표현하고, no는 부정적 답변이나 반대를 뜻한다.

12장.
내용절

Content clauses

'명사절'이 아니라 '내용절'이라고 부르자.

영어의 모든 절이 주절^{main clauses}은 아니다. 주절은 독립적인 문장으로 사용될 수 있는 절을 의미하는데, 평서절, 의문절, 감탄절은 주절도 하위절도 될 수 있다. 하지만 명령절은 더 큰 절의 하위절이 될 수 없다. 명령절은 본질적으로 주절이기 때문이다.

하위절에 대해서 좀 더 구체적으로 말하자면, 구의 핵심어인 동사, 명사, 형용사, 부사 또는 전치사는 절을 **보충어**로 취할 수 있으며, 어떤 종류의 절을 허용할지 제한할 수 있다. 이때 보충어로 오는 절은 하위절이다. 아래 예시에서 구의 핵심어에는 밑줄을 그었고, 그 핵심어가 취하는 보충어 절은 대괄호 안에 넣었다.

I <u>believed</u> [*that she has views like ours*] *until that speech yesterday.*나는 어제 그 연설 전까지 그녀가 우리와 의견이 같다고 믿었다.

The <u>fact</u> [*that vaccines work*] *was treated as unproven propaganda.*백신이 효과가 있다는 사실은 입증되지 않은 선전으로 취급됐다.

That thing was broken <u>before</u> [*I ever saw it*], *you know.*알다시피, 내가 그걸 보기도 전에 그건 이미 고장이 나 있었다.

대괄호로 묶인 절은 문장에서 중요한 역할을 하며, 시제와 같은 별도의 정보를 포함하고 있다. 첫 번째 문장에서, *believed*믿었다는 과거시제를 나타내며, *until that speech yesterday*어제 그 연설 전까지는 그와 함께 쓰이지만, *she has views like ours*그녀가 우리와 의견이 같다는 별개의 현재시제 절이다.

대괄호로 묶인 부분은 어떤 점에서는 주절과 유사하지만, 그렇지 않은 점도 있다. *that vaccines work*백신이 효과가 있다와 *I ever saw it*내가 본 적이 있다은 주절이 아니다. 이제부터 주절은 아니지만, 다시 말해 하위절이지만 문장과 유사한 완전한 내용을 표현하는 절을 **내용절**content clauses이라고 부르겠다.

한 문장 안에서 여러 개의 내용절이 다른 내용절 안에 중첩돼 나타날 수 있다. 다음 문장을 예로 들어 보자.

*Jerry says*제리가 말하길
  [*that Susan thinks* 수잔이 생각한다고
    [*the committee is going to decide*위원회가 결정할 것이라고
      [*that none of the applicants should be hired*.]]]어떤 지원자도 채용되지 말아야 한다고

지원자 중 아무도 채용되지 말아야 한다는 부분은 위원회의 결정 가능성에 관한 절의 하위절이고, 이는 수잔의 의견을 설명하는 절의 하위절이며, 또다시 이는 제리의 말을 설명하는 절의 하위절이다. 결국 대괄호로 표기한 내용절은 모두 주절의 하위 부분을 형성한다.

서술어 동사구가 적절하게 따라온다면, 내용절은 주절의 주어로도 사용될 수 있다. 그러나 내용절이 주어인 주절은 다소 장황하게 들릴 수 있다.

That our neighbors would go to all that trouble makes me feel glad that I live here. 우리 이웃들이 그렇게까지 애써 줄 거라는 생각을 하면, 내가 이곳에 살고 있어 참

다행이라고 느끼게 된다.

전통 문법에서는 내용절을 '명사절'이라고 부르는 경향이 있다. 이는 내용절이 동사의 주어와 목적어 역할을 할 수 있다는 점에서 명사와(정확히는 명사구와) 유사하다고 여겨지기 때문이다. 그러나 이런 용어는 적절하지 않다. 예를 들어 **Think** 생각하다나 **Inquire** 묻다 같은 동사는 내용절 보충어를 취하지만 명사구 보충어는 취하지 않는다(*I think* [*that she is honest*]나는 그녀가 정직하다고 생각해는 문법적으로 맞지만 think 뒤에 명사구를 넣은 *I think honesty*는 문법적으로 맞지 않다). 따라서 이 책에서는 '명사절'이라는 용어는 사용하지 않을 것이다.

평서문 내용절

평서문 내용절은 **Believe** 믿다나 **Think** 생각하다와 같은 동사, **Happy** 행복한나 **Glad** 기쁜와 같은 형용사, **Fact** 사실나 **Idea** 생각와 같은 명사, 또는 **Since** 때문에나 **Because** 때문에와 같은 전치사의 보충어로 사용될 수 있다. 평서문 주절과 거의 동일하게 보이지만, 시작 부분에 **That** 종속사이 있을 수 있다. (종속사를 넣을지는 종종 선택할 수 있지만, 전치사 뒤에는 보통 종속사가 나오면 안 된다.) 다음 예시에서 내용절은 밑줄로 표시돼 있다.

핵심어	예시
Think	We think that they were careful.
	We think they were careful.
	우리는 그들이 신중했다고 생각한다.
Glad	We're glad that they were so careful.
	We're glad they were so careful.
	우리는 그들이 그렇게 신중해서 기쁘다.
Idea	We had no idea that they were so careful.
	We had no idea they were so careful.
	우리는 그들이 그렇게 신중할 줄은 몰랐다.
Because	~~We trusted them because that they were so careful.~~
	We trusted them because they were so careful.
	그들이 그렇게 신중했기 때문에 우리는 그들을 믿었다.

의문문 내용절

의문문 내용절은 (의문문 주절처럼) 폐쇄형일 수도 있고 개방형일 수도 있다. 폐쇄형일 경우 *whether*나 *if*로 시작한다. 개방형 의문문 내용절은 *who*나 *what* 같은 의문사로 시작하며, **Wonder** 궁금하다 와 같은 동사, **Unclear** 확실하지 않은와 같은 형용사, **About** ~에 대해 과 같은 전치사 등, 여러 범주의 주절 단어 뒤에 올 수 있다.

핵심어	예시
Wonder	*I wonder whether they were careful.*
	나는 그들이 신중했는지 궁금하다.
	I wonder who they were talking to.
	나는 그들이 누구와 이야기하고 있었는지 궁금하다.
Unclear	*It's unclear whether they were careful.*
	그들이 신중했는지는 확실하지 않다.
	It's unclear who they were talking to.
	그들이 누구와 이야기하고 있었는지는 확실하지 않다.
About	*I asked him about whether they were careful.*
	나는 그들에게 신중했었는지 물었다.
	I asked him about who they were talking to.
	나는 그들에게 누구와 이야기하고 있었는지 물었다.

밑줄 친 내용절은 의문형이지만, 주어 앞에 조동사가 없다는 점에서 주절 의문문과 형태가 다르다. 의미에도 차이가 있다. 예를 들어 *whether they were careful*그들이 신중했는지 또는 *who they were talking to*그들이 누구와 이야기하고 있었는지 같은 내용절을 보면 주절 의문문과 크게 다를 것은 없지만, 직접적으로 질문을 던지는 것은 아니다. *wonder* 뒤에 나오는 내용절 *whether they were careful*은 화자가 '그들이 신중했는가?'라는 질문에 답을 구한다는 의미보다 그들이 신중했는지 여부를 궁금해한다는 의미를 전달한다. 또한 *unclear* 뒤에 나오는 내용절 *who they were talking to*는 '그들이 누구와 이야기하고 있었나?'라는 질문 자체보다 그

질문에 대한 답을 알지 못하는 화자의 상태에 초점을 둔다.

감탄문 내용절

감탄절도 내용절 보충어가 될 수 있다. **Believe** 믿다 같은 동사나 *Amazing* 놀라운 같은 형용사가 감탄문 내용절을 보충어로 취할 수 있다.

핵심어	예시
Believe	I can't believe what an idiot he turned out to be. 그가 결국 그렇게 바보였다는 게 믿기지 않는다.
Amazing	It's amazing how strong this stuff is. 이 물건이 얼마나 강한지 놀랍다.

예를 들어 두 번째 예문에서 *It's amazing*이란 표현은 *How strong is this stuff?* 이것은 얼마나 강한가?라는 질문의 답이 아니다. 이 문장은 물건의 강도에 대한 단순한 감탄을 나타낼 뿐, 질문을 제기하지 않는다.

13장.
시제 없는 종속절
Tenseless subordinate clauses

동사원형절, 동명분사절, 과거분사절

주절의 시제는 선택 사항이 아니다. 주절에는 반드시 시제가 있어야 한다. 현재시제(*bites*)나 과거시제(*bit*)를 사용할 수는 있지만, *bitten*이나 *biting*처럼 시제가 없는 형태는 사용할 수 없다.

Your dog bites me. 당신의 개가 나를 문다.

현재시제가 있는 주절 ☛ 괜찮음

Your dog bit me. 당신의 개가 나를 물었다.

과거시제가 있는 주절 ☛ 괜찮음

~~*Your dog bite me.*~~

동사원형이 있는 주절 ☛ 잘못됨

~~*Your dog biting me.*~~

동명분사가 있는 주절 ☛ 잘못됨

~~*Your dog bitten me.*~~

과거분사가 있는 주절 ☛ 잘못됨

그러나 종속절의 경우에는 다르다. 종속절에는 시제가 없을 수 있고, 실제로 시제 없는 종속절은 매우 흔하게 쓰인다. 이런 종속절은 평서형일 수도 있고 의문형일 수도 있지만, 주어가 없는 경우가 많아서 절의 유형보다는 동사의 형태에 따라 분류하는 것이 더 합리적이다.

먼저 **동사원형**을 사용해야 하는 절의 유형을 살펴보고, 그다음에는 **동명분사**를 사용하는 절을, 마지막으로는 **과거분사**를 사용하는 절을 다루겠다. 흥미롭게도 이 모든 유형이 용법에 관한 논쟁과 어느 정도 연관이 있다. 따라서 이 장에서는 다른 장에서보다 문법 순수주의자나 강경파들과 더 많이 대치하게 될 것이다.

동사원형을 써야 하는 절

주절의 동사가 원형이어야 하는 두 유형의 절이 있다. 이 두 절을 각각 **요구절**과 **부정사절**이라고 하겠다. **Be** 동사는 이 두 유형의 절을 설명하는 데 적절하다. *be*라는 동사원형이 현재형 동사 *am*, *are*, *is*와 완전히 다른 형태인 유일한 동사기 때문이다.

요구절

격식적인 스타일의 글에서(특히 영국영어보다는 미국영어에서) 주절의 동사나 형용사가 명령, 권유, 요구 등을 나타낼 때(그래서 '요구절'이라고 부른다) 동사나 형용사는 종속사 *that*으로 시작하는 종속절을 취한다. 이 종속절은 항상 주어를 포함하고 그 주어가 대명사인 경우에는 주격이 사용되지만(*I*, *he*, *she*, *we*, 또는 *they*) 동사는 시제형이 아닌 원형이 사용된다.

> *It is essential that she be there promptly at noon.* 그녀가 정오에 반드시 거기에 있어야 한다.
>
> *I only ask that the dog stay out of the bedroom.* 나의 유일한 요청은 개가 침실에 들어가지 않는 것이다.
>
> *The dean insisted that I attend his stupid meeting.* 학장은 내가 그 멍청한 회의에 참석할 것을 요구했다.

이는 모두 표준 영어로 잘 쓰인 예문이다. 그러나 많은 사람들이 동사원형 대신 시제 동사를 사용하기에, 다음과 같은 좀 더 비격식적인 표현도 흔히 볼 수 있다.

It's essential that she's there promptly at noon.
I only ask that the dog stays out of the bedroom.
The dean insisted that I attended his stupid meeting.

그런데 사람들이 실제로 이와 같은 표현을 사용하는지의 여부는 많은 경우에 알아차리기 쉽지 않다. 그 차이가 첫 번째 예문처럼 동사가 **Be**일 때, 두 번째 예문처럼 현재시제에 3인칭 주어가 있을 때, 혹은 세 번째 예문처럼 과거형 동사가 쓰일 때만 보이거나 들려서다. 그렇다면 사람들이 많이 사용하지도 않는 이 독특한 용법을 굳이 여기서 언급하는 이유가 무엇일까?

바로 문법을 꼬치꼬치 따지는 사람들이 이 점을 집요하게 들먹이기 때문이다. 그들은 동사원형을 시제 동사로 대체하는 것은 문법 오류며, 앞의 세 문장만 올바른 형태라고 주장한다. 이는 사실이 아니다. 영어 말하기와 글쓰기에 익숙한 수많은 사람들이 *It's essential that she's there* 같은 문장을 사용하지만, 이를 문법 실수라고 할 수는 없다. 그럼에도 여러분이 요구절의 동사원형에 대해 알아야 하는 이유는 문법 지적꾼들은 모든 요구절에서 동사원형을 써야 한다고 주장하며, 그렇게 하지 않을 경우 비난을 서슴지 않기 때문이다. (이들은 요구절을 종종 '가정법'이라고 부른다.)

이와 같은 비격식적인 표현이 문장의 의미를 모호하게 만들 수 있다고 걱정하는 사람들도 있다. 아주 틀린 말은 아니다. 어떤 경우에는 의미가 모호해질 가능성이 있다. 예를 들어 **Insist** 요구하다에는 두 가지 뜻이 있는데, 하나는 어떤 것이 사실이라고 단호하게 주장한다는 뜻이고, 다른 하나는 누군가에게 무엇을 하라고 요구한다는 뜻이다. *The dean insisted that I attend*라는 표현에는 (학장이 내가 그 회의에 꼭 참석해야 한다고 요구했다는) 두 번째 뜻만 있지만, *The dean insisted that I attended*라는 표현은 그런 의미뿐 아니라 내가 회의에 **참석했다**고 학장이 주장했다는 뜻이 될 수 있다. 피할 수 있는 모호함을 그 어떤 재앙보다 더 싫어하는 사람들에게는 이런 문장이 마치 속을 뒤틀리게 하는 고문처럼 느껴질 것이다.

그들에게 "좀 여유를 가지세요"라고 말하고 싶지 않은가? 그렇게 말해도 좋을 것이다. 이 책에서 나는 새로운 규칙을 만들어 강요하려는 것이 아니다. 다만 오늘날 영어라는 언어가 어떻게 쓰이고 있는지를, 즉 사람들이 실제로 영어를 어떻게 말하고 쓰는지를 여러분에게 제대로 알리고자 할 뿐이다.

부정사절

동사원형과 선택적 주어가 있는 보충어 절을 **부정사절**infinitival clauses이라고 한다. 대부분은 부정사를 나타내는 특별한 표지어인 *to*가 사용되는데, 이는 같은 철자의 전치사 *to*와는 다르다. 이를 *to*-**부정사**라고 부르겠다. (16장에서는 *to*와 동사 사이에 단어를 넣지 말라는 '분리 부정사' 신화에 관한 오래된 오해를 간단히 다룬다. 하지만 이번 장에서는 이 주제를 잠시 접어 두자.)

부정사는 시제, 인칭, 수에 따라 형태가 변하지 않는 원형 동사형을 가리키는 말로, 영어에서 부정사는 보통 *to*와 함께 사용되지만, 경우에 따라 *to*가 없는 형태로도 나타난다. 이를 **원형부정사**bare infinitivals라고 부르겠다. 많은 동사, 형용사 또는 명사가 부정사절 보충어를 선택적으로, 또는 필수적으로 취한다.

핵심어	예시	
Try	*We tried to be careful.* 우리는 조심하려고 했다.	☛ *to*-부정사
Will	*We will be careful.* 우리는 조심할 것이다.	☛ 원형부정사
Let	*We let him get away with it.* 우리는 그가 도망가게 뒀다.	☛ 원형부정사
Happy	*I'll be happy to help you.* 기꺼이 도와줄게.	☛ *to*-부정사
Plan	*Their plan to keep it secret failed.* 비밀을 유지하려는 그들의 계획이 실패했다.	☛ *to*-부정사

Try 시도하다, **Want** 원하다, **Hope** 바라다, **Love** 사랑하다를 비롯한 많은 동사가 주로 *to*-부정사만 취한다. 거의 모든 조동사는 원형부정사 보충어를 취하며(*will be careful, must be careful, could be careful* 등) *ought*만이 예외로 *to*-부정사를 취한다. 또한 **Let** ~하

게 두다과 **See** 보다와 같은 몇몇 동사도 원형부정사를 취한다. 이례적인 동사 **Help** 돕다는 원형부정사와(Help me move the piano 나 피아노 옮기는 거 도와줘) to-부정사(Help me to move the piano 나 피아노 옮기는 거 도와줘) 둘 다 취할 수 있고, 더 이례적인 동사 **Make** 만들다는 능동형 문장에서는 원형부정사를(The voices in my head made me do it 내 머릿속의 목소리가 나를 그렇게 하게 만들었다), 수동형 문장에서는 to-부정사를 취한다(I was made to do it by the voices in my head 내 머릿속 목소리에 의해 그렇게 하게 됐다).

부정사절은 폐쇄형이나 개방형 의문절로 쓰일 수 있다.

핵심어	예시	
Know	I didn't know whether to believe them or not.	
	그들을 믿어야 할지 말아야 할지 몰랐다.	☞ 폐쇄형
	I didn't know who to talk to. 누구와 이야기해야 할지 몰랐다.	
		☞ 개방형
Unclear	It's unclear whether to believe them.	
	그들을 믿어야 할지 확실치 않다.	☞ 개방형
	It's unclear who to talk to. 누구와 이야기해야 할지 확실치 않다.	
		☞ 개방형

밑줄 친 절은 모두 의문형이지만, 주어와 시제가 없기 때문에 의문문 주절과 상당히 다르게 보인다.

주어가 있는 부정사절

부정사절은 주어를 가질 수 있다. 이 경우, 종속사 *for*가 주어 앞에 위치한다.

Jim arranged for us to be met at the airport. 짐은 우리가 공항에서 만날 수 있도록 준비했다.

동일한 형태의 부정사절이 주어로 사용될 수도 있다.

For someone to meet us at the airport would be helpful. 누가 공항에 마중 나오면 도움이 될 것이다.

여러분은 *for*가 항상 전치사라고 생각할지도 모르고 전통 문법에서도 정확히 그렇게 보지만, 실제로는 그렇지 않다. 공항 예문에서 *for us*나 *for someone*이 전치사구라면, 어째서 전치사구와 같은 방식으로 이동할 수 없는지 설명할 길이 없다. 다음 세 문장을 비교해 보자.

Jim arranged for us to be met at the airport. 짐은 우리가 공항에서 만날 수 있도록 준비했다. ☛ *for*는 종속사

For us, Jim arranged to be met at the airport. 우리를 위해서, 짐은 공항에서 만날 준비를 했다. ☛ *for*는 전치사

Jim arranged to be met at the airport for us. 짐은 우리를 위해서 공항에서 만날 수

있도록 준비했다. ☛ *for*는 전치사

세 문장 모두 문법적으로는 맞지만, 그 의미는 다르다. **For** 종속사를 사용한 첫 번째 문장은 우리가 공항에서 누군가와 만날 수 있도록 짐이 준비했다는 뜻이다. 하지만 **For** 전치사를 사용한 나머지 두 문장은 짐이 공항에서 누군가와 만날 준비를 했고, 그 만남이 (우리가 그 일을 대신할 필요가 없었기 때문에) 어떤 방식으로든 우리에게 이익이 됐다는 말이다.

동명분사절

동명분사는 주어가 있는 절이나 없는 절에서 동사로 사용될 수 있다. 동명분사절은 거의 명사구처럼 작동하므로, 종종 전치사의 목적어로 나타난다.

I'm worried about going there after dark. 어두워진 후에 그곳에 가는 것이 걱정된다.
☛ 주어 없음

I'm worried about him going there after dark. 나는 어두워진 후에 그가 그곳에 가는 것이 걱정된다.
☛ 목적격 주어

I'm worried about his going there after dark. 나는 어두워진 후에 그가 그곳에 가는 것이 걱정된다.
☛ 속격대명사 주어

첫 번째 예문의 동명분사절에는 자체적인 주어가 없으므로 주절의 명시된 의미를 끌어온다. 이 문장은 내가 직접 그곳에 가는 것에 대해 걱정하고 있다는 뜻이다. 하지만 나머지 두 예문은 내가 다른 남성의 안전을 걱정하고 있다는 의미다. 그리고 그를 가리키는 대명사로 *him*과 *his* 중 하나를 선택할 수 있다. 둘 중 어느 것을 써도 대체로 괜찮다. 영어에 항상 명확하고 깔끔한 규칙만 있을 것이라고 기대하지 마라. (물론 순수주의자들은 둘 중 하나가 틀렸다고 생각할 것이다. 이 부분에 대해서는 16장에서 다루겠다.)

과거분사절

주 동사가 과거분사 형태여야 하는 절에는 두 가지 유형이 있다. 첫 번째이자 가장 일반적인 유형에서는 소위 **완료**를 표현하기 위해 과거분사가 **Have** 조동사의 보충어로 사용된다.

> *The president has given her a job in the White House.* 대통령은 그녀에게 백악관의 일자리를 주었다.
>
> *Have you written that recommendation letter yet?* 너 그 추천서 이미 작성했니?

여기서 '완료'는 'perfect'라는 단어의 오래된 뜻으로, '결함이 없는'이 아니라 '끝마친'이라는 의미다. 이 유형은 과거에 완료됐지만 현재와 관련이 있는 행동에 관해 이야기할 때 사용된다.

또 다른 유형은 과거분사가 수동절의 주 동사로 사용되는 경우다.

Most of the plants in the field had been trampled by wild hogs. 밭에 있는 대부분의 식물이 멧돼지에게 짓밟혔다.

과거분사는 종종 명사의 수식어로도 사용된다.

He produced a document written in a foreign language. 그는 외국어로 작성된 문서를 제출했다.

그러나 수동절은 매우 중요한 주제인 만큼 별도의 장에서 다루어져야 한다. 이제 수동절을 살펴보겠다.

14장.
수동절

Passive clauses

수동태를 쓰지 말라는 말은 잊어라.

먼저 기존의 문법책에서 '수동태$^{passive\ voice}$'라고 부르는 것에 대해 여러분이 들었던 모든 내용을 잊어라. 영어와 관련된 그 어떤 주제도 수동절만큼 설명이 부적절하거나 공격을 받은 것이 없다. 수동절에 관한 기존의 설명은 부정확한 정보와 비난이 뒤엉킨 혼란스러움 그 자체다. 많은 이들이 수동절을 장황하고 부정확하며 회피적이라고 주장하지만, 이는 사실이 아니다. 수동절을 '시제'라고 부르는 경우도 있으나, 수동절은 시제와 전혀 관련이 없다. 또한 '태^{voice}'라는 용어는 완전히 잊는 것이 좋다. 이 책에서는 이 용어를 사용하지 않을 것이다(전통적으로 '수동태'라고 불리는 것은 문학 비평가들이 말하는 작가의 '목소리'나 발성과는 아무런 관련이 없다). 실제로 존재하는 것은 '태'가 아니라 '수동절'이라는 특정한 유형의 절이다. 수동절이 아닌 절은 '능동절'이라고 한다.

무엇보다도 수동절을 사용하지 말라는 권고는 무시해라. 아무도 그렇게 하지 않는다. 일반적인 글에서 목적어를 취하는 동사가 있는 절의 약 10~20퍼센트는 수동절이다. 때로는 말하고자 하는 내용을 정확히 표현하기 위해 수동절이 가장 적합하며, 어떤 경우에는 수동절이 꼭 필요하다. 너무 많은 책에서 단순히 수동태 대신 능동태를 사용하라고 하지만, 무작정 그렇게 하는 것은 어리석은 일이다. 때로는 능동태가 최선의 선택이지만, 때로는 수동태가 더 나은 선택일 수 있다. 이 점에 대해서는 곧 설명하겠다.

무엇이 수동절인가?

먼저 우리가 수동절을 식별할 수 있는지부터 확인해 보자. 다음 예문은 목적어를 취하는 동사가 들어 있는 아주 간단한 절이다. *Burglars stole our TV*도둑들이 우리 TV를 훔쳤다. 이 문장은 능동절이다. 같은 의미를 다른 방식으로 표현하는 대안은 바로 *Our TV was stolen by burglars*우리 TV는 도둑들에 의해 훔쳐졌다와 같이 수동절을 사용하는 것이다.

능동절에서 *burglars*도둑들는 주어 역할을 하는 명사구다. *burglars*는 수동절에서도 언급되지만 이때 주어로 사용되지는 않는다. 대신 문장 끝부분에서 *by*로 시작하는 전치사구에 포함된다. 앞으로는 이런 전치사구를 **by-구**라고 부르겠다.

영어에서 전치사구는 대부분 생략될 수 있으며, 수동절의 *by*-구도 예외는 아니다. 앞의 예문에서 *by*-구를 생략하면 *Our TV was stolen*이 된다. 이 문장도 수동절이지만, 도둑의 불법적인 건물 침입이 있었는지 여부는 명시하지 않기 때문에 그 의미는 약간 달라진다.

이 책에서는 *by*-구가 있는 수동절을 **긴 수동절**이라 하고, *by*-구가 없는 수동절을 **짧은 수동절**이라고 부르겠다.

이제 수동절에 대해 좀 더 정확히 알아보자. 기존의 문법책들은 수동절이 무엇인지 명확히 알려 주지 않지만, 수동절을 설명하는 일은 그리 어렵지 않다. 다음은 수동절을 정의하는 세 가지 특성이다.

1. 수동절의 동사는 항상 **분사형**이다. 예를 들어 *stolen*이라는 단어는 동사 Steal 훔치다의 과거분사형이다.
2. 일반적으로 동사구에서 동사와 함께 나올 것으로 예상되는 명사구가 수동절에서는 없거나 다른 곳에 있다. 능동절의 경우, 동사 Steal 뒤에는 보통 불법적으로 취한 물건이나 돈을 나타내는 명사구 목적어가 나온다. 그러나 동사구인 *stolen by burglars*에서는 그렇지 않다.
3. 수동절은 동사가 일반적으로 표현하는 관계의 방향을 반대로 기술한다. 능동절의 동사 Steal 은 도둑(앞)과 재산(뒤)의 관계를 표현하지만, 수동절의 *was stolen by*는 재산(앞)과 도둑(뒤)의 관계를 표현한다.

수동절의 동사구에서 생략되는 명사구는 보통 능동절의 직접목적어인 경우가 많다(예를 들어 *Burglars stole our TV*에서 *our TV*는 직접목적어다). 그러나 생략되는 명사구가 능동절의 간접목적어일 수도 있다. 예를 들어 *They awarded Dylan a Nobel Prize* 그들은 딜런에게 노벨상을 수여했다에서 명사구 *Dylan*은 간접목적어인데, 수동절인 *Dylan was awarded a Nobel Prize*에서는 밑줄 친 동사구에 *Dylan*이 없다. 이 경우 동사 *awarded*의 간접목적어인 수여를 받는 사람 혹은 수혜자가 동사구에서 사라진 것이다.

수동절에서 사라진 명사구가 전치사의 보충어일 수도 있는데, 이 경우에는 전치사만 남게 된다. 다음 예문에는 (괄호 안의 *by*-구와 함께) 수동형 문장을 만드는 동사구가 밑줄로 표시돼 있다.

We're going to be laughed at (by our competitors). 우리는 (경쟁자들에게) 비웃음을 받을 거다.

I've heard his financial affairs are being looked into (by the auditors). 그가 (감사원에서) 재무 조사를 받고 있다고 들었다.

I don't want my stuff messed with (by anyone) while I'm out. 내가 외출해 있는 동안 내 물건이 (누군가에 의해) 엉망이 되는 것을 원하지 않는다.

이런 문장들은 긴 수동절로도, 짧은 수동절로도 나타날 수 있으며, 짧은 수동절은 (일반적으로 보충어 없이 전치사가 단독으로 쓰인 문장이 종종 그렇듯) 상대적으로 구어체에서 자주 사용된다. 그래도 문법적으로 완전히 맞다.

동사가 표현하는 관계의 방향은 여기서도 마찬가지로 바뀐다. *laugh at*은 웃는 사람과 웃음을 유발하는 것 사이의 관계를 이야기하지만, *laughed at by*는 웃음을 유발하는 것과 웃는 사람들 사이의 관계를 이야기한다.

많은 수동절에서 과거분사 앞에는 **Be** 동사가 온다. 이 때문에 수동형을 싫어하는 사람들이 **Be** 동사가 포함된 모든 문장을 수동절로 간주하고 비판하는 경우도 있다. 나는 심지어 *She was beautiful* 그녀는 아름다웠다과 같은 절마저 수동형이라고 비난하는 영작문 교사를 본 적이 있다. 그러나 수동절이 늘 **Be** 동사와 함께 나오는 것은 아니다. 수동형 동사구 앞에 나올 수 있는 다른 동사들도 있다. 다음 예문의 긴 수동절에서 수동형 동사구는 밑줄로 표시했는데, 앞의 세 문장에만 동사구 앞에 **Be** 동사가 있다.

능동절	긴 수동절
The Nazis committed many crimes. 나치들은 많은 범죄를 저질렀다.	*Many crimes were committed by the Nazis.* 많은 범죄가 나치들에 의해 저질러졌다.
Europeans never colonized Ethiopia. 유럽인들은 에티오피아를 식민지로 삼지 않았다.	*Ethiopia was never colonized by Europeans.* 에티오피아가 유럽인들에 의해 식민지가 된 적은 없다.
His colleagues were laughing at him. 그의 동료들이 그를 비웃고 있었다.	*He was being laughed at by his colleagues.* 그는 그의 동료들에게 웃음거리가 됐다.
I had a jeweler make this for me. 나는 보석상에게 이것을 만들어 달라고 했다.	*I had this made for me by a jeweler.* 나는 보석상에게 이것을 만들게 했다.
Last night the LAPD arrested Sally. 어젯밤 로스앤젤레스시 경찰이 샐리를 체포했다.	*Last night Sally got arrested by the police.* 어젯밤 샐리는 경찰에 체포됐다.
We saw the police take Sally away. 우리는 경찰이 샐리를 연행하는 것을 보았다.	*We saw Sally taken away by the police.* 우리는 샐리가 경찰에 의해 연행되는 것을 보았다.

수동형 동사구 바로 앞에 선행 동사가 없는 경우도 있다. 다음 예문의 밑줄 친 구에서 수동형 동사구는 명사를 수식하는 역할을 하며, 이런 용법은 자주 사용된다.

The president sits at a desk made out of oak from the ship HMS Resolute. 대통령은 HMS Resolute호의 참나무로 만든 책상에 앉아 있다.

People bitten by a vampire turn into vampires themselves when they die. 뱀파이

어에게 물린 사람들은 죽으면서 뱀파이어로 변한다.

긴 수동형

긴 수동형은 능동형과는 다른 방식으로 비슷한 정보를 제공한다. 능동절과 의미는 비슷하지만, 이를 다른 관점에서 표현하는 것이다. 예를 들어 *Sue Grafton wrote the Alphabet Mysteries*슈 그래프턴이 〈알파벳 미스터리 시리즈〉를 썼다라는 능동절은 직관적으로 슈 그래프턴에 관한 내용으로, 그녀가 왜 유명한지를 설명하는 데 적합하다. 즉, 그녀가 《A 하면 알리바이*A Is for Alibi*》부터 《Y 하면 에스터데이*Y Is for Yesterday*》까지 이어지는 유명 범죄 소설 시리즈를 창작한 것에 대한 설명이다. 반면, 긴 수동형인 *The Alphabet Mysteries were written by Sue Grafton*〈알파벳 미스터리 시리즈〉는 슈 그래프턴에 의해 쓰였다은 같은 사실을 표현하지만 관점이 다르다. 이제 이 문장은 소설 시리즈 자체에 관한 사실을 전달하고 있다. 이 수동형 문장은 누군가가 알파벳 미스터리 시리즈를 퍼트리샤 콘웰이 썼다고 잘못 알고 있을 때 그 사람에게 사실을 바로잡아 주기에 적합할 것이다.

능동형과 수동형 중 어느 것이 더 낫거나 열등한 것은 아니다. 이 둘은 각각 다른 형태로 정보를 제시하며, 서로 다른 상황에서 적절하게 사용된다. 영어 말하기와 글쓰기에 어느 정도 익숙해졌다면 어떤 상황에서 어떤 형태를 사용할지 잘 알아야 한다.

긴 수동형은 행위자를 강조하는 데 최적이다. 행위자가 누구인지를 문장 끝에 제시하면서, 그 정보를 강조하고 약간의 여운을 줄 수 있다. 다음의 예를 보라.

> *What this means, ladies and gentlemen, is that the murder must have been committed by ONE OF THE PEOPLE IN THIS ROOM!* 신사 숙녀 여러분, 이것이 의미하는 바는 분명 살인이 **이 방에 있는 사람 중 한 명**에 의해 저질러졌다는 겁니다!

전통 문법서에서 잘 다루지 않는 긴 수동형에 관한 또 다른 중요한 점은 바로 문맥과의 관계다. 긴 수동절은 *by* 뒤에 오는 명사구가 새로운 정보를 제시할 때만 자연스럽게 들린다. 적어도 절의 주어가 전달하는 정보와 동등한 수준의 새로운 정보여야 한다. 이는 어떤 문장이 자연스럽게 들리는지 여부에 큰 영향을 미친다. 다음 예문을 비교해 보자.

> *Verdi was a composer and he wrote many operas.* 베르디는 작곡가였고, 많은 오페라를 썼다.
>
> ??*Verdi was a composer and many operas were written by him.* ??베르디는 작곡가였으며, 많은 오페라가 그에 의해 쓰였다.

두 번째 문장은 왜 어색하고 부자연스러울까? 그것은 수동형 자체가 본질적으로 약하거나 부적절해서가 아니다. *by*-구 뒤에 베르디가 다시 언급되지만, 그 어떤 새로운 정보도 제공하지 않기 때문이다. 베르디는 문장의 앞부분에서 이미 언급됐기 때문에 더 이상 새로운 정보로 받아들여지지 않는다. 앞에 나온 명사구를 가리키는 대명사(여기서는 *him*)를 *by*-구에 사용하는 절은 거의 항상 부자연스럽게 들린다. 이번에는 이를 다음 문장과 비교해 보자.

> *Puccini wrote Tosca, yes, but Rigoletto was written by Verdi.*푸치니가 〈토스카〉를 쓴 건 맞지만, 〈리골레토〉는 베르디가 썼다.

문장 후반부에 수동형이 사용된 이 예문은 푸치니가 〈리골레토〉를 썼다고 생각하는 사람에게 말하기에 적합한 표현이다. 문장 후반부를 능동형으로 쓴 경우(즉, *Puccini wrote Tosca, but Verdi wrote Rigoletto*푸치니가 〈토스카〉를 썼지만, 베르디가 〈리골레토〉를 썼다)보다 더 자연스럽게 들린다. 그 이유는 베르디가 새로운 정보, 즉 전달하려는 주요 정보로 제시돼서다. 따라서 이 경우에는 *by*-구가 포함된 수동형을 사용하는 것이 이상적이다.

대명사는 새로운 정보를 제공하는 데 전혀 적합하지 않다. 모든 발화에는 발화자와 의도된 수신자가 있으므로 1인칭과 2인칭 대명사가 새로운 정보로 제시되는 경우는 거의 없다. 누군가 ⁇*The lottery has been won by me*⁇복권이 나에 의해 당첨됐다라고 말하면 정말 바보같이 들릴 것이다. 새롭고 중요한 정보는 복권이 당첨됐다는 사실이지, 내가 아니다. 긴 수동형을 사용해 1인칭 대명사 *me*를 문장의 끝에 두는 것은 *by*-구에 새로운 정보가 와야 한다는 조건과 전혀 맞지 않는다.

같은 이유로, 우리는 보통 *Have you won the lottery?*복권에 당첨됐나요?라고 말하고, ⁇*Has the lottery been won by you?*⁇복권이 당신에

의해 당첨됐나요?라고는 하지 않는다. 발화 수신자에 대한 언급은 새로운 정보가 아니기 때문이다. 다만, 아주 특수한 상황에서는 예외가 있을 수 있다(여러분이 그런 상황을 상상해 볼 수도 있을 것이다).

수동절이 문법적으로는 아무런 문제가 없는데도 어색하거나 이상하게 들리는 경우가 또 하나 있다. 다음 예문을 살펴보자.

Lee Child writes thrillers. 리 차일드는 스릴러를 쓴다.
??*Thrillers are written by Lee Child.*?? 스릴러는 리 차일드에 의해 쓰인다.

뭐가 잘못된 걸까? 어째서 두 번째 문장의 수동절은 부자연스럽게 들릴까? 그 이유는 절의 주어를 선택함으로써 문장의 주제를 설정하게 되기 때문이다. 리 차일드에 대해 이야기할 때, 그가 '스릴러를 쓴다'는 점은 중요한 사실이 된다. 그는 1997년부터 2020년까지 생계를 위해 계속해서 스릴러를 썼고, 그 이후에는 동생과 함께 스릴러를 집필했다. 그러나 주제가 스릴러라면 '리 차일드에 의해 쓰였다'라는 속성은 매우 이상하게 들린다. 대부분의 스릴러에 이 속성이 없기 때문이다. 스릴러는 수만 편이지만, 리 차일드에 의해 쓰인 스릴러는 20~30편에 불과하다. 따라서 문제는 수동형 자체가 아니라 주제를 어떻게 설정하는가에 있다.

수동형이 일반적으로 나쁘다는 의견에 반하는 매우 중요한 사실이 하나 있다. 바로 몇몇 동사는 반드시 수동형으로 써야 하며, 능동형으로 쓰면 문법적으로 맞지 않다는 것이다.

문법이 틀린 능동형	문법이 맞는 수동형
~~People repute her to be very rich.~~	She is reputed to be very rich.
	그녀는 매우 부자라는 평판을 얻고 있다.
~~Many people say Bob to be lucky.~~	Bob is said by many people to be lucky.
	많은 사람들이 밥이 운이 좋다고 말한다.

여기 두 가지 주의할 점이 있다. ❶ 수동형이 (혹은 수동형 문장의 주어가) 그 문장의 주제나 내용에 따라서만 결정된다고 생각해서는 안 된다. 물론 *Mozambique was colonized by Portugal*모잠비크는 포르투칼의 식민 지배를 받았다은 아프리카에 있는 나라에 관한 절이고, *Portugal colonized Mozambique*포르투칼은 모잠비크를 식민 지배했다는 유럽 국가에 관한 절이다. 하지만 수동절의 주어로 의미가 전혀 없는 명사구가 사용되는 경우도 있다. 다음 예문의 *it*이 그 예다.

*Most of us believed it to be snowing.*우리 대부분은 눈이 내리고 있다고 믿었다.
*It was believed to be snowing by most of us.*눈이 내리고 있다고 우리 대부분이 믿었다.

두 번째 문장의 밑줄 친 부분은 수동형 동사구다. 형태적 요소로 보아(과거분사, *by*-구, *believe* 뒤 목적어의 부재) 수동형임을 알 수 있다. 그러나 이 문장에서 *it*은 의미가 없다.

❷ 또한 주어 명사구가 항상 행위자를 나타내거나, 목적어 명사구가 항상 어떤 행동의 영향을 받는 대상을 나타낸다고 생각하지 말아야 한다. 의미가 같은 앞의 두 예문들이 그 이유를 잘 보여 준다.

짧은 수동형

짧은 수동형은 긴 수동형과는 완전히 다른 이유로 유용하다. 일반적인 문어체 영어에서는 독립적인 절에서 주어를 생략할 수 없다. 물론 *Beats me!*전혀 모르겠어!처럼 아주 비격식적인 구어체 표현에서는 주어가 생략될 수 있지만, 문어체에서는 그럴 수 없다. 그러나 동사구 안의 전치사구, 특히 *by*-구는 거의 항상 생략될 수 있다. 즉, 수동절에서는 행위자에 대한 언급이 완전히 생략될 수 있다. 이는 매우 유용하며, 짧은 수동형이 상황에 맞는 경우도 많다. 어떤 일이 발생했지만, 그 일을 한 사람의 신원이 알려지지 않았거나 중요하지 않은 경우에는 짧은 수동형이 적합하다.

짧은 수동절	예상할 수 있는 by-구의 행위자
She was never seen again. 그녀는 다시는 보이지 않았다.	*(anyone)* (누군가)
The house is believed to be haunted. 그 집은 유령이 있다고 믿어진다.	*(people who believe in ghosts)* (유령을 믿는 사람들)
These are made in China. 이것들은 중국에서 만들어진다.	*(unknown factory workers)* (알 수 없는 공장 작업자들)
Rumors were spread on Twitter. 소문이 트위터에서 퍼졌다.	*(unknown rumor-mongers)* (알 수 없는 소문 유포자들)
Somehow I got infected with Covid-19. 어떻게 해서인지 나는 코로나19에 걸렸다.	*(some unidentified sick person)* (정체불명의 아픈 사람)

The universe was created 13.8 billion years ago.   *(unknown cosmic forces? God?)*
우주는 138억 년 전에 창조됐다.   (알 수 없는 우주적 힘들? 신?)

    능동절로는 의미를 정확히 표현하기 어려운 경우도 많다. 때로는 종교적 신념과 미신을 믿는지 여부에 따라 행위자에 대한 판단이 달라질 수 있어서다. 앞의 예에서는 모두 수동형이 적합한데 이는 행위자를 명시하지 않았기 때문이다.

    그러나 영문법과 스타일에 관한 글을 쓰는 사람들은 짧은 수동형이 독사라도 되는 양 공격한다. 그들은 수동형 문장이 행위자의 정체를 숨기므로 회피적이고 부정직하다고 주장한다. 이런 주제에는 *Mistakes were made*실수가 있었다 같은 정치인들의 미꾸라지식 발언이 자주 인용된다. 하지만 미꾸라지식 발언과 수동형은 아무런 관련이 없다! 책임을 회피하는 방법은 다양하다. *Mistakes occurred*실수가 발생했다라고 말할 수도 있는데, 이는 목적어를 취하지 않는 동사가 포함된 능동형 문장이다.

    따라서 영어 작문을 막 시작한 사람들에게 짧은 수동형을 아예 쓰지 말라고 경고하는 것은 지나친 조치다. 짧은 수동형이 행위자를 밝혀야 할 상황에서 회피적으로 쓰이는 상황도 있겠지만 그렇지 않은 경우가 더 많다.

수동형에 관한 조언

이제 대부분의 문법책이나 작문 책에서 찾아보기 힘든, 훨씬 더 합리적인 조언을 하겠다. 우선 수동형을 아예 사용하지 말라는 사람들의 조언은 무시하는 것이 가장 좋다. 그런 조언은 어리석다. 능동절과 비교했을 때 수동절에 추가되는 단어는 많아야 두 개 정도이므로, 수동형 문장이 '장황하다'는 주장 또한 사실이 아니다. 어떤 경우에는 수동형이 능동형보다 더 간결할 수도 있다 (짧은 수동형에 없는 주어가 능동형 문장에 추가될 때 그렇다).

만약 여러분이 수동형을 불합리할 정도로 적대시하는 교사나 상사가 보는 글을 써야 한다면, 이 장의 정보를 활용해 수동형 문장을 정확하게 식별하고 신중하게 써야 한다. 그러나 그런 악의적인 압박이 없다면, 다른 작가들처럼 자유롭게 수동형을 사용해도 좋다.

수동형은 신중하고, 사려 깊고, 우아하게 쓰는 것이 중요하다. 긴 수동형을 쓸 경우, *by*-구에 들어가는 내용이 문맥상 새로운 정보여야 한다. 짧은 수동형을 사용할 때는 행위자의 정체를 명시하지 않은 이유가 분명해야 한다. 행위자를 숨기지는 마라. 문맥에 적절할 때는 수동형을 사용하고, 그렇지 않을 때는 사용하지 마라.

연습 삼아 여러분이 쓴 글에 수동형 문장이 얼마나 있는지 한번 세어 봐라. 목적어를 취할 수 있는 동사 중 10~20퍼센트가 수동형으로 쓰였다면, 이는 대부분의 전문 작가가 수동형을 사용하는 정도와 크게 다르지 않다.

15장.
관계절

Relative Clauses

that과 which 중 무엇을 써야 할까?

관계절은 주로 명사를 수식하는 특별한 유형의 절이다. 관계절이 문장에 포함되는 방식에는 두 가지 중요한 차이가 있다. **통합 관계절**은 문장구조에 필수적인 부분으로 포함되며, **보충 관계절**은 느슨하게 연결된 선택적 추가 요소다. 이제 각각의 경우를 설명하겠다. 두 관계절 모두 앞에서 언급한 어떤 요소를 나름대로 수식하며 관계절 안에는 항상 일종의 공백이 존재하는데, 원래는 명사구나 전치사구가 있어야 할 자리가 빠져 있는 것이다.

통합 관계절

통합 관계절^{integrated relative clauses}은 문장의 구조에서 매우 중요한 부분을 차지하며, 이를 생략하면 구조와 의미가 크게 변해 문장이 완전히 무의미해질 수 있다. (다른 책에서는 통합 관계절을 '제한적' 또는 '한정적' 관계절이라고 부르지만, 나는 이런 용어를 사용하지 않겠다. 왜냐하면 통합 관계절이 항상 무언가를 제한하거나 한정하지 않기 때문이다.) 통합 관계절의 가장 중요한 특징은 쉼표로 둘러싸여 있지 않다는 것이다. 다음 예시에서 통합 관계절은 대괄호로 표시했다.

This is the package [*that I've been waiting for* __]. 이것이 내가 기다려 온 소포다.

통합 관계절인 [*that I've been waiting for* __]는 **That** 종속사으로 시작한다. 이 절의 의미는 대략 '나는 이것을 기다려 왔어'와 같으며, 소포에 대한 중요한 정보를 제공한다. *for* 뒤에 나올 수 있는 명사구 대신에 '__'로 표시된 공백이 있다.

일부 관계절은 다음 예문에서처럼 *wh*-대명사로 시작한다. 이 문장은 마리오 푸조의 소설《대부》에 나온다.

Mr. Corleone is a man [*who* __ *likes to hear bad news immediately*].코를레오네 씨는 나쁜 소식을 즉시 듣고 싶어 하는 사람이다.

여기서 통합 관계절은 관계대명사 *who*로 시작하는 *who likes to hear bad news immediately*로, 그 의미는 대략 *he likes to hear bad news immediately*그는 나쁜 소식을 즉시 듣고 싶어 한다와 같다. 이 절은 *man*을 수식하며, 코를레오네 씨가 어떤 사람인지에 대한 정보를 제공한다. 이 관계절은 문장에서 절대적으로 중요한 부분이며, 문장 전체에 통합된 일부다. 만약 이 관계절이 없다면, *Mr. Corleone is a man*이라는 터무니없이 빈 문장이 된다. 다음은 세 번째 예다.

Nobody knows the trouble [*I've seen* __].내가 본 적이 있는 그 문제를 아는 사람은 아무도 없다.

이 문장에서는 관계절 *I've seen*이 종속사나 관계대명사로 시작하지 않는다. 단지 *I've seen it*에서 직접목적어 *it*이 생략됐을 뿐이다. 이 관계절은 명사 *trouble*을 수식하며, 화자가 어떤 문제에 관해 이야기하는지를 나타낸다.

보충 관계절

보충 관계절은 문장의 선택적 삽입 요소로, 생략하더라도 절의 주요 내용에는 영향을 미치지 않는다(다만 제공되는 부가 정보가 사라지게 된다). 보충 관계절을 쓸 때 가장 중요한 점은 반드시 쉼표 등의 구두점으로 구분해야 한다는 것이다. (기존 영문법 책에서는 보충 관계절을 '동격 관계절' 또는 '비제한적 관계절'이라고 부른다.)

> *The duke, [who the organizers had hoped __ would present the award], was unable to attend owing to illness.* 주최 측에서 시상하기를 바랐던 공작은 질병으로 인해 참석할 수 없었다.

이 관계절은 주최 측에서 그의 시상을 기대했음을 의미하며, 여기서 '그'는 공작을 가리킨다. 일반적으로 *would present the award* 앞에는 주어가 있어야 하지만, 여기서는 명사구가 있어야 할 자리가 빈칸으로 남아 있다. 전체 문장의 주요 메시지는 공작이 참석할 수 없었다는 것이다. 보충 관계절을 생략해도 주요 메시지는 여전히 전달된다. *The duke was unable to attend*라는 문장이 공작의 역할이 무엇이었는지는 설명하지 않지만, 그 역할은 공작의 불참이라는 주요 내용에 비하면 부차적이다. 다음의 예시에서는 관계절 안에 있는 또 다른 공백을 볼 수 있다.

> *I'd now like to welcome Mr. Charles Bruntley, [to whom we are all profoundly*

grateful __].이제 찰스 브런틀리 씨를 환영하고자 합니다. 그에게 우리는 모두 깊은 감사를 표합니다.

여기서 공백 '__'은 전치사구가 있어야 할 자리를 표시한다. 관계절은 *we are all profoundly grateful to him*우리 모두 그에게 깊은 감사를 표한다과 같은 의미다(여기서 *him*은 브런틀리 씨다). 하지만 *I'd now like to welcome Mr. Charles Bruntley*라고만 써도 그를 소개하는 역할은 충분히 할 수 있다. 감사를 언급하는 부분은 부가적인 설명에 해당한다.

세 번째 예시는 명사구와 연결되지 않은 관계절을 포함하는 문장이다.

The police station was only two minutes away, [*which was very lucky*].경찰서까지는 불과 2분 거리였고, 그것은 매우 행운이었다.

여기서 관계대명사 *which*는 명사구인 *police station*경찰서이나 *minutes*분와는 관련이 없고, 경찰서가 불과 2분 거리에 있다는 상황 전체를 가리킨다. 이 상황은 행운으로 묘사된다. 하지만 이 행운은 주요 내용이 아니라 부가적인 정보다. 경찰서가 얼마나 가까운지가 이 문장의 주 내용이다.

관계절에 관한 잘못된 믿음

관계절에 관한 몇 가지 잘못된 믿음이 지난 한두 세기 동안 널리 퍼져 나갔다. 그중 하나는 19세기 영국 문법학자들이 만들어 낸 믿음으로, 비인칭 명사를 수식하는 통합 관계절은 절대로 *which*로 시작해서는 안 된다는 것이다. 또 다른 믿음은 인칭 명사를 수식하는 통합 관계절이 *that*으로 시작해서는 안 된다는 것이다. 그러나 사실은 이렇다.

- 인칭 명사를 수식하는 통합 관계절은 대부분 **Who** 관계대명사로 시작한다. *the girl who was responsible* 책임이 있었던 소녀 또는 *the boy whose mother failed to collect him* 엄마가 데리러 오지 않았던 소년과 같은 경우다. 그러나 *a person that we can trust* 우리가 믿을 수 있는 사람처럼 때때로 *that*으로 시작하는 경우도 있으며, 이는 덜 일반적이지만 틀린 것은 아니다.

- 비인칭 명사를 수식하는 통합 관계절은 *that*으로 시작할 수도 있고(*a date that works for everyone* 모두에게 맞는 날짜), *which*로 시작할 수도 있다(*a date which will live in infamy* 악명 높은 날짜처럼. 이는 프랭클린 루즈벨트 대통령이 진주만 공격 이후 한 연설의 한 구절이다). 둘 중 어느 것도 틀리지 않았다.

- 인칭 명사를 수식하는 보충 관계절은 반드시 *who*로 시작해야 한다.

*Queen Elizabeth II, who reigned for longer than any other monarch in history*역사상 어떤 다른 군주보다 더 오랫동안 재위한 엘리자베스 여왕 2세

- 비인칭 명사를 수식하는 보충 관계절은 반드시 *which*로 시작해야 한다(100여 년 전에는 보충 관계절에 *that*을 사용하는 경우도 있었지만, 지금은 극히 드물며 문법 오류로 간주한다).

*New York, which is perhaps the world's most important financial center*아마도 세계에서 가장 중요한 금융 중심지인 뉴욕

미국의 편집자 중에는 통합 관계절에 있는 *which*를 *that*으로 바꿔야 한다고 주장하는 사람들이 있다. 그들은 *which*는 보충 관계절에만 사용돼야 한다고 믿는다. 그들의 신념을 바꾸는 것은 거의 불가능하다(내가 시도해 보았다). 이 신념은 1906년에 출판된 헨리 파울러Henry Fowler와 프랭크 파울러Frank Fowler의 저서 《왕의 영어The King's English》에서 유행하기 시작했다. 파울러 형제는 보충 관계절에서 *that*을 사용하는 경우가 극히 드물다는 점을 발견하고, 이를 정리할 아이디어를 떠올렸다. 보충 관계절에는 항상 *which*를 사용하고 통합 관계절에는 아예 사용하지 않으면, 두 경우가 절대 겹치지 않을 것으로 기대한 것이다. 괜찮은 생각이었을까?

그렇지 않다. 통합 관계절에서 *which*는 언제나 널리 사용돼 왔다. 따라서 그들의 제안은 아주 비현실적이었고 실패할 수밖에 없었다. 미국의 편집자들이 수정하지 않은 글에서는 지금도 *that*

과 *which*가 통합 관계절에서 거의 동등하게 사용되고 있다.

다음은 내부 고발자에 관한 예문으로, *which* 대신 *that*이 사용됐을 때 문장의 의미가 매우 모호해질 수 있음을 보여 준다.

IEEE has a way to denounce someone that protects the whistle-blower.

이 문장은 문법적으로 맞지만 의미가 모호하다. 이 문장에서 *a way*는 내부 고발자를 보호하는 사람을 고발하는 방법일 수도 있고, 내부 고발자를 보호하는 방식으로 (누군가를) 고발하는 방법일 수도 있다. 이런 혼란을 피하려면, (파울러 형제의 잘못된 규칙을 따르지 않고) 다음과 같이 쓰는 것이 좋다.

IEEE has a way to denounce someone which protects the whistle-blower. IEEE에는 내부 고발자를 보호할 수 있는 고발 방법이 있다.

이제 (인칭 대명사 *who*가 아닌 비인칭 대명사 *which*가 사용돼) 관계절이 고발 방법을 수식하고 있다는 것이 분명해졌다. **IEEE**국제전기전자기술자협회, **The Institute of Electrical and Electronics Engineers**가 제공하는 것은 내부 고발자를 보호하는 사람을 고발하는 방법이 아니다. *which*가 *someone*을 수식하지 않으므로 이 점은 명확하다. 파울러 형제의 규칙을 따른다면 *that*을 사용하는 것이 맞겠지만, 이는 명백히 잘못된 선택이다. *who/which* 같은 구체적인 관계대명사가 아니어서 *that*이 수식하는 대상이 사람인지 아닌지를 명확히 알 수 없기 때문이다.

파울러 형제는 바보가 아니었다. 그들은 자신들이 만든 규칙에 여러 문제가 있다는 사실을 알아차렸다. 특히 예외가 많다는 점이 문제였다. *the town in which they lived*그들이 살았던 도시라는 구를 보자. 이 구에서는 반드시 *which*가 사용돼야 한다. *the town in that they lived*라는 표현은 문법적으로 맞지 않다. 또 다른 예로, 지시어 That 한정사을 수식하는 관계절을 생각해 보자. *that which remains*남아 있는 그것이라는 구가 *?that that remains*라는 구보다 분명히 낫다.

그럼에도 파울러 형제는 자신들의 생각을 계속 밀어붙였고, 불행히도 여러 세대에 걸쳐 영문법 교사들이 이 규칙을 가르쳤다. 오늘날의 편집자들도 그런 교사들로부터 이 규칙을 배웠다. 안타까운 이야기다.

만약 편집자나 작문 교사가 여러분이 쓴 *which*를 *that*으로 바꾼다면, 나는 여러분이 그런 일이 왜 일어났는지 알고 있길 바란다. 때로는 그런 잘못된 간섭을 그냥 받아들이는 것이 논쟁하는 것보다 더 편할 수도 있다. 하지만 그들이 여러분의 실수를 고치고 있다고 생각할 필요는 없다. 사실이 아니기 때문이다. 그들은 문법적 오류를 수정하는 것이 아니라, 19세기 후반 영국에서 나타났던 비합리적인 문법 규칙에 순응하고 있을 뿐이다. 이런 이야기를 하기 위해 이 문제를 이토록 자세히 설명했다.

융합 관계절

통합 관계절과 유사한 또 다른 유형으로, 융합 관계절^{fused relative clauses}이 있다. 이 유형에서는 수식된 명사와 관계대명사가 결합해 하나의 단어, 보통 *what*으로 합쳐진다. 다음 문장의 밑줄 친 부분이 그 예다.

What Frankenstein created on that fateful night would later ruin his life. 프랑켄슈타인이 그 운명의 밤에 만든 것이 나중에 그의 인생을 망칠 것이다.

여기서 명사구 *what Frankenstein created on that fateful night* 프랑켄슈타인이 그 운명의 밤에 만든 것은 *the thing*이나 *the creature* 뒤에 *that*이나 관계대명사 *which*를 붙인 것과 같은 의미지만, 이 모두가 *what*이라는 하나의 단어로 합쳐져 있다.

중요한 점은 개방형 의문 내용절(전통 문법에서는 '간접 질문'이라고도 함)이 *what*으로 시작할 경우, 융합 관계절과 똑같이 보일 수 있다는 것이다. 다음 예를 보자.

What Frankenstein created on that fateful night doesn't matter. 그 운명적인 밤에 프랑켄슈타인이 무엇을 창조했는지는 중요하지 않다.

이 문장에서 밑줄 친 단어들은 앞선 예문과 정확히 같지만, 이번에는 의문 내용절을 이룬다. 이 문장의 전체 의미는 '*What did Frankenstein create on that fateful night?* 프랑켄슈타인이 그 운명적인 밤에 무엇을 만들었는가?'라는 질문에 대한 답변이 중요하지 않다는 것이다.

융합 관계절인지 개방형 의문절인지 구별할 수 있는 간단한 테스트가 있다. *what* 뒤에 *else*를 추가해 보는 것이다. *else*는 오직 의문절의 *what*과 적절하게 결합하며, 융합 관계절에 추가하면 문법적으로 맞지 않게 된다.

*What else Frankenstein created on that fateful night doesn't matter.*프랑켄슈타인이 그 운명의 밤에 무엇을 더 만들었는지는 중요하지 않다.

~~*What else Frankenstein created on that fateful night would later murder his fiancé.*프랑켄슈타인이 그 운명의 밤에 무엇을 더 만들었는지가 나중에 그의 약혼자를 살해할 것이다.~~

*what she's doing*이라는 절을 가지고도 같은 실험을 해 볼 수 있다. *I don't know what she's doing*나는 그녀가 뭘 하고 있는지 모른다에는 의문 내용절이 있다. 이는 *What is she doing?*그녀는 무엇을 하고 있나?이라는 질문에 대한 답을 모른다는 뜻이다. 반면 *I don't like what she's doing*에는 융합 관계절이 있다. 이는 *I don't like the thing that she's doing*나는 그녀가 하는 일을 좋아하지 않는다과 같은 의미다. 이 둘의 차이를 *else* 테스트로 확인할 수 있다.

*I don't know what else she's doing.*나는 그녀가 무엇을 더 하고 있는지 모른다.

~~*I don't like what else she's doing.*나는 그녀가 무엇을 더 하고 있는지 좋아하지 않는다.~~

16장.
문법 오류가 아닌 것들
Mythical grammar errors

문법 실수에 대한
두려움을 없애는 방법

영어로 돼 있는 책이나 웹페이지를 읽을 수 있는 사람이라면, 인지하고 있든 아니든 이미 방대한 양의 문법 지식을 가지고 있을 가능성이 크다. 영어로 문장을 만들고, 읽고, 듣고, 이해하는 일은 방대한 양의 영문법 지식 없이는 할 수 없다. 따라서 여러분은 문장을 만드는 데 필요한 정보를 이미 대부분 알고 있을지 모른다.

그래도 여전히 문법 실수가 걱정될 수 있다. 많은 사람들이 눈에 띄지 않는 문법 실수가 자신에게 불리하게 작용할까 봐, 혹은 그런 실수로 인해 제대로 교육받지 못한 사람으로 여겨질까 봐 걱정한다. 이번 장의 목표는 그런 두려움을 없애는 것이다. 사실 문법에 정통하다고 자부하는 사람들이 불평하는 내용은 종종 지나치게 사소한 것들이다. 또한 그들이 중요하다고 생각하는 몇 가지는 전혀 근거가 없으면서 100년 넘게 문법 지식으로 전해져 온 것들이다. 어떤 것들이 그런 잘못된 문법인지 배우는 데에는 그다지 많은 노력이 필요하지 않다.

나의 계획은 논란이 되는 주제를 추려 무엇이 맞고 그른지 먼저 설명하고, 이에 관한 문법 강경론자들의 주장을 살펴본 후 마지막으로 터무니없는 논쟁을 피하려면 어떻게 해야 하는지를 여러분에게 알려 주는 것이다. 이번 장에서 다룰 주제는 다음과 같다.

- *to*-부정사는 분리할 수 있는가(***to boldly go***)
- 동명분사의 주어(***him feeling bad***)
- 대명사의 좌우 결합(***to Jim and I***)
- **Who** 와 그 굴절형(***who they called***)
- 보충어 절에 쓰이는 *like*(***like it used to be***)

- less? 아니면 fewer?(less than eight of them)
- Different의 전치사(different from/to/than)
- 서법 부가어에 대한 우려(hopefully that won't happen)
- 문두에 오는 접속 부가어(however와 but)
- 대명사 **They** 단수(someone might injure themself)
- 불일치 접속부(both to A and B)
- 좌초된 전치사(what they were looking at)

to-부정사는 분리할 수 있는가

to-부정사에서 to와 동사 사이에 수식어가(예를 들면 부사 같은) 위치해서는 안 된다는 잘못된 믿음에는 200년이 넘는 역사가 있다. 1803년에 출간된 문법서에서 존 콤리$^{John\ Comly}$는 제26조 규칙으로 "부정법 동사와 그 앞에 오는 전치사 to 사이에 부사가 위치해서는 안 된다"라고 명시했다. 왜 그런지에 대한 설명은 없었고, 그저 단호한 입장을 보였을 뿐이다. 19세기 말까지 많은 문법학자들이 비슷한 규칙을 제정해야 한다고 생각했으며, 누군가 '분리 부정사$^{split\ infinitive}$'라는 용어를 만들어 냈다. 이는 실로 기이한 규칙이었다. 왜냐하면 19세기까지 흔하게 사용되던, 그리고 그 이후로도 계속해서 흔히 쓰이고 있는 구문을 금지한 것이기 때문이다. 동사의 수식어는 종종 동사 바로 앞에 위치하는 것이 가장 적절하다. 이런 문장을 생각해 보자.

It would be sensible to at least consider revising the contract terms. 계약 조건의 수정을 최소한 고려하는 것이 합리적일 것이다.

여기에서 수식어인 전치사구 *at least*는 그것이 수식하는 동사 *consider* 바로 앞에 있다. 이 위치가 가장 적절하다. 이 문장에서 합리적인 것은 최소한 계약 수정을 고려하는 것이며, 여기에는 그 이상의 행동을 취할 수 있다는 의미가 숨어 있다.

만일 수식어를 앞으로 옮기면 '적어도 합리적'이라는 뜻으로 해석되며, 그 이상의 합리성을 요구하는 것처럼 느껴질 수 있다.

It would be sensible at least to consider revising the contract terms. 계약 조건의 수정을 고려하는 것이 적어도 합리적일 것이다.

만일 수식어를 *consider* 뒤로 옮기면 '적어도 수정하는 것'이라는 의미가 돼 수정 이상의 무언가를 해야 한다는 뉘앙스를 준다.

It would be sensible to consider at least revising the contract terms. 계약 조건을 적어도 수정하는 것을 고려하는 것이 합리적일 것이다.

만일 수식어를 *the contract terms* 앞으로 옮기면 '적어도 계약 조건'을 의미하게 되고, 따라서 계약 조건 이상의 다른 사항을 고려해야 할 수 있다는 뜻이 된다.

It would be sensible to consider revising at least the contract terms. 적어도 계약

조건 수정을 고려하는 것이 합리적일 것이다.

이처럼 수식어의 위치에 따라 매번 의미가 달라질 수 있다. 이 문장에서 전치사구 *at least*의 가장 적절한 위치는 명백히 *to*와 *consider* 사이이다.

존 콤리가 제안한 금지 규칙은 전문 작가들이 직관적으로 따르던 자연스러운 습관을 억지로 거스르게 했다. 결국 많은 사람들이 이유도 모른 채 자신이나 다른 이들의 직관을 믿지 않고 콤리의 규칙을 따르는 실수를 저질렀다. 여러분은 그런 실수를 반복하지 말고, 대신 《AP 스타일 핸드북*Associated Press style handbook*》을 믿어라. 이 핸드북은 2019년에 드디어 *to*와 동사 사이에 수식어를 놓는 것이 가능하다고 인정했다. 그러니 내가 여러분에게 아무도 가 보지 않은 길을 대담하게 가라고 권하는 것은 아니다.

동명분사의 주어

동명분사절의 주어가 보통명사인 경우에는 기본형과 속격 둘 다 사용될 수 있다. 그 주어가 대명사인 경우에는 목적격도 사용될 수 있다.

> *They didn't approve of him doing that.* 그들은 그가 그렇게 하는 것을 승인하지 않았다.　　　　　　　　　　　　　　　　　　　　　☞ 목적격
>
> *They didn't approve of his doing that.* 그들은 그가 그렇게 하는 것을 승인하지

않았다. ☛ 속격

They didn't approve of Jim doing that. 그들은 짐이 그렇게 하는 것을 승인하지 않았다. ☛ 기본형

They didn't approve of Jim's doing that. 그들은 짐이 그렇게 하는 것을 승인하지 않았다. ☛ 속격

동명분사의 주어가 대명사든 명사구든, 속격과 기본형 모두 훌륭한 글에서 사용돼 왔다.

18세기와 19세기에는 일부 문법학자들이 속격 사용을 잘못된 것으로 간주한 반면, 다른 학자들은 반대 의견을 제시했다. 20세기에 들어서는 속격만이 올바르다는 견해가 일반적이었고, 지금도 일부 보수적인 용법 책에서는 그렇게 주장하고 있다. 그러나 이는 잘못이다. 지난 수 세기 동안 훌륭한 작가들은 분명 두 가지 형식을 모두 사용해 왔다. 그러니 트집 잡는 사람들의 불평은 그만 잊어버리자.

때로는 속격을 사용하는 것이 명백한 실수일 수도 있다. 예를 들어, 대명사로 끝나는 명사구에 속격 표식을 붙이는 것은 정말 끔찍하게 들린다.

It's ludicrous to imagine a painting of him's hanging in a museum. 박물관에서 그의 초상화가 걸려 있음을 상상하는 것은 터무니없다.

또한 어떤 형태를 쓰는지에 따라 스타일에 차이가 나타날 수 있다는 점을 유의해야 한다. 속격을 사용하면 보통 목적격이나

기본형을 사용하는 것보다 다소 격식 있는 표현으로 보인다. 이는 특정 문체에서는 장점이 된다. 그러나 대부분의 경우 어느 형태를 사용해도 괜찮으니, 너무 고민할 필요는 없다.

대명사의 좌우 결합

문법 전문가들이 특히 신경 쓰는 문제 중 하나는, 목적격이 올 자리에 주격 대명사가 사용되는 발화다. 이런 현상은 주로 *and*로 연결된 구에서 한쪽이 **I**일 때 가장 흔하게 나타난다. 예를 들면, 사람들이 (말이나 글에서) *This was news to Jim and I*와 같이 표현하는 경우다. 이런 표현은 문법 순수주의자들을 미치게 만든다. 그들은 셰익스피어의 신성한 언어를 더럽히는 무지한 사람들을 비난하며 이렇게 외친다. "*Jim and me*라고 해야 한다고!"

하지만 셰익스피어 자신도 그런 표현을 사용했다.《베니스의 상인》의 한 장면에서 바사니오는 친구 안토니오에게서 온 편지를 포셔에게 큰 소리로 읽어 준다. 안토니오는 유대인 상인 샤일록에게 돈을 빌렸지만 갚지 못해, 약속한 담보로 자신의 살 1파운드를 요구받는 상황에 처했다. 안토니오의 편지에는 이런 구절이 등장한다.

> *Sweet Bassanio, my ships have all miscarried, my creditors grow cruel, my estate is very low, my bond to the Jew is forfeit; and since in paying it, it is impossible I should live, all debts are cleared between you and I, if I might but*

see you at my death. 친애하는 바사니오, 내 배는 모두 난파됐네. 채권자들은 더욱 가혹해졌고, 내 재산은 바닥났지. 유대인에게 진 채무는 이행할 수 없게 됐고, 이를 갚다가는 내가 목숨을 부지할 수 없을 것이네. 내가 죽기 전에 자네를 볼 수만 있다면, 자네와 나 사이의 모든 빚은 정리된 셈이야.

셰익스피어를 경탄하면서 동시에 *between you and I*를 경멸한다면 좀 이상하지 않은가?

문법 순수주의자들은 *I*와 *me*를 혼동하는 어리석은 화자들이 문제라고 여긴다. 하지만 이는 사실이 아니다. 아무도 *I love you*라고 해야 할 때 ~~*Me love you*~~라고 말하지 않으며, *Don't hurt me*라고 해야 할 때 ~~*Don't hurt I*~~라고 말하지 않는다.

(물론 타잔이 *I am Tarzan*이라고 해야 할 때 *Me Tarzan*이라고 말하는 유명한 장면이나 〈스타트렉〉에 "*No hurt I*"라고 말하는 외계인이 등장하는 것쯤은 나도 알고 있다. 하지만 좀 봐주자. 타잔은 유인원들에게 길러진 캐릭터고, 〈스타트렉〉의 외계인은 일종의 산을 내뿜는 움직이는 바위였다. 지금 내가 말하는 사람들은 인간 사회에서 자라 표준 영어를 구사하는, 일반적인 문법 규칙을 따르는 사람들이다!)

간단히 말하자면, 문제는 접속사로 연결된 두 개 이상의 명사구 중 하나가 대명사일 때 주격이나 목적격 선택에 규칙이 있는지의 여부다. 실제로 사람들이 사용하는 영어를 살펴보면 놀랄 만큼 혼란스럽다. 영어 문법이 원어민이라면 암묵적으로 알고 있는 고정된 규칙 체계인 게 맞는지 의심스러워질 정도다. 다음 네 가지 예문을 보자. 이 중 세 가지는 일반적으로 비문법적이라고 여겨진다.

She and I went to the same school. 그녀와 나는 같은 학교에 다녔다.
⁇*Me and her went to the same school.*
⁇*Her and I went to the same school.*
⁇*She and me went to the same school.*

첫 번째 문장은 엄격한 표준 영어며, 다른 표현들보다 훨씬 더 자주 사용된다. 진지한 글쓰기에서 이 패턴을 사용하는 것이 적절한지에 대해서는 의문의 여지가 없다. 하지만 나는 실제로 원어민 영어에서 네 가지 패턴 모두를 들어 본 적이 있다. 일상 대화에서는 이보다 더 다양한 표현이 등장할 수도 있다. 명사구의 결합에서 대명사의 올바른 형태가 무엇인지는 직관적으로 알 수 있는 문제는 아닌 것 같다. 사실, 동사나 전치사 뒤에 다른 명사구와 결합된 1인칭 단수 대명사 *I*가 올 때면 많은 화자들이 목적격보다 주격을 써야 한다고 느끼는 경향이 있다. 그래서 많은 사람들이 ⁇*This was news to Jim and I*라고 말한다. 그러나 이는 표준적인 표현과 상충된다. 해당 위치에 대명사가 단독으로 쓰였을 때 어떤 형태가 맞는지 생각해 보고 그 형태를 사용해야 한다. 예를 들면, 대명사를 단독으로 쓸 때 *This was news to me*라고 하므로, *This was news to Jim and me*라고 써야 한다. 이 문제에 관해서는 문법 순수주의자들이 선호하는 방식이 합당하다고 볼 이유가 충분하다. 그러나 모든 사람이 이 표현에 동의할 것이라고 기대하지 마라. ⁇*to Jim and I*라고 말하는 사람들을 어리석다고 생각해서도 안 된다(안토니오가 바사니오에게 보낸 편지를 떠올려 보라).

대명사가 명사구의 일부로 사용되는 경우가 몇 가지 더 있다. 먼저, 두 개의 복수 대명사는 명사구에서 한정사처럼 사용될 수 있다. 그중 첫 번째는 **You** 복수인데, 이 경우 *It's time for you children to go to bed* 어린이들은 잠자리에 들 시간이다에서처럼 주격과 목적격 사이에 차이가 없어서 문제가 되지 않는다. 두 번째는 **We** 인데, 이번에는 주격과 목적격 중 하나를 선택해야 한다.

We older members are not sure we want things to change. 우리 연장자 회원들은 상황 변화를 원하는지 확신할 수 없다.

Does that apply to us undergraduates as well? 그게 우리 학부생들에게도 적용돼?

다시 말하지만, 이번에도 규칙은 대명사가 단독으로 전체 명사구의 위치에 있을 때 사용했을 형태를 따르는 것이다. 그러나 규칙이 늘 제대로 지켜지는 건 아니다! 호주의 한 권위 있는 신문은 문법적으로 완전히 틀린 *Are any of our politicians really listening to we quiet Australians?* 우리 조용한 호주인들의 말에 진정으로 귀 기울이는 정치인이 과연 있는가?란 문장을 수정하지 않고 실었고, 며칠 후에 또 *Meanwhile, us fornicators, adulterers and drunkards are in for a roasting* 한편 간음하고, 간통하고, 술에 취한 우리는 비난을 받을 것이다 이라는 문법적으로 틀린 문장을 그대로 실었다. 첫 번째 문장에서는 (*listening to us*에 맞춰) *us*를 사용해야 했고, 두 번째 문장에서는 (*Us are in for a roasting*이 틀리므로 *We are in for a roasting*

에 맞춰) we를 사용해야 했다. 이처럼 권위 있는 신문에 기고할 정도로 숙련된 사람들조차 종종 헷갈릴 수 있다.

대명사의 올바른 형태에 관해 사람들의 의견이 갈리는 또 다른 상황은 동사가 생략된 절에서 나타난다.

> *They were an odd couple, she neat and quiet, he restless and flamboyant.* 그들은 이상한 커플이었는데, 그녀는 깔끔하고 조용했으며, 그는 불안하고 화려했다.
> *They were an odd couple, her neat and quiet, him restless and flamboyant.*

두 번째 버전, 즉 목적격 형태(*her*와 *him*)를 쓰는 것이 좀 더 비격식적이며, 나에게는 이 표현이 꽤 자연스럽게 들린다. 의견은 다를 수 있다. 하지만 만약 여러분이 어떻게 쓸지 묻는다면, 진지한 글쓰기에서는 첫 번째 버전을 사용하라고 권하고 싶다.

Who와 그 굴절형

두 개의 서로 다른 어휘소가 *who*(주격), *whom*(목적격), 그리고 *whose*(속격)라는 어형을 공유한다. 하나는 내가 **Who** 의문대명사라고 쓰는 의문대명사고, 다른 하나는 내가 **Who** 관계대명사라고 쓰는 관계대명사다. 이 둘의 차이는 매우 뚜렷한데, 놀랍게도 거의 모든 문법서에서 이 사실에 주목하지 않는다.

- **Who** 관계대명사에는 독립된 속격이 없다. (**Who** 의문대명사의 독

립속격을 사용한) *Whose did they reject?* 그들이 누구의 것을 거절했어?는 괜찮지만, (Who 관계대명사의 독립속격을 사용해서) ~~They accepted most submissions, though Jim, whose they rejected, was crushed~~ 그들은 대부분의 제안을 수락했지만, 짐의 제안을 거절해 그에게 충격을 줬다라고 말해서는 안 된다.

Who 의문대명사는 엄격하게 단수로 사용되며, 주어와 동사의 일치를 보면 이를 분명히 알 수 있다.

How many people really care? 얼마나 많은 사람이 신경 쓰겠어?

~~*Who really care?*~~

Who really cares? 누가 진짜 신경 쓰겠어?

- Who 의문대명사와 Who 관계대명사는 둘 다 주로 사람을 지칭할 때 사용되지만, Who 관계대명사의 속격은(whose) 비인간 대상을 지칭할 때도 사용할 수 있다. 그러나 Who 의문대명사로는 비인간을 지칭할 수 없다. 다음 두 번째 문장에서 보듯 Who 의문대명사의 속격은 어떤 의자의 다리가 느슨한지 물을 때가 아니라, 다리가 풀린 사람이 누구인지 물을 때만 쓸 수 있다.

I want you to repair all the chairs whose legs are loose. 다리가 느슨해진 의자는 모두 고쳐 줘.　　　　　☞ 관계대명사 *who*의 속격

Whose legs are loose? 누구 다리가 풀렸어?　　☞ 의문대명사 *who*의 속격

229

참고로, **Who** 의문대명사가 사람을 지칭할 때 사용된다고 한 것은 약간 단순화한 것이다. 윤리적으로 인간과 유사한 존재들, 반려동물이나(다음 첫 번째 문장처럼) 지능적인 로봇을 지칭할 때도(다음 두 번째 문장처럼) 확장해서 사용할 수 있다.

the only dog who has ever really understood me 나를 진정으로 이해한 유일한 개
Marvin, the paranoid android, who was in a bad mood as usual 늘 그렇듯 기분이 나쁘고 편집증적인 안드로이드 마빈

의문문에서 완전히 비인간적인 존재에 대해 이야기할 때는, **What** 의문대명사과 **Which** 의문대명사가 사용된다.

What was that? 그거 뭐였지?
Which one was it? 그게 어떤 거였지?

Which 관계대명사도 비인간 존재에 사용된다. 다음 두 문장을 비교해 보라.

the horse which won 승리한 개
the woman who won 승리한 여자

What 관계대명사은 같은 용법으로 사용되지 않는다.

Whom의 문제

Who 의문대명사와 **Who** 관계대명사에서 가장 까다로운 문제는 목적격에 관한 것이다. whom이라는 형태는 오랜 시간 동안 매우 느리게 사용이 줄어 왔다. whom은 대개 아주 격식적인 느낌을 주지만, 일상 대화에서도 완전히 사라진 것은 아니다. whom의 이런 주변적인 지위 때문에 엄격한 문법주의자들은 사람들이 *whom*을 사용할 수 있는 곳에서 사용하지 않거나, 사용해서는 안 되는 상황에서 사용했을 때 비난하곤 한다. 다음은 여러분이 알아야 할 whom의 용법을 간략하게 정리한 목록이다. (분명 좀 지루하겠지만, 나는 이 용법을 만든 사람이 아니라 단지 전달하는 사람일 뿐이니 이해해 주길 바란다.)

기본 규칙은 오직 시제가 있는 동사의 주어일 때만 who를 사용하고, 그 외의 경우에는 *whom*이나 *whose*를 사용해야 한다는 것이다.

- **Who** 의문대명사나 **Who** 관계대명사로 시작하는 절에서 이 둘이 시제 동사의 주어가 아닌 경우, 엄격주의자들은 whom을 써야 한다고 주장한다. 따라서 그들은 *Who do you want to see?* 누구를 만나고 싶어? 또는 *The specialist who I originally wanted to see wasn't available* 내가 원래 만나려고 했던 전문의가 없었다 같은 문장에서 who가 see의 목적어로 사용됐으니 *whom*으로 쓰라고 한다. 하지만 나는 이런 문장이 비문법적이라는 평가에 반대한다. 수백만 명의 영어 사용자들이 매일 이런 문장을 말하고 쓰며,

이는 부주의한 실수가 아니다.

- 구어체의 경우, 일반적인 대화에서 절을 *whom*으로 시작하는 빈도는 사실상 0에 가까워졌다. *whom*은 전치사 뒤에 사용되는 경우(*the specialist to whom I was referred* 소개받은 전문의) 외에는 거의 사용되지 않으며, 그마저도 상당히 딱딱하고 격식적으로 들린다. 일반적으로는 *the specialist I was referred to*라고 표현한다.

- **Who** 관계대명사의 용법을 잘못 이해한 사람들이 *whom* 대신 *who*를 써서 받는 비난을 피하려고 너무 애쓰다가, 시제가 있는 동사의 주어로도 *whom*을 사용하는 경우가 있다. 내가 아는 어느 중간 관리자는 승진에서 누락된 후 상사로부터 받은 메모에서 다음과 같은 문장을 봤다고 한다.

    ~~*It is strongly recommended that you meet with staff whom have been unsuccessful in order to provide support.*~~ 다른 승진 누락자들을 만나 서로 지원하기를 강력하게 추천함.

    이 문장에서 *staff whom have been unsuccessful*이라는 표현은 명백히 문법적으로 잘못됐지만, 상사는 공식 문서에서는 어디에서든 *who*를 사용하는 것이 잘못이라고 생각했던 것 같다.

- 격식적인 느낌과 사용법에 대한 혼란에도 불구하고, *whom*은

완전히 사라지지 않았다. 사람들은 일상 대화에서도 종종 전치사 뒤에 오는 관계절에서 Who 관계대명사의 목적격 whom을 사용한다. 그래도 다음 첫 번째 문장보다 두 번째 문장이 더 자주 쓰인다.

The specialist to whom I was originally referred wasn't available. 내가 원래 만나려고 했던 전문의가 없었다.

The specialist who I was originally referred to wasn't available

(물론 이럴 때 Who 관계대명사를 전혀 사용하지 않고 *the specialist that I was originally referred to* 또는 *the specialist I was originally referred to*라고 할 수도 있다.)

*whom*에 관한 정말 이상한 점 중 하나는 전문가들조차 *whom*을 사용해야 할지, 말아야 할지 확신하지 못하는 문장의 유형이 있다는 것이다. 다음 두 예문 중 어느 것이 맞고, 어느 것이 틀린 걸까?

We're talking about someone who everybody agrees is qualified. 우리는 모두가 자격이 있다고 동의하는 사람에 대해 이야기하고 있다.

We're talking about someone whom everybody agrees is qualified.

내가 앞서 제시한 Who 관계대명사의 사용 규칙은 다음과 같다. 시제가 있는 동사의 주어로는 *who*를 사용하라. 하지만 이제 여러분은 이 규칙만으로는 충분하지 않다는 사실을 알 수 있다. 앞의 두 예문에서 *who(m)*은 (*Who is qualified?*에서처럼) *is* 절의 주어다. 하지만 *agrees* 절의 주어는 아니다(이 절의 주어는 *everybody*다). 어떤 절이 더 중요한 것일까? 좀 더 명확한 지침이 필요하다.

영문학을 깊이 들여다보면, 놀랍게도 두 유형 모두 훌륭한 글에서 수 세기 동안 등장해 왔다는 사실을 알 수 있다. 셰익스피어는 두 유형 모두를 사용했다. 문법 순수주의자들이 일반적으로 선호하는 것은 원형 *who*를 사용하는 표현이지만, 셰익스피어의 작품에는 *Young Ferdinand, whom they suppose is drowned*익사한 줄만 알았던 젊은 퍼디낸드와 같은 문장이 있다(이 문장은 그의 작품 《폭풍우》에 나온다). 하지만 셰익스피어는 브루투스와 시저가 언급되는 장면에서는 *who, you all know, are honourable men*모두 아는 명예로운 분들이라는 문장을 썼다.[8] 에이븐의 음유시인이 이 문제를 해결해 줄 리가 없다.

결론적으로, *who*와 *whom*의 사용이 혼란스러운 건 어쩌면 당연하다. 실제 상황이 매우 혼란스러워 거의 악의적이라고 느껴질 정도기 때문이다. 그러니 조언은 최대한 간단하게 하겠다(너무 단순하다고 느껴질 수도 있다).

- 절에서 시제 동사 바로 앞에는 절대 *whom*을 쓰지 마라. ~~*Whom is interested in this?*~~이 중 누구를 재밌어 해?는 문법적으로 명백하게 틀리다.

---

8 셰익스피어의 작품《줄리어스 시저》에서 안토니우스의 연설문에 나오는 문장. (옮긴이)

- 문어체에서는 전치사 뒤에 반드시 *whom*을 써라. *The writer to whom it was awarded*그 상을 받은 작가는 맞는 표현이고, ~~*the writer to who it was awarded*~~는 틀리다(구어체에서는 *They gave it to who?*처럼 *who*를 동사의 목적어로 쓰기도 하지만, 이는 명백히 비격식적인 표현이다).

- *Someone who(m) everyone agrees is qualified*모두가 자격이 있다고 인정하는 사람처럼 까다로운 경우에는 문학을 살펴봐도 명확한 결론이 나지 않으므로, *who*를 사용하는 것이 좋다. 내가 이렇게 말하는 이유는 세 가지다. ❶ 일부 엄격한 문법 전문가들은 이것이 유일하게 올바른 형태라고 주장하며, 그들과 대립한다고 얻을 게 없다. ❷ *who*가 더 자주 사용된다. ❸ *who*는 절대 거만하게 들리지 않는다. 그러니 *who*를 선택하는 것이 확실히 유리하다.

보충어 절에 쓰이는 *Like*

보수적인 문법주의자들은 오랫동안 전치사 *like*를 시제가 있는 보충어 절에 쓰면 안 된다고 말해 왔다. 물론 모든 전치사가 그렇듯이 *like*는 동명분사절을 허용한다. 따라서 *like falling off a log*통나무에서 떨어지는 것처럼는 문법적으로 모두에게 완벽하다. 논란이 되는 것은 *like he had fallen off a log*그가 통나무에서 떨어졌던 것처럼 같은 절이다.

표준 영어에서 *like*의 보충어로 나타나는 두 가지 시제절이 있다. 바로 내용절과(모든 문장 요소가 있는 절) 비교절이다(누락된 문장 요소가 있는 절). 하지만 두 경우 모두 비격식적인 문체에서 주로 쓰인다. 다음은 *like*가 내용절과 함께 사용된 경우다.

*He just walked in and took over like he owned the whole world.*그는 그냥 들어와서 마치 세상을 다 가진 것처럼 행동했다.

*My girlfriend was looking at me like she wanted to kill me.*여자친구는 마치 나를 죽이고 싶어 하는 것처럼 나를 쳐다봤다.

*Most of the album sounds like he was drunk when he recorded it.*앨범에 있는 대부분의 곡은 그가 술에 취했을 때 녹음한 것처럼 들린다.

이런 문장에 트집을 잡는 사람들은 *like*를 *as if*로 바꾸려 할 것이다. 하지만 *like*를 사용한 것은 실수가 아니며, 그저 좀 비격식적인 표현일 뿐이다.

다음은 *like*가 비교절과 함께 사용된 몇 가지 예다(누락된 문장 요소는 '[__]'로 표기했다).

I just don't see this like other people do [__].나는 다른 사람들이 보는 것처럼 이 문제를 보지 않는다.

You can buy Narcan over the counter, like anyone can [__] *these days.*요즘에는 누구나 그럴 수 있듯이, 나르캔을 약국에서 살 수 있다.

Winston tastes good like a cigarette should [__].윈스턴은 제대로 된 담배 맛이 난다.

1954년, 윌리엄 에스티라는 광고 회사가 윈스턴 담배를 광고하기 위해 마지막 문장을 슬로건으로 만들었고, 언론에서 큰 소란이 일었다. 유명한 뉴스 앵커 월터 크롱카이트가 아침 뉴스의 협찬사 고지를 위해 이 슬로건을 언급하라는 지시를 받았을 때 자신이 알고 있던 문법 규칙에서 위배된다며 이를 거부한 것이다. 결국 이 광고는 성우 목소리로 대체됐다.

물론 이 사례의 소란과 반발에는 다소 과장된 면이 있다. 우리는 그저 문법에 관한 일종의 여담으로 여기면 된다.

이와 비슷한 문장들은 비격식적일 뿐, 문법적으로는 아무런 문제가 없다. 크롱카이트의 고집은 카메라 앞에서는 오로지 격식 있는 스타일만 사용하겠다는 것이었다. 그때는 그런 시절이었다.

앞의 예문들을 좀 더 격식적인 스타일로 바꾸는 방법은 다양하다.

I don't see this in the same way that other people do. 나는 이 문제를 다른 사람들이 보는 방식과는 다르게 본다.

You can buy this over the counter, as anyone can these days. 이 제품은 요즘 누구나 살 수 있는 것처럼 일반 약국에서 구입할 수 있다.

Winston tastes good, the way a cigarette should. 윈스턴은 담배가 그래야 하는 방식으로 맛있다.

그러니 여러분의 글이 너무 비격식적이거나 친근하게 느껴질까 봐 걱정된다면, 이런 대체 표현을 사용해도 좋다. 하지만 소설을 쓰면서도 시제가 있는 보충어 절에서 *like*를 사용할 수 없다고 생각하는 것은 어리석다.

Less? 아니면 fewer?

문법에 집착하는 사람들은 다음과 같은 문장에 불쾌한 반응을 보인다.

> *There were less people at the reception than I expected.* 리셉션에 예상보다 사람이 적었다.
>
> *The conference attracted less than 50 people.* 컨퍼런스에 모인 사람들은 50명도 채 안 됐다.

그들의 주장은 *less*라는 한정사는 *less money*적은 돈나 *less fuel*적은 연료처럼 질량을 나타낼 때만 사용돼야 한다는 것이다. 그들은 사람은 셀 수 있기 때문에 *fewer people*, *fewer than 50 people*이라고 해야 하며, 이 둘을 혼동하는 것은 잘못이라고 주장한다.

이는 문법의 고전적인 문제 영역이며, (미리 경고하건대) 꽤 복잡한 문제기도 하다. 숨을 깊이 들이쉬고, 이제 이 문제에 관해 얘기해 보자.

우선, 문법 순수주의자들의 주장은 부당하다. 사람들은 *less*와 *fewer*를 혼동하지 않는다. ~~*He earns fewer money now*그는 이제 더 적은 돈을 벌고 있다~~라고 하거나 ~~*My new hybrid uses fewer fuel*내 새로운~~

~~하이브리드 차는 연료를 더 적게 쓴다~~라고 말하는 사람들은 없다. 사람들은 둘 사이의 차이를 잘 알고 있다! 즉, *fewer*는 오직 셀 수 있는 명사와 사용된다는 점을 아주 잘 안다.

실제로는 이렇게 된 것이다. *less*는 점차 사용 범위를 넓혀 왔고, *fewer*의 일부 영역을 침범해 왔다. *less*는 수 세기 동안 셀 수 있는 명사와 함께 사용됐다. 하지만 1770년에 로버트 베이커 Robert Baker라는 학자가 이런 사용을 금지하려고 했다. 그는 *fewer*가 "더 우아하고" "더 엄격히 올바르다"라고 주장했다. 그 후 200년 동안 문법 권위자들은 베이커의 규칙을 불문율처럼 여겼다. 하지만 그런 규칙은 사실과 다르며 제대로 적용된 적도 없다. 모든 사람이 괜찮다고 동의할 법한 *He has been with the company for less than five years*그는 회사에서 5년 미만으로 근무해 왔다라는 문장에서 *year*는 셀 수 있는 명사인데 그 앞에 *less*가 쓰였다. 그럼 이 문장을 틀렸다고 해야 할까? 베이커의 규칙을 따르는 일반화는 잘못됐다.

이제 여러분은 상식에 기대야 한다. 마누엘라 회엘터호프 Manuela Hoelterhoff는 〈월스트리트 저널〉에 기고한 오페라 리뷰에서 메조소프라노 타티아나 트로야노스 Tatiana Troyanos에 대해 다음과 같은 문장을 쓴 적이 있다.

> *I suspect her martial aria would glitter as much with a few less embellishments.*
> 나는 그녀의 전쟁 아리아가 몇 개의 장식이 덜해도 여전히 반짝일 것이라고 생각한다.

그리고 회엘터호프는 옳았다. 왜냐하면 *less*를 쓴 것이 *a few*

239

*fewer embellishments*라고 쓰는 것보다 분명히 더 나은 선택이어서다. 복수의 셀 수 있는 명사 앞에서는 *less*가 사용되는 경우가 드물고(*?less apples*) 보통 *fewer*가 선호된다(*fewer apples*처럼).

여기서 가장 까다로운 점은 불규칙 복수 가산명사 중 일부가 점차 질량명사로 변화하고 있다는 것이다. 대표적인 예로 *data*가 있다. 라틴어를 아는 나이 많은 과학자들은 이를 가산명사 *datum*의('주어진 것'이라는 뜻) 복수형으로 생각하기 때문에, *The data are not sufficiently numerous to establish the hypothesis*가설을 설정하기에는 데이터가 충분하지 않다라고 쓴다. 그러나 *big data*빅데이터라는 표현이 익숙해진 세상에서는 정보의 양을 해변의 모래처럼 물질로 생각하고 *The data is flooding in now we have the new machine*새 기계가 생기고부터 데이터가 쏟아져 나오고 있다과 같이 표현하는 것이 훨씬 더 일반적이다.

간단한 경우로, *We need more data*우리는 더 많은 데이터가 필요하다의 *more*처럼 복수형과 단수형에 모두 쓸 수 있는 한정사도 있다. 예를 들어, 셀 수 있는 명사의 복수형에 *more pebbles*더 많은 조약돌라고 하거나 질량명사의 단수형에 *more sand*더 많은 모래라고 할 수 있다.

어떤 한정사들은 오직 하나의 형태에만 쓰일 수 있다는 점도 중요하다. *many*는 셀 수 있는 명사와만 쓰이고(복수형 *many pebbles*는 맞지만, *many sand*는 틀리다) 반면에 *much*는 질량명사와만 쓰인다(*much sand*는 맞지만, *much pebbles*는 틀리다).

*few*는 문법적으로 *many*와 같으며 *little*은 *much*와 같다. 아주 적절한 예로, 수준 높은 글로 알려진 뉴스 매거진 〈이코노미스

트〉에서 편집자의 혼동으로 완전히 문법적으로 잘못된 문장이 실린 다음의 경우를 들 수 있다.

> ~~*Even in Britain, where economic data reach farther back than in any other country, little reliable labour-force data exist until the mid-1800s.*~~ ~~다른 그 어떤 나라보다도 더 오래된 경제 데이터가 있는 영국에서조차 노동력에 관한 신뢰할 만한 데이터는 1800년대 중반까지 존재하지 않았다.~~

첫 번째 *data*를 보면 〈이코노미스트〉가 *data*를 복수형으로 간주해 복수 동사 *reach*를 사용한 것을 볼 수 있다. 그러나 두 번째인 *little reliable labour-force data*에서는 일반적으로 질량명사와 함께 쓰이는 한정사 *little*이 나온다. 만약 *data*가 질량명사라면, 단수 동사 *exists*를 써서 *little reliable labour-force data exists*라고 해야 한다. (여기서는 *little*이 크기를 나타내는 다른 뜻의 형용사로도 쓰일 수 있다는 점은 무시해라. 크기가 작은 조약돌을 *little pebbles*라고 하는 것과 달리 *little data*는 데이터의 크기가 작다는 의미가 아니라 데이터의 양이 적다는 의미다!)

아마도 어떤 편집자가 *data exists*라는 구를 발견하고 이를 *data exist*로 바꾸었지만, *little*이라는 한정사의 영향을 미처 고려하지 못했던 것 같다. 이에 따라 문법적인 오류가 발생했다. ~~*little reliable labour-force data exist*~~라는 표현은 ~~*little wine were left in the bottle*~~ 포도주가 병에 조금 남아 있었다만큼이나 문법적으로 틀렸다.

〈이코노미스트〉처럼 *data*를 복수형으로 취급하는 보수적인 방식을 따를지, 현대 과학자들처럼 이를 단수 질량명사로 취급할지를 얘기하려는 것이 아니다. 이 결정은 여러분이 스스로 할 수 있다. 하지만 결정을 내린 후에는 일관성을 유지하고 주어와 동사가 일치하도록 주의해야 한다!

different의 전치사

다음 표현 중 무엇이 맞을까?

① *Is chalk different to cheese?*
② *Is chalk different from cheese?*
③ *Is chalk different than cheese?*

이 세 가지 표현 모두 충분히 많이 사용돼 왔으니, 특정 표현을 사용한다고 해서 무지함이 탄로 날 거라고 생각하지는 마라. 그렇지 않다.

그러나 현대 미국영어를 기준으로 한다면, *different from*이 압도적으로 많이 사용된다. *different to*도 사용되긴 하지만 주로 영국영어에서 더 많이 쓰인다. *different than* 또한 어느 정도 사용되지만 *different from*이 훨씬 더 일반적이다. 따라서 불안하거나 확신이 없다면 *different from*을 사용하는 것이 좋다.

부사 *differently*와 함께 사용할 때는 거의 항상 *from*이 쓰인다(*Women do things differently from men*여성들은 남성들과 일을 다르게 한다처럼). 그러나 비교절이 뒤따를 경우에는 반드시 *than*이 와야 한다(*Bankers view capital differently than regulators do*은행가들은 규

제 당국과 자본을 보는 시각이 다르다).

서법 부가어에 대한 우려

1939년 개봉작 〈바람과 함께 사라지다〉의 마지막 장면에서 스칼렛 오하라가 레트 버틀러에게 거절당한 후 어디로 가야 하고 무엇을 해야 할지 묻자, 버틀러는 다음의 유명한 대답을 남겼다.

Frankly, my dear, I don't give a damn. 솔직히 말하자면, 내 사랑, 내가 알 바 아니오.

여기서 레트 버틀러는 부사 *frankly*를 (*Let me speak frankly*솔직하게 말할게에서처럼) '솔직한 방식으로'라는 의미의 **방식 부사**로 쓴 것이 아니라, 문장을 도입하는 역할로 썼다. 즉, '이 문장에서 내가 말하려는 것은 나의 솔직한 의견이다'라는 의미로 사용했다. 정확히 같은 방식으로 *hopefully*라는 부사를 살펴보자.

It's better to travel hopefully than to arrive. 도착하는 것보다 희망을 품고 여행하는 것이 낫다.

이 문장에서 *hopefully*는 ('낙관적으로' 또는 '희망을 품고'라는 의미의) 방식 부사다. 그러나 다음과 같은 문장에서는 방식 부사가 아니다.

243

Hopefully we all look in our rearview mirrors when we drive. 우리 모두 운전할 때 후방 거울을 확인하길 바란다.

여기서 *hopefully*는 (우리가 '희망을 품고' 후방 거울을 본다는 뜻이 아니라) '내가 이 문장에서 말하려는 것은 내가 희망하는 상황이다'라는 뜻으로 쓰였다.

예전에는 이런 문제에 대해 불평하는 사람이 없었다. 하지만 1960년대 초반, *hopefully*가 두 번째 용법으로 조금 더 자주 사용되기 시작하자, 뉴욕 문단의 일부 인사들이 이 용법에 문제가 있다고 생각하기 시작했다. 그들은 *hopefully*를 방식 부사 용법으로만 제한하고 싶어 했다. 윌슨 폴렛^{Wilson Follett}이 이 문제를 다루었고, 그의 1966년 저작 《현대 미국영어^{Modern American Usage}》에 *hopefully*를 서법 부사로 사용하는 것에 대해 부정적인 의견을 담았다.

E. B. 화이트는 이 아이디어를 받아들여 1972년에 출간된 《영어 글쓰기의 기본^{The Elements of Style}》9 개정판에 논리적이지도 않고 앞뒤가 맞지 않으며, 분노에 차서 입에 거품을 물고 쏟아 낸 듯한 문단을 하나 추가했다. 그는 *hopefully*를 문장 도입 부사로 쓰는 것을 두고 어리석고, 불명확하며, 떠도는 듯하고, 불쾌하고, 모호하고, 약하고, 말도 안 되는 허튼소리라고 표현했다. 이

---

9 코넬대학교 영문과 교수인 윌리엄 스트렁크 2세(William Strunk Jr.)가 1919년에 초판을 출간한 책으로, 이후 그의 제자이자 〈뉴요커〉 및 〈하퍼스 바자〉 매거진의 편집자를 역임한 E. B 화이트가 공저자로 함께 개정판을 냈다. 천만 부 이상 팔린 이 책은 지금까지 출판된 글쓰기 책 중 가장 많은 판매부수를 기록하는 초대형 베스트셀러다. 또한 이 책은 스티븐 킹이나 댄 브라운 같은 당대 최고의 작가들에게 큰 영향을 미쳤고, 영미권 대학가에서 여전히 베스트셀러 자리를 차지하고 있다. (옮긴이)

는 정확히 무슨 말을 하고 싶은지 그 자신도 모르는 채로, 그저 *hopefully*가 너무 싫은 나머지 뱉어 낸 말들이다.

게다가 이런 반응에는 아무런 근거가 없다. 부사를 문장의 수식어로 사용하는 것은 완전히 표준적인 용법이다. 《케임브리지 영문법》에서는 이를 **서법 부가어**라고 부르는데, 이는 이런 부가어가 문장의 내용이 현실과 어떻게 관계되는지를 조정하기 때문이다. *clearly*분명히, *honestly*정직하게, *frankly*솔직하게 등의 부사들이 같은 방식으로 사용될 때는 아무도 이의를 제기하지 않는다. 다음과 같은 문장의 쌍들도 그 용법을 비교해 볼 수 있다.

*They couldn't see the warning sign clearly.*그들은 경고 표지판을 분명하게 볼 수 없었다. ☛ 방식

*Clearly, they couldn't see the warning sign.*분명히, 그들은 경고 표지판을 볼 수 없었다. ☛ 서법

*I don't know how to earn a living honestly anymore.*나는 더 이상 정직하게 생계를 꾸릴 방법을 모르겠다. ☛ 방식

*Honestly, I don't know how to earn a living anymore.*솔직히, 나는 더 이상 생계를 꾸릴 방법을 모르겠다. ☛ 서법

*I'm not ashamed to talk frankly about it.*나는 그것에 대해 솔직하게 말하는 것이 부끄럽지 않다. ☛ 방식

*Frankly, I'm not ashamed to talk about it.*솔직히, 나는 그것에 대해 말하는 것이 부끄럽지 않다. ☛ 서법

*She won't speak hopefully about the budget.*그녀가 예산에 대해 희망을 품고 말하지는 않을 것이다. ☛ 방식

*Hopefully, she won't speak about the budget.*희망하건대, 그녀가 예산에 대해 말하지 않기를 바란다. ☛ 서법

적어도 100년 전부터 이 모든 부사는 '서법 부가어'라는 이차적 용법으로 쓰이기 시작했다. *hopefully*를 둘러싼 논란도 약 20년 만에 거의 사그라들었다. *hopefully*를 '희망을 품고'라는 의미의 방식 부사어로 사용하는 기존 용법이 금지된 적이 없다는 것은 말할 필요도 없다(*As I cut up the meat, the dog watched me hopefully*내가 고기를 자를 때, 개는 희망에 차서 나를 바라보았다같이). 하지만 이제는 서법 부가어로 사용되는 경우가 훨씬 더 많다(여러분이 가지고 있는 영어 책에서 직접 확인해 봐도 좋다). 만약 누군가가 *hopefully*를 서법 부가어로 쓰지 말라고 한다면, 바보 같은 소리 하지 말라고 하면서 이 책을 보여 줘라. *hopefully*, 그들이 입을 다물기를.

문두에 오는 접속 부가어

*however*는 일반적으로 **접속 부가어**로 기능하는 부사다. (*however*는 전혀 다른 의미로 형용사를 수식할 때도 쓰일 수 있다. 예를 들어 *However careful you are, they will catch you*네가 얼마나 조심하든, 그들은 너를 잡을 것이다처럼 말이다. 여기서는 이 다른 의미의

*however*는 제외하겠다.) *however*가 주요 절의 시작에 등장할 때, 이 단어는 문장을 앞서 언급된 내용과 특정한 방식으로 연결한다. 다음 예문을 보자.

> *Most of the students left as soon as the class was over. However, one of them stayed behind.* 대부분의 학생은 수업이 끝나자마자 떠났다. 그러나 그중 한 명은 남아 있었다.

여기서 *however*는 새로운 의미를 도입하며 그 의미가 예상과 반대될 수 있음을 암시한다. *but* 역시 비슷한 의미로 사용되는 접속사로, 앞선 문장을 거의 동일한 의미로 다음과 같이 쓸 수 있다.

> *Most of the students left as soon as the class was over. But one of them stayed behind.* 대부분의 학생은 수업이 끝나자마자 떠났다. 그러나 그중 한 명은 남아 있었다.

의미는 기본적으로 동일하지만, 문법적으로는 분명 차이가 있다. 작은 차이점 중 하나는 ❶ 접속 부가어는 뒤에 종종 쉼표(,)를 동반하는 반면, 접속사는 그렇지 않다는 점이다.

> *Most of the students left as soon as the class was over.* ~~*But, one of them stayed behind.*~~

❷ 더 중요한 차이점은 *but*은 등위 접속사여서 두 문장을 연결

해 하나의 등위 문장으로 만들 수 있다는 점이다. *however*는 그렇게 할 수 없다.

Most of the students left when the class ended, but one of them stayed behind.
~~*Most of the students left when the class ended, however one of them stayed behind.*~~

❸ 세 번째 차이점은 *however*가 다른 많은 부사처럼 주어 뒤, 첫 번째 조동사 뒤, 또는 절의 끝에 위치할 수 있다는 것이다.

Most of the students left when the class ended. One of them, however, stayed behind.
Most of the students left when the class ended. One of them stayed behind, however.

*but*을 가지고 동일한 시도를 하면, 누구도 쓰지 않을 극도로 비문법적인 문장이 된다.

~~*Most of the students left when the class ended; one of them, but, stayed behind.*~~
~~*Most of the students left when the class ended; one of them stayed behind, but.*~~

이 구분은 반드시 정확히 이해해야 한다. *however*에 *but*과 같은 방식으로 문장부호를 사용하는 것은 미숙한 글쓰기에서 매우 흔히 나타나는 오류다.

추가로 알아둘 점은, 20세기 초반의 문법책들이 문두에 *however*를 두어서는 안 된다는 잘못된 믿음을 퍼뜨렸다는 사실이다. 이는 터무니없는 소리니 무시해도 된다. 훌륭한 작가들은 종종 문장을 *however*로 시작하곤 한다. 100년 전에는 작가마다 선호가 크게 달랐고, 이는 문체의 격식 정도를 나타낼 수 있었다. *however*로 시작하는 문장은 마크 트웨인의 재치 있는 글보다는 헨리 제임스의 무거운 소설에서 훨씬 드물게 등장했다. 따라서 1900년대 초반에는 *however*로 문장을 시작하는 것이 좀 더 비격식적인 것으로 여겨졌을 수 있다. 하지만 오늘날에는 두 가지 방식 모두 흔하게 사용된다. 21세기 학생들에게 주입되는 상당히 많은 '규칙'은 1차 세계대전 이전의 의견에서 비롯된 것이다. 낡아 빠진 작문 조언에 휘둘려 고조할머니나 고조할아버지처럼 글을 쓰지 말자!

대명사 **They** 단수

오랫동안 기존의 문법책들은 *they*가 복수 대명사기 때문에 *any student*어떤 학생나 *everyone*모두과 같은, 문법적으로 단수인 명사구를 지칭할 때 절대 사용하지 말라고 경고해 왔다. 이런 경고의 배경에는 논리적 불일치를 걱정한 19세기 일부 순수주의자들의 견해가 있다. 그들은 *everyone*이 문법적으로 단수라는 점에 주목했다(*every one*이라는 표현이 축약된 것이 그 유래다). *Everyone has gone*모두가 떠났다에서 밑줄 친 동사의 형태로 단수임을 알 수 있다. 오직 의미만 복수인 것이다. 다음 두 문장은 같은 의미다.

*Every pig likes acorns.*모든 돼지가 도토리를 좋아한다.
All pigs like acorns.

반면에 they는 복수형이다. 이는 *They have had enough*그들은 충분히 가졌다에서 밑줄 친 동사의 형태로도 확인할 수 있다(또한 they의 의미는 대략 *those people*그 사람들과 같다). 따라서 문법 순수주의자들은 잘못된 결론에 도달했다. *Everyone says they have had enough*모두가 충분히 가졌다고 말한다 같은 문장은 논리적으로 잘못됐다고 생각한 것이다.

하지만 어째서 *they*가 복수 동사와 쓰인다고 그것이 단수를 가리킬 수 없다고 생각해야 할까? *The team enjoyed their beers*팀은 맥주를 즐겼다에는 아무 문제가 없다. 아마 *The team enjoyed its beers*라고 말하는 것이 더 나으리라고 진지하게 생각하는 사람은 없을 것이다.

비평가들은 이 문제를 충분히 고민하지 않았고, 문학에 대한 연구도 부족했다. 저명하고 훌륭한 작가들은 수 세기 동안 **They**가 단수 명사구를 가리키는 문장을 사용해 왔다.

Nobody here seems to look into an author, ancient or modern, if they can avoid it.여기에서는 피할 수만 있다면 그 누구도 고대 작가든 현대 작가든 탐구하지 않는 것 같다.
-바이런 경의 편지, 1805년

I would have everybody marry if they can do it properly. 모든 사람이 적절하게 결혼할 수 있다면, 나는 그들이 결혼하길 바랄 것이다.

-제인 오스틴, 《맨스필드 파크》, 1814년

A person can't help their birth. 사람은 자신의 출생을 어쩔 수 없다.

-윌리엄 메이크피스 새커리, 《허영의 시장》, 1848년

when everyone has practically said whatever they had to say 모두가 할 말을 거의 다 했을 때

-레이디 브랙넬, 오스카 와일드, 〈진지함의 중요성〉, 1895년

Somebody taught you, didn't they? 누군가 당신을 가르쳤죠, 그렇지 않나요?

-E. B. 화이트, 《샬롯의 거미줄》, 1952년

too hideous for anyone in their senses to buy 제정신이라면 누구도 사지 않을 정도로 흉물스러운

-W. H. 오든의 기사, 1955년

바이런, 오스틴, 새커리, 와일드, 화이트, 오든보다 영문법을 더 잘 안다고 생각하려면 꽤 오만해야 할 거다. 그러므로 *They* 단수에 반대하는 순수주의자들을 무시해야 할 어리석은 사람들로 보는 것이 더 합리적이다.

They 단수는 수 세기 동안 특정한 사람을 지칭하지 않는, 문법적으로 단수인 명사구로 흔히 사용돼 왔다.

Nobody ever thinks it should apply to them. 아무도 그것이 자기에게 해당한다고 생각하지 않는다.

A child who thinks they don't fit in at school will be unhappy. 자기가 학교에 어울리지 않는다고 생각하는 아이는 불행할 것이다.

Whoever left their keys in the washroom should come and collect them. 화장실에 열쇠를 두고 간 사람은 와서 찾아가야 한다.

그러나 20세기 말까지는 **They** 단수가 사람의 이름 같은 단수의 지시 명사구와 함께 사용된 적이 없었다. 따라서 *Chris says they left their wallet in the taxi* 크리스가 택시에 지갑을 두고 왔다고 말한다와 같은 문장은 문법적이지 않다고 여겨졌다. 그런데 지난 25년 동안 언론에서 논바이너리[non-binary] 또는 성소수자로 자신의 정체성을 규정하는 사람들을 지칭할 때 **They** 단수를 쓰도록 하려는 비교적 성공적인 움직임이 있었다.

그래서 오늘날 논바이너리 성정체성을 가진 사람들, 예를 들어 가수 샘 스미스에 관한 글을 쓸 때면 기자들은 *Sam Smith is recording new songs for their next album* 샘 스미스는 자신의 다음 앨범을 위해 새로운 노래를 녹음 중이다라고 쓴다. 연배가 지긋한 사람들에게는 이런 표현이 아주 이상하게 들릴 수 있는데, 20세기에는 이런 문장이 전혀 사용되지 않았기 때문이다.

불일치 접속부

밑줄 친 접속부가 포함된 다음 세 가지 예문 중 첫 번째는 특별히 문제가 없다. 하지만 사람들은 종종 두 번째와 세 번째 예문과 같은 문장도 쓴다.

I was expected either to accept this or to resign from the committee. 내가 이를 받아들이거나 위원회에서 사임할 것으로 예상됐다.
I was expected either to accept this or resign from the committee.
I was expected to either accept this or to resign from the committee.

나는 두 번째와 세 번째 문장이 문법적으로 틀렸다고 표시하지 않았지만, 많은 전문가가 그렇게 할 것이다. 첫 번째 문장에서 *either*는 균형 잡힌 접속부의 시작 부분에 있으며, 각 접속부가 *to*-부정사 보충어로 이루어져 있다. 두 번째 문장에 첫 번째 접속부는 *to*-부정사고 두 번째 접속부는 원형부정사다. 세 번째 문장에서는 *either*가 뒤에 위치하므로 첫 번째 접속부는 동사원형이고 두 번째 접속부는 *to*-부정사다.

위치 이동은 어느 방향으로든 발생할 수 있으며 매우 흔하게 나타나므로, 표준 영어에서 이를 하나의 선택으로 간주할 수 있다. 즉, *or*라는 접속사가 있을 때 *either*를, *and*라는 접속사가 있을 때 *both*를, 그리고 *nor*라는 접속사가 있을 때 *neither*를 적절히 재배치할 수 있다. 하지만 문법 강경주의자들은 이런 위치 이동을 아주 싫어한다. 그들의 요구를 충족시키려면 이런 단어를 사용할 때 접속부가 균형 잡히도록 배치하면 된다. 중요한 점은 *either*, *both*, 또는 *neither* 다음에 나오는 부분을 확인해 같은 유형의 구 두 개가 접속사로 연결되도록 하는 것이다.

We bought presents for both our son and his boyfriend. 우리는 우리 아들과 그의 남자친구 둘 다를 위해 선물을 샀다.

☛ 명사구&명사구: *both*는 명사구 앞에, *and*도 명사구 앞에 위치

We bought presents both for our son and for his boyfriend.

☛ 전치사구&전치사구: *both*는 전치사구 앞에, *and*도 전치사구 앞에 위치

좌우 균형을 맞춰서 엄격한 사람들의 비난을 피하자. 표현력이나 스타일에서 아무런 이득이 없는데 굳이 그들을 불편하게 할 필요는 없다.

좌초된 전치사

영어의 역사에서 가장 어리석은 믿음을 꼽자면, 바로 전치사를 문장 끝에 남겨 두는 것이 잘못이라는 생각일 것이다. 우리는 이 말도 안 되는 생각이 어디에서 비롯됐는지 알고 있다. 시인이자 번역가, 극작가, 수필가, 그리고 문학 비평가였던 존 드라이든 John Dryden은 1672년에 출판한 에세이에서 당대 다른 작가들의 작품을 비판하는 자신의 견해를 고수하기 위해, 벤 존슨 Ben Jonson이 쓴 한 문장이 *from*으로 끝난다고 꼬집었다. 드라이든은 "문장 끝

에 전치사를 두는 것"이 존슨의 "흔한 실수"라고 비난했다.

그런데 대체 왜 그게 "실수"였을까? 드라이든은 아무런 설명도 하지 않았다. 그는 자신의 글에서도 같은 "실수"를 발견했다고 인정했다(그리고 나중에 개정판에서 그런 "실수"들을 수정하기 시작했다).

드라이든의 영향력이 워낙 컸기에 이 엉뚱한 비판은 그대로 굳어졌다. 오늘날에도 *No one knew what she was talking about*누구도 그녀가 무슨 말을 하고 있는지 몰랐다과 같이 완벽하게 괜찮은 문장을 쓰지 말라고 가르치는 교사들이 있다.

*What she was talking about wasn't obvious*그녀가 무슨 말을 하고 있는지는 명확하지 않았다 같은 문장도 동일한 특징을 가지고 있다. 즉, **전치사 바로 뒤에 그 전치사의 목적어가 오지 않는 점**이 똑같다. 언어학자들은 이런 전치사를 두고 **좌초된**stranded 전치사라고 부른다. 프랑스어, 스페인어, 독일어 같은 언어에서는 이를 허용하지 않지만, 노르웨이어, 아이슬란드어, 영어 등에서는 허용한다.

전치사 좌초는 매우 일반적이며 관계절과 개방형 의문절을 비롯한 여러 형식에서 자주 등장한다. 다음 예문에서는 일반적으로 명사구 목적어가 위치하는 자리를 '__'으로 표시했고, 그 위치와 연결된 구는 밑줄로 강조했다. 문장에서 중요한 부분은 대괄호로 표시했다.

[*Which restaurant did you go to* __] *for lunch?*점심 먹으러 어느 식당에 갔어?

If they don't know [*what the person died of* __] *they do an autopsy.*사인을 알 수 없으면 그들은 부검을 한다.

A person [*who nobody connects with* __] *is not a suitable candidate.* 연줄이 없는 사람은 적합한 후보자가 아니다.

[*What a ridiculous process* *we had to go through* __] *to get planning permission.* 계획을 허가받기 위해 우리가 겪어야 했던 과정이 얼마나 어처구니가 없는지.

이런 문장을 나쁘다고 생각해 애써 피하려는 사람들이 있다. 그들이 교육받은 영어 사용자라는 사실이 정말 놀랍다. 하지만 특히 미국에는 그런 사람들이 많다.

격식 있는 문체에서는 전치사 좌초를 피할 방법이 하나 있다. 전치사와 연결되는 *whom*이나 *which* 같은 단어 앞에 전치사를 놓는 것이다. 예를 들어 *Who was the letter addressed to?* 누구한테 보내는 편지야? 대신, *To whom was the letter addressed?* 라고 쓸 수 있다. 하지만 이런 표현은 너무 거창하게 들릴 수 있기 때문에 좋은 방법이라 할 수 없다. 때에 따라서는 이런 선택지가 아예 없기도 하다. 다음은 전치사가 좌초된 예다.

They scarcely knew [*what they were looking at* __]. 그들은 자신들이 무엇을 보고 있는지 거의 알지 못했다.

Machine learning is one subject [*I try to keep up with* __]. 기계 학습은 내가 따라잡으려고 애쓰는 하나의 주제다.

There's no cinema in the town [*that I come from* __]. 내 고향에는 영화관이 없다.

이런 경우에 전치사를 해당 절의 맨 앞에 놓는 것은 아주 잘못된 전략이다. 그렇게 하면 첫 두 예문은 아주 어색하게 들리고,

세 번째 예문은 문법적으로 완전히 틀린 문장이 된다.

??They scarcely knew at what they were looking.?? 그들은 자신들이 무엇을 보고 있는지 거의 알지 못했다.

??Machine learning is a field with which I try to keep up.?? 기계 학습은 내가 따라 잡으려고 애쓰는 한 분야다.

~~*There's no cinema in the town from that I come.*~~ 내 고향에는 영화관이 없다.

그러니 이런 경우라면 전치사를 문장 끝에 두는 것이 거의 불가피하다. 그러나 문법 실수에 대한 공포에 사로잡힌 사람들은 전치사 좌초를 피하려다가 전혀 문법에 맞지 않는 문장을 쓰거나 말하기도 한다. 언젠가 내가 받은 이메일에는 ~~*I hope you will understand of what I am speaking*~~ 이라는 문장이 포함돼 있었다. 아마 발신자가 *I hope you'll understand what I'm talking about* 당신이 내가 하는 말을 이해하길 바란다이라고 쓰려다, 이 표현이 문어체에 적절하지 않다고 생각한 것 같다.

한번은 〈뉴요커〉 매거진의 웹사이트에서 검색 결과가 없을 때 안내 메시지로 쓰인 *I couldn't find that for which you were looking!* 이라는 문장을 보았다. 정말 웃겼다. 아마도 *I couldn't find what you were looking for* 당신이 검색하려는 것을 찾을 수 없습니다라는 표현이 〈뉴요커〉의 권위에 미치지 못한다고 생각한 것 같다(이 오류 메시지는 온라인에서 몇 주간 조롱을 받고 나서 변경됐다).

전치사 뒤에 빈칸이 있지만, *who*나 *which*를 넣을 수 없는 경우도 있다.

[*Behavior like that, we will not put up with __ in this company.*]우리 회사에서는 이런 행동을 용납하지 않을 거다.

If there's something [*you're not happy with __*], *you should say so.*기분이 좋지 않은 것이 있다면 말해야 한다.

[*An animal that you're afraid of __*] *isn't a suitable pet.*네가 두려워하는 동물이라면, 반려동물로 적합하지 않다.

I've got some pictures [*for you to look at __*].네가 볼 사진이 좀 있다.

이런 문장에서는 전치사를 앞쪽으로 이동시켜도 좌초를 피할 수 없다. 함께 놓을 것이 없기 때문이다. 어쨌든 영어의 역사에서 전치사 좌초가 얼마나 오래됐든지 간에 이런 문장은 결코 문법 오류가 아니다. 드라이든은 정상적인 영어 문장을 "실수"라고 지적했으며, 여기에는 그 어떤 근거도 없다.

17장.
철자법과 문장부호
Spelling and punctuation

일관성을 유지하는 게 중요하다.

먼저 한 가지를 분명히 하고 싶다. 이번 장에서는 각 주제를 깊이 다루기보다는 간단히 소개하는 데 그칠 것이다. 철자법과 문장부호에 관한 훌륭한 참고서는 서점에 많이 있으므로, 이번 장에서는 자주 간과되거나 명확하게 설명되지 않은 몇 가지 사항만 간단히 짚어 본다.

영어의 철자 체계

영어의 철자 체계는 태양계에서 가장 엉망이라고 해도 과언이 아니다. 이 사실부터 인정하자. 영어의 철자 규칙은 복잡하고 혼란스러우며 예외로 가득 차 있다. 어떤 글자는 역할이 다양하지만, 전혀 필요하지 않은 글자들도 있다. 또 발음은 다른 단어들이 같은 철자를 사용하거나, 발음은 같지만 철자가 다른 경우도 허다하다. 영어의 철자 체계 전체가 참담한 지경이다. 만약 영어 철자 규칙을 정부가 정했다면, 그 정부는 투표로 탄핵해야 마땅하다.

물론 철자 규칙은 정부가 정한 것이 아니라 수천 년에 걸쳐 혼란스럽게 진화해 왔다. 그동안 사회의 지배계층이 몇 차례 바뀌었고, 인쇄술이 발명됐으며, 르네상스가 일어났고, 영국연방이 설립됐으며, 미국이 탄생했고, 인류는 역사상 가장 무의미한 전쟁을 여러 차례 치렀다.

전통적인 26개의 알파벳과 알아야 할 기타 기호들은(문장부호, 통화 기호, 외국어 문자, @나 & 같은) 용도가 다양하고 서로

조화를 이루지 못하는 집합이다. 철자법은 혼란 그 자체지만, 우리는 이 시스템에 영원히 묶여 있다. 철자를 가끔 틀리게 쓴다고 스스로를 비하할 필요는 없다. 하지만 인생은 불공평한 법이다. 사람들은 철자와 문장부호를 정확히 쓸 수 있는지를 기준으로 다른 사람의 지능과 고용 가능성을 판단한다. 유감스럽게도 이는 사실이다. 그러니 철자와 문장부호 규칙을 잘 배워야 한다. 다른 방법이 없다.

미국식 철자법과 영국식 철자법

혹시 언젠가 철자법이 개혁되거나 규칙이 새롭게 만들어져 이 부담이 덜어지거나 사라지지 않을까 기대하고 있다면, 실망할 준비를 해라. 그런 일은 일어나지 않는다. 영어 철자법이 완전히 개정될 일은 결코 없다. 사람들은 노아 웹스터Noah Webster의 미국식 철자법 개정안이 그러한 방향으로 나아가는 단계라고 생각했지만, 상황은 오히려 더 복잡해졌다.[10] 우리는 이제 *center*중앙, *color*색상, *defense*방어, *dialog*대화, *fueling*연료, *generalize*일반화하다와 같은 미국식 철자를 사용할지, *centre*, *colour*, *defence*, *dialogue*, *fuelling*, *generalise*와 같은 영국식 철자를 사용할지 고민하게 됐다. (*-ize/-ise*의 구분은 지리적으로 정해진 것이 아니다. 영국에서는 *-ise*가 일반적이지만, 옥스퍼드 영어사전은 대부분의 미국

---

10 노아 웹스터(1758~1843)는 미국의 사전 편찬자이자 문법학자다. 영어 철자 개혁운동으로 미국의 언어적, 문화적 정체성을 형성하는 데 중요한 역할을 했다고 평가받는다.

작가나 출판사와 마찬가지로 -ize를 사용한다. 둘 중 어느 것도 철자 오류라고 할 수 없다. 여러분이 해야 할 일은 일관성을 유지하고, 그리스어에서 유래한 -ize/-ise 접미사와 *surprise*놀라다나 *arise*발생하다처럼 우연히 ise로 끝나는 단어를 혼동하지 않는 것이다.)

이 주제에 관해서는 위키피디아가 아주 유용하다. 위키피디아에는 "미국영어와 영국영어 철자법 차이*American and British English spelling differences*"라는 제목의 아주 훌륭한 글이 있다.

아포스트로피

아포스트로피는 실질적인 목적이 없는, 사실상 쓸모없는 추가 문자다. 하지만 중요한 기능을 가진 완전히 다른 기호, 즉 오른쪽 인용 부호와 정확히 같은 모양이라는 성가신 특성이 있다.

아포스트로피에는 문법적이거나 음운적인 역할이 없다. 다른 문자들과 달리 고유한 소리와 연관되는 경우가 **전혀** 없다. 특정 단어에서 묵음 처리되는 글자들도 있지만(*gnaw*갉아먹다나 *sign*기호의 g나 *horde*무리의 e, *hour*시간·*knot*매듭·*psycho*사이코의 첫 글자, 그리고 내 이름인 *Geoff*제프의 o 등) 아포스트로피는 항상 묵음이라는 것이 문제다.

게다가 아포스트로피가 사라진다고 해서 의미가 달라지지도 않는다. 다음 세 구절은 모두 '작가들을 위한 회의'를 의미하며, 뜻의 차이가 없다.

a writer's conference

a writers' conference

a writers conference

(엄밀하게 말하자면, 아포스트로피의 사용에 따라 의미가 달라질 수 있는 경우도 있긴 하다. 여러분이 예전에 봤던 영화의 마지막 장면을 보면서 누군가에게 문자를 보낸다고 가정해 보자. 내 친구 웰스 한센Wells Hansen이 지적한 대로, 만약 여러분이 *The best thing is it's ending*이라고 쓴다면, 이는 영화가 빨리 끝나길 바란다는 뜻이고, *The best thing is its ending*이라고 쓴다면, 이제 최고의 장면이 곧 나올 것이라는 뜻이다.)

아포스트로피가 사라지는 일은 절대 없을 것이므로, 이 기호는 유아용 알파벳 블록이나 문자 타일로 단어를 맞추는 보드게임, 혹은 크로스워드 퍼즐에서도 하나의 글자로 다뤄져야 한다. Q, X, Z같이 사용 빈도가 낮은 문자가 개별 항목으로 있는 것처럼 말이다. 하지만 현실은 그렇지 않다. 그린네도 일부 특정 단어의 철자에서는 아포스트로피를 반드시 사용해야만 한다. 사실상 무용하더라도, 사람들은 아포스트로피를 올바른 위치에 사용하고 잘못된 위치에 사용하지 않는 일에 과도하게 집착한다. 2001년에 마치 멸종 위기 개구리종을 보호하는 것처럼 아포스트로피보호협회Apostrophe Protection Society를 설립한 존 리처즈John Richards라는 영국인도 있다(그는 2019년 말, "게으름이 이겼다"라고 불평하며 협회 웹사이트 운영을 중단했다. 그런데 그 후 웹사이트의 트래픽이 이전의 600배 이상으로 증가했다. 이는 사람들이 객관적으로 무가치한 이 가짜 문자에 얼마나 집착하는지를 보여 준다).

그러니 유감스럽게도 **아포스트로피를 올바른 위치에 사용해야 한다**는 불행한 소식을 여러분에게 전해야겠다. 다행히도 여러분이 꼭 알아야 할 내용은 간단하고 명확하다.

1. 속격 명사구

아포스트로피는 일반적인 속격 접미사인 단수형 -'s와(*Gary's bike*게리의 자전거, *the president's signature*대통령의 서명) 복수형 -s'의 (*the Yankees' victory*양키스의 승리 또는 *all the cars' tail lights*모든 자동차의 후미등) 철자에서 꼭 필요하다.

일곱 개의 대명사(**I**, **You**, **He**, **She**, **It**, **We**, **They**)는 예외다. 이들은 모두 아포스트로피가 없는 불규칙 속격 형태(*my*, *your*, *his*, *her*, *its*, *our*, *their*)를 가지고 있으며, 이들 중 어느 것도 -'s 접미사를 사용하지 않는다. 이를 기억하면 속격 대명사 *its*에 **절대로** 아포스트로피가 붙지 않는다는 것을 알 수 있다. *The kitten was chasing its tail*그 새끼 고양이는 자신의 꼬리를 쫓고 있었다은 맞지만, *The kitten was chasing it's tail*은 틀린 표현이다. 이는 아포스트로피를 잘못 사용하는 아주 흔한 경우 중 하나다.

2. 조동사의 축약형

아포스트로피는 비격식적인 스타일에서 조동사를 축약할 때 사용된다. 발음할 때는 대부분 하나의 자음 소리가 된다. 따라서 it has 또는 it is가 축약돼 *it's*가 될 때, **항상** 아포스트로피를 사용해야 한다.

가장 중요한 조동사 축약형은 다음과 같다. *I'd*, *I'll*, *I'm*, *I've*, *you'd*, *you'll*, *you're*, *you've*, *he'd*, *he'll*, *he's*, *she'd*, *she'll*, *she's*, *it'd*, *it'll*, *it's*, *we'd*, *we'll*, *we're*, *we've*, *they'd*, *they'll*, *they're*, *they've*.

-*'d*는 *had* 또는 *would*를 나타내고, -*'s*는 *is* 또는 *has*를 나타낸다. 나머지는 명확하다. -*'ll*은 *will*을, -*'m*은 *am*을, -*'re*는 *are*를, -*'ve*는 *have*를 나타낸다.

3. 부정 접미사 –n't

아포스트로피는 부정 조동사를 만드는 접미사 -*n't*의 중간에 있는 문자다. 이 형태는 주로 *aren't*, *can't*, *couldn't*, *don't*, *hadn't*, *hasn't*, *haven't*, *isn't*, *mustn't*, *shouldn't*, *wasn't*, *weren't*, *won't*, *wouldn't* 같은 단어에서 나타난다. 또한 *ain't*의 중간에도 나타나는데, 이는 *am not*, *aren't*, *isn't*, *haven't*, *hasn't*의 (잘 알려진) 비표준 대체형이다.

4. 이상한 복수형

앞서 76페이지에서 했던 엄중한 경고에("절대로! 복수형에 아포스트로피를 사용하지 마라") 약간의 예외가 있다. 단순히 s를 추가하는 것이 너무 이상해 보이는 몇 가지 경우에는 아포스트로피를 사용하는 것이 일반적이다.

The a's and b's stand for positive integers. a와 b는 양의 정수를 나타낸다.
His handwritten S's and 5's looked identical. 그가 손 글씨로 쓴 S와 5는

똑같아 보였다.

*When she talked about the family it was all I's and me's instead of we's and us's.*가족에 대해 이야기할 때, 그녀는 we와 us대신 I와 me만 썼다.

이처럼 예외적인 경우에 아포스트로피는 명확성을 더한다. 그러나 일부 원칙주의자들은 이런 사용에도 반대할 수 있다.

5. 기타 용도

아포스트로피는 *D'Arcy*나 *O'Connor* 같은 몇몇 성씨에서 나타나며, *The '60s*60년대, *one o'clock*1시 정각, *rock 'n' roll*록앤롤 등의 구에서도 사용된다. 또한, 구어체 표현을 글로 쓸 때는 *c'mon*(come on이봐의 줄임말), *'s all right*(*it's all right*괜찮아의 줄임말), *d'ya think?*(*do you think?*생각해?의 줄임말) 같은 형태로 나타나며, *smokin'*담배 피우는이나 *bitchin'*힐뜯는 같은 표현에서도 쓰인다.

하이픈

하이픈은 아포스트로피와 비슷하게 늘 묶음이며 용도가 다양해서 성가실 수 있다. 워드프로세서에서는 하이픈을 두 가지 유형으로 구분한다. ❶ 하나는 행의 오른쪽 끝에서 단어가 다음 행으로 넘어가며 나뉘어야 할 때 자동으로 삽입되는 하이픈이고, ❷ 다른 하나는 사용자가 직접 입력하는 하이픈이다. 여기서는 두 번째 유형만 다룬다. 하이픈에는 아포스트로피와 달리 문법적인 기능이 있으며, 일종의 구분자 역할을 한다.

사람들이 하이픈에 대해 걱정하는 가장 큰 이유는 일부 복합어의 경우 하이픈이 경계를 표시하지만, 다른 복합어의 경우에는 그렇지 않기 때문이다. *baby*와 *sitter*처럼 함께 사용되는 단어 조합은 처음에는 띄어쓰기로 표기되다가(*baby sitter*) 나중에는 하이픈을 사용해 쓰고(*baby-sitter*) 궁극적으로는 공백 없이 하나의 단어처럼 사용되기도 한다(*babysitter*). 철자법 사용을 걱정하는 (혹은 명백한 실수를 범하고 싶지 않은) 사람들은 이 중 어떤 형태가 올바른지 알고 싶어 한다.

나의 조언은 이 문제에 너무 집착하지 말라는 것이다. 안타깝게도, 사전조차 이런 부분에서 일관성을 보이지 않는다. 일반적인 경향은 단어들이 점차 결합해 공백이나 하이픈 없이 하나의 단어로 쓰이는 방향으로 발전한다는 것이다. 그러니 만약 *web site*, *web-site*, *website*의 세 가지 형태를 모두 본 것 같고 어느 것이 맞는지 확실하지 않다면, 여러분에게 줄 아주 간단한 조언은 가장 최신 형태인 *website*를 선택하라는 것이다.

하이픈을 넣을지 말지에 대한 논쟁이 얼마나 사소한지 알 수 있는 예로, 구글은 *tree house*, *tree-house*, *treehouse*의 검색 결과를 완전히 동일하게 처리한다는 사실을 들 수 있다(참고로, 하이픈이 없는 형태가 요즘 더 자주 사용되는 경향이 있다).

하이픈 사용과 관련된 중요한 문법 규칙 중 하나는 두 단어가 세 번째 단어를 수식할 때, 특히 두 번째 단어가 **분사**일 경우, 일반적으로 첫 두 단어 사이에 하이픈을 넣어야 한다는 것이다. 다음 예를 살펴보자.

He decided to leave the equity-trading business but remain in equity research.
그는 주식 거래 업무는 그만두기로 했지만, 주식 연구는 계속하기로 했다.

첫 번째 *equity* 뒤에는 하이픈이 있지만 두 번째 *equity* 뒤에는 없다. 왜일까? *equity-trading business*에는 명사 *equity*와 분사 *trading*으로 이루어진 복합어 *equity-trading*이 있고 이 복합어가 명사 *business*를 수식하면서 명사구의 주요 부분이 되는 반면, *equity research*에서는 *equity*가 단독으로 *research*를 수식하는 명사구만 있을 뿐 복합어가 없기 때문이다.

이런 것에 지나치게 집착할 필요는 없다. 신뢰할 수 있는 출처에서 해당 단어가 어떻게 사용되는지 확인하고 따르기만 하면 된다. 모든 사람이 여러분의 의견에 동의하지는 않을 것이다. 사람들은 J. R. R. 톨킨이 말한 "모든 것을 아우르는 절대 원칙^{One Rule to ring them all}" 같은 것을 원하지만, 그런 간단한 규칙은 없는 경우가 많다. 일반적으로 하이픈 사용의 변동성은 큰 문제가 되지 않는다. 여러분과 의견이 다른 사람들조차 일관되지는 않을 것이다.

비교적 신뢰할 수 있는 인쇄매체에서도 하이픈 사용이 완전히 일관적이지는 않다. 수백만 단어에 달하는 신문 기사를 살펴본 결과, *wine glass*는 여덟 번, *wineglass*는 세 번 사용됐다(*wine-glass*라는 표현도 한 번 있었는데, *the wine-glass demonstration*와 인잔 전시라는 구에서 나왔고, 이는 두 단어를 연결해 수식어를 만들 때 하이픈을 사용하는 규칙을 따른 것이다). 이는 *wine glass* 쪽에 더 무게를 실어 준다. 그러나 *tea cup*, *tea-cup*, *teacup*의 경우는 다른 결과가 나올 수 있다. 중요한 점은 이런 차이가 영어 글쓰기에서 그리 중요한 문제가 아니라는 것이다. 이는 철자 문제지만, *a*에서 *z*까지 알파벳과 관련된 철자만큼 중요한 것은 아니다.

corn chip, *corn-chip*, *cornchip* 중 어느 것을 선택하느냐보다 자신이 선택한 형태를 일관되게 사용하는 것이 중요하다. 인쇄매체에서 본 한 가지 형태를 선택해 고수해라. 하나의 글 안에서는 특정 단어에 대해 오직 하나의 철자만 사용하는 것이 좋다.

소설에 등장하는 구어체 철자 표현

소설가나 다른 작가들이 구어체 발음을 나타내기 위해 자주 사용하는 몇 가지 관용적인 철자 표기법은 다음과 같다.

축약한 표현	원래 표현
coulda 또는 *could've*	*could have* ~할 수 있었는데
gimme	*give me* 나한테 줘
gonna	*going to* ~할
gotta	*got to* ~해야 하는
hafta	*have to* ~해야 하는
kinda	*kind of* 일종의
oughta	*ought to* ~해야 하는
shoulda 또는 *should've*	*should have* ~해야 하는
sorta	*sort of* 일종의

wanna	*want to* ~하고 싶은
woulda 또는 *would've*	*would have* ~했을 텐데

문장부호

문장부호는 문법과 밀접하게 관련된 규칙 체계로, 문법을 이해하지 않고서는 완전히 파악하기 어렵다. 하지만 통사론 측면에서 자연스럽게 발생하고 말하기에도 적용되는 문법과는 완연히 다르다. 문장부호는 출판업계에서 사용하는 스타일북이나 핸드북에 명시된 규칙에 따라 사용된다. 문장부호의 기능은 서면 자료에서 구조를 시각적으로 나타내는 것이다. 문장부호는 내용의 일부가 아니며, 독자가 내용을 더 잘 이해할 수 있도록 글의 구조를 안내하고 추가적인 정보를 제공하는 역할을 한다. 현대 영어에서 사용되는 문장부호는 다음과 같다.

마침표 period, 온점 full stop	.
물음표 question mark	?
느낌표 exclamation mark	!
쉼표 comma	,
세미콜론 semicolon	;
콜론 colon	:
대시 dash	–
괄호 parentheses	(……)

대괄호 square brackets	[……]
작은따옴표 single quotation marks	'……'
큰따옴표 double quotation marks	"……"

하이픈과 아포스트로피는 이 목록에 포함되지 않는데, 그 이유는 하이픈과 아포스트로피는 문장부호가 아니라 철자 체계의 일부기 때문이다.

문장부호는 오로지 문어체의 특성이며, 문법이나 말하기와는 직접적인 일대일 대응 관계가 없다. 문장부호는 문장의 구조를 드러내기 위해 사용되며, 때로 꽤 엄격한 규칙을 따르는 별도의 체계다. 쉼표와 마침표는 말할 때 약간의 멈춤이나 구의 경계를 나타내는 경향이 있지만, 항상 그렇지는 않다. 물음표는 보통 독립 의문절의 끝에 나타나며 말할 때 억양이 조금 높아지는 효과를 주기도 하지만, 이것도 언제나 그런 것은 아니다. 느낌표가 반드시 감탄문이나 격한 감정을 나타내지는 않으며, 인용 부호는 인용문을 감싸는 것 외에도 여러 용도로 사용되지만 말할 때 이를 표현하는 명확한 대응 방식은 없다.

문장부호의 규칙은 확고히 정해져 있으며, 이를 완전히 익혀야 한다. 자유롭게 바꿀 여지가 거의 없다. 문법은 대부분 스타일이나 화자에 따라 약간씩 달라질 수 있고, 무엇이 올바르며 표준인지에 대해 논의할 여지가 있지만, 문장부호는 그렇지 않다. 즉 문장부호는 명확하고 뚜렷한 규칙을 따른다. 만약 이런 규칙을 따르지 않으면 글을 읽는 사람들이 부정적인 평가를 내릴 수 있다. 그래서 이 장에서 나의 주장은 다른 장에서보다 조금 더 독단적으로 들릴 수 있다. 문장부호를 잘못 쓰면, 글을 평가하고 비판할 준비가 된 사람들의 표적이 될 수 있어서다.

게다가 문장부호는 실제 상황에서 매우 중요한 역할을 할 수 있다. 계약서나 법령의 문장부호 하나로 수백만 달러가 걸린 법적 분쟁의 승패가 갈리기도 한다.

다행히 문장부호 체계는 인쇄물에서 제공되는 자료를 통해 쉽게 학습할 수 있다. 가장 권위 있는 자료 중 하나는 시카고대학교 출판부에서 발행하는 《시카고 스타일 가이드》*The Chicago Manual of Style*다(2024년 8월에 18판이 출간됐다). 이 책은 6장에서 문장부호를, 7장에서 철자법을 다룬다. 여기에서는 충분히 알려지지 않은 몇 가지 중요한 사항만 짚으려 한다.

문장 끝의 구두점: 마침표, 물음표, 느낌표

마침표는 모두가 알다시피, 의문문이 아닌 주절이 포함된 문장을 끝맺는 표준 방식이다.

> *This discussion has gone on too long.* 이 논의는 너무 오래 지속됐다.

마침표는 신문 제목의 끝이나 비공식적인 이메일 또는 문자 메시지의 마지막 문장을 제외하고는 모든 종류의 글에서 필수로 사용된다.

물음표는 직접적인 질문을 나타내는 절의 끝에 표기한다.

Is there any real point to this discussion? 이 논의에 실질적인 의미가 있나?

☛ 폐쇄형 의문문

What is the real point of this discussion? 이 논의의 진짜 의미는 무엇인가?

☛ 개방형 의문문

때때로 하위 의문절 끝에 물음표가 사용될 수 있지만, 보통은 그렇지 않다. 예를 들어 다음 문장에는 물음표를 사용하지 않아야 한다. 왜냐하면 이 문장은 질문을 던지는 것이 아니라, 그 질문에 대한 태도를 나타내는 진술이기 때문이다.

I have been wondering whether there is any real point to this discussion. 나는 이 논의에 실질적인 의미가 있는지 궁금해하고 있다.

독립된 의문절에서도 약간의 유연성이 있다. 주절이 의문문인 문장은 때때로 마침표로 끝날 수 있는데, 이는 특히 답변을 전혀 요청하지 않거나, 작가가 생각하는 명백한 답을 암시하려는 경우에 그렇다.

Isn't that just the stupidest idea you ever heard. 그게 네가 지금까지 들었던 가장 어리석은 아이디어가 아니냐.

느낌표는 평서문의 끝에서 마침표 대신 사용되며 놀라움, 흥분, 주목할 만한 상황, 또는 매우 강한 강조를 나타낸다.

That is absolutely the stupidest idea I ever heard! 그건 내가 들어 본 것 중 정말 가장 어리석은 아이디어야!

진지한 글쓰기에서는 느낌표가 드물게 사용된다. 느낌표를 너무 자주 쓰면 경솔한 사람으로 보일 수 있다. 명령문이나 감탄문이 반드시 느낌표로 끝나야 하는 것은 아니다. 다음 문장들은 느낌표가 없는 것이 훨씬 더 낫다.

Come to my office later to get the details. 자세한 내용을 듣게 나중에 내 사무실에 들러라.　　　　　　　　　　　　　　☛ 명령문

What an absolutely ridiculous idea it was. 그것이 얼마나 터무니없는 생각이었는지.　　　　　　　　　　　　　　　　　　☛ 감탄문

특히 역사 교사에게 제출하는 에세이 과제나 주주들에게 보내는 보고서처럼 진지한 주제를 다루는 논픽션을 작성할 때는 느낌표를 피하는 것이 좋다. 교사들은 느낌표를 싫어하고, 주주들도 좋아하지 않을 가능성이 높다.

쉼표

쉼표는 문장 내에서 작은 경계 표시로 사용되며, 문장의 끝을 나타내지는 않는다. 수식절의 끝을 나타내기 위해 선택적으로 사

용될 수 있다.

With the possible exception of New York, London is the world's most important financial center. 뉴욕을 제외한다면, 런던은 세계에서 가장 중요한 금융 중심지다.

이 경우에 쉼표는 아주 유용한데, 이는 *New York*과 *London*이라는 단어가 혼란스럽게 붙어 읽히는 것을 방지해 주기 때문이다. 같은 현상은 다음의 예문에서도 볼 수 있으며, 첫 번째 예문은 동일한 구절이 연이어 나와 혼란을 주고, 두 번째 예문은 훨씬 더 쉽게 읽힌다.

⁇*If you really think you can do it do it.*⁇정말 할 수 있다고 생각한다면 그렇게 해.
If you really think you can do it, do it.

보충 관계절과 같은 삽입구의 양 끝은 반드시 쉼표로 표시해야 한다. 괄호나 대시를 대신 사용할 수도 있지만, 쉼표가 가장 일반적으로 사용된다. 다음 예문에는 두 개의 삽입구가 있으며, 둘 다 밑줄로 표시했다.

The rest of us, still a bit annoyed, were now, at last, beginning to forgive him. 나머지 우리들은, 여전히 약간 짜증이 난 상태였지만, 이제 드디어 그를 용서하기 시작했다.

이 문장에서 가장 주요한 사실은 나머지 우리들이 그를 용서하기 시작했다는 것이다. 하지만 문장은 두 번 중단된다. 두 삽입구 때문이다. 첫 번째는 보충 형용사구(*still a bit annoyed*), 두 번째는 부가어 전치사구로(*at last*) 용서하기까지 꽤 오랜 시간이 걸렸음을 나타낸다. 두 삽입구 모두 주요 내용이 아닌, 보충 정보로 제시된다.

어떤 사람들은 뒤에 독립된 절이 오지 않는 한 접속사 앞에 쉼표를 절대 쓰지 말아야 한다고 생각하는 것 같다. 이런 생각은 마이크로소프트 워드의 문법 검사기에 분명 내재돼 있다. 하지만 이는 사실이 아니다. 그런 엄격한 규칙은 존재하지 않는다. 다음은 오스카 와일드의 희곡 〈진지함의 중요성〉에서 발췌한 문장이다.

And now I'll have a cup of tea, and one of those nice cucumber sandwiches you promised me. 이제 차 한 잔과 네가 약속한 맛있는 오이 샌드위치 하나를 먹을게.

오스카 와일드는 언제 쉼표를 써야 하는지 잘 알고 있었다. 반면에, 다음 문장의 *tea* 뒤에는 절대 쉼표를 붙이고 싶지 않을 것이다.

Tea and cucumber sandwiches will be served at 4 p.m. 오후 4시에 차와 오이 샌드위치가 제공된다.

대부분의 경우, 쉼표 사용에는 선택의 여지가 많다. 지금 내가 말한 문장의 영어 원문에서 쉼표를 찾아보자.

Most of the time, there's plenty of optionality about the use of commas. 대부분의

경우, 쉼표 사용에는 선택의 여지가 많다.

이번에는 같은 문장 앞에 삽입구를 추가한 경우를 보자.

Or to put that another way, most of the time there's plenty of optionality about the use of commas. 다시 말하자면, 대부분의 경우 쉼표 사용에는 선택의 여지가 많다.

이처럼 문장의 길이와 복잡성이 때때로 쉼표 사용에 영향을 미칠 수 있다. 다음 예문에서 첫 번째 문장에서는 *I decided* 앞에 쉼표가 필요하지 않지만, 두 번째 문장에서는 꼭 필요하다.

The following day I decided to confront him. 다음 날 나는 그에게 따지기로 결심했다. *After spending three whole days on the island without any explanation of what my role was supposed to be, I decided to confront him.* 내 역할이 무엇인지에 대한 아무런 설명도 없이 섬에서 3일을 보낸 후, 나는 그에게 따져 묻기로 결심했다.

주어와 동사 사이에는 쉼표를 넣지 말 것

쉼표를 넣어서는 안 되는 위치 중 하나는 평서문의 주어와 동사구 사이다. 18세기에는 상황이 달랐지만, 그로부터 100년 이상이 지난 지금은 긴 주어의 경우에도 주어와 동사 사이에는 쉼표를 사용하지 않는 것이 문장부호 규칙이 됐다. 다음 문장에는 아주 긴 주어가 있다(열한 단어).

The only metal always in liquid state at normal room temperature is mercury.

상온에서 항상 액체 상태를 유지하는 유일한 금속은 수은이다.

그러나 문장부호의 현대적 사용법에 따르면 뒤에 쉼표를 붙이는 것은 여전히 허용되지 않는다.

~~*The only metal always in liquid state at normal room temperature, is mercury.*~~

특정한 이유로 드물게 예외가 있을 수 있다. 다음은 〈이코노미스트〉에서 발췌한 문장인데, 나는 이 문장을 처음 읽었을 때 무슨 뜻인지 이해할 수가 없었다.

That what should have been fairly accessible, given both the price and the number of Popeyes locations across the country, was not only heightened its appeal.

이 문장이 문법적으로 어떻게 성립할 수 있는지 이해하기 위해 몇 초간 다시 읽으며 고민해야 했다. *not only*가 자연스럽게 어울리는 한 쌍이라서, *not only heightened its appeal*을 하나의 구로 해석하려 했지만, 그렇게 하니 도무지 무슨 뜻인지 알 수 없었다. 오랜 시간 당황하며 문맥을 신중히 다시 읽은 후에야 이 문장을 어떻게 이해해야 하는지를 깨달았다. 문장의 주어는 다음의 내용절이다.

*that what should have been fairly accessible was not*비교적 접근이 쉬워야 함에도

실제로는 그렇지 못하다는 점

*was not*이라는 구는 *was not accessible*, 즉 '접근할 수 없었다'라는 의미로 이해해야 한다. 그 뒤에 긴 삽입구가 이어지고 (*given both the price and the number of Popeyes locations across the country*가격과 전국에 있는 파파이스 매장 수를 고려할 때) 이를 지나 드디어 마지막으로 동사구가 나온다.

*only heightened its appeal*오히려 매력을 더 높였다

그래서 이 문장은 원래 쉽게 접근할 수 있어야 할 무언가가 접근할 수 없었고, 이런 접근성 부족이 대중에게는 오히려 그 매력을 더 높였다는 의미로 쓰였다. 분명 잘 쓴 글은 아니다. 긴 명사구 주어 끝에 쉼표를 추가했다면(보통은 그렇게 하는 것이 문법 오류지만) 의미가 훨씬 더 명확해졌을 것이다.

*That what should have been fairly accessible, given both the price and the number of Popeyes locations across the country, was not, only heightened its appeal.*가격과 전국에 있는 파파이스 매장 수를 생각할 때, 비교적 접근성이 좋아야 함에도 실제로는 그렇지 못하다는 점이 오히려 매력을 더 높였다.

하지만 이는 매우 이례적이고 예외적인 경우다. 쉼표를 추가한 결과도 여전히 훌륭하지는 않다. 차라리 전체 문장을 다시 생각하고 고쳐 써야 한다.

주어 명사구 뒤에 예외적으로 쉼표를 추가할 수 있는 또 다른 경우는 다음 문장의 *play it play it*처럼 이상해 보이는 반복이 있을 때다.

> ??*Let's have someone who really knows how to play it play it.*?? 정말로 연주할 줄 아는 사람이 그걸 연주하게 하자.

이 경우에도 명사구 뒤에 쉼표를 추가하면 문장의 의미가 좀 더 명확해진다.

> ??*Let's have someone who really knows how to play it, play it.*

이렇게 하거나, 아니면 문장을 완전히 다시 쓸 수도 있다. 여러분의 글이니, 결정은 여러분이 하면 된다. 그러나 그런 결정은 반드시 독자의 입장이 돼 작성한 내용을 소리 내어 읽어 본 후에 하길 바란다.

잘못 연결된 문장 혹은 쉼표로 이어 붙인 절

영어 글쓰기에서 매우 흔한 실수 중 하나는 '콤마 스플라이스 *comma splice*' 또는 '런온 센턴스 *run-on sentence*'라고 불리는 잘못 연결된 문장이다. 이는 두 개의 주절이 쉼표로 연결된 경우를 말하며, 거의 항상 문법적으로 맞지 않다.

> ~~*Several people suggested that the resolution should be withdrawn, yesterday*~~

the Executive Committee decided to do that. ~~몇몇 사람들이 그 결의안을 철회해야 한다고 제안했고, 집행위원회는 어제 그렇게 하기로 결정했다.~~

문장을 이렇게 연결하지 마라. 쉼표를 사용해 두 개의 주절을 연결했기 때문에 문법적으로 맞지 않다. 이를 수정하는 한 가지 방법은 쉼표를 마침표로 바꾸고, 그 뒤에 새로운 문장을 시작하는 것이다.

Several people suggested that the resolution should be withdrawn. Yesterday the Executive Committee decided to do that.

또 다른 방법은 쉼표 대신 **세미콜론**을 사용하는 것이므로, 다음으로 세미콜론에 대해 다루겠다.

세미콜론

세미콜론과 쉼표의 주요한 차이는 세미콜론이 문장에서 두 개의 주절을 구분할 수 있다는 점이다. 예를 들어, 다음과 같이 쓸 수 있다.

Several people suggested that the resolution should be withdrawn; yesterday the Executive Committee decided to do that.

세미콜론은 두 절 사이에 강한 주제 연결이 있을 때 가장 흔하게 사용된다. H. G. 웰스의 소설 《우주 전쟁》 초반부에 나오는 다음 예를 살펴보자.

I never dreamed of it then as I watched; no one on earth dreamed of that unerring missile. 나는 그때 그것을 상상조차 하지 못했다. 지구상의 그 누구도 그토록 정확한 미사일을 꿈꿔 본 적이 없었다.

이 문장들은 각각 독립적인 문장으로 제시될 수 있었지만, 세미콜론을 사용함으로써 서로 더 밀접하게 연결돼 내용의 유사성에 주목하게 한다. 두 문장 모두 **Dream**꿈꾸다이 주 동사며, 화성인이 지구로 올 수 있다는 상상을 그 어떤 인간도 하지 못했다는 점을 강조하기 위해 쓰였다.

세미콜론의 다른 중요한 용도는 마치 '상위 쉼표'처럼 쓰이는 것이다. 쉼표로 구분된 항목들에 또다시 쉼표가 포함될 경우 문장이 매우 혼란스러워질 수 있는데, 이때 주요 구분 기호를 쉼표에서 세미콜론으로 바꿔 해결할 수 있다.

Alma Maria Schindler was successively married to Gustav Mahler, the great Austro-Bohemian romantic composer; Walter Gropius, the German architect, founder of the Bauhaus school; and Franz Werfel, the Austro-Bohemian novelist, playwright, and poet. 알마 마리아 신들러는 순서대로 구스타프 말러, 위대한 오스트리아-보헤미안 낭만주의 작곡가; 발터 그로피우스, 독일의 건축가이자 바우하우스 학파의 창립자; 그리고 프란츠 베르펠, 오스트리아-보헤미안 소설가며 극작가

이자 시인과 결혼했다.

연속해서 나오는 배우자의 업적을 세미콜론으로 구분하지 않는다면, 이 문장은 구와 쉼표가 뒤섞여 매우 혼란스러울 것이다. 세미콜론은 알마의 세 남편 각각에 대한 진술로 문장을 깔끔하게 나누어 주며, 그 안에서 쉼표로 구분된 내용을 더 쉽게 이해할 수 있게 해 준다.

콜론

콜론은 독립절과 그 절이 기대하게 만드는 내용을 구분할 때 가장 일반적으로 사용된다. 특히 목록이나 인용된 발언을 덧붙일 때 자주 쓰인다.

> *The Benelux Union comprises three countries: Belgium, the Netherlands, and Luxembourg.* 베네룩스 연합은 세 국가로 구성된다. 벨기에, 네덜란드, 룩셈부르크.
>
> *As I drew nearer I heard Stent's voice: "Keep back! Keep back!"* 내가 가까이 다가가자, 스텐트의 목소리가 들렸다. "물러서! 물러서!"

〈뉴욕타임스〉의 편집자들이 따르는 아주 구체적인 규칙 중 하나는 콜론 뒤에 **독립절**(혼자서 문장이 될 수 있는 절)이 올 경우, 그 독립절을 대문자로 시작해야 한다는 것이다.

Remember one strict rule about rice: You should never re-heat cooked rice that has been left for several hours at room temperature. 밥에 관한 엄격한 규칙 한 가지를 기억하라. 상온에 몇 시간 동안 방치된 밥은 절대로 재가열해서는 안 된다.

이 규칙을 적용하려면 독립절과 다른 문장 구성요소를 구별할 수 있어야 한다. 일부 출판사들은 〈뉴욕타임스〉의 이 규칙을 채택하지만, 그렇지 않은 출판사도 있다. 영국의 출판사들은 일반적으로 이 규칙을 따르지 않는다. 나도 이 책에서 이 규칙을 따르지 않았으며, 이는 〈뉴욕타임스〉가 강요할 수 있는 문제가 아니다.

대시

대시는 문장에서 쉼표보다 더 극적인 보충 설명을 표시하는 데 주로 사용된다. 특히 독립절처럼 문장을 더 완전히 방해하는 추가 설명에 사용된다. 쉼표는 삽입구 양쪽 끝에서 잠시 멈추는 효과를 주는 문장 구성요소로 기능하지만, 다음 예문에서 대시 사이의 보충 설명은 단순히 문장의 구성요소가 아니다. 이는 전혀 예기치 않게 등장한 완전히 다른 문장이며, 마치 다른 목소리가 개입한 것처럼 보인다.

The Martians seem to have calculated their descent with amazing subtlety – their mathematical learning is evidently far in excess of ours – and to have

*carried out their preparations with a well-nigh perfect unanimity.*화성인들은 그들의 하강을 놀라운 섬세함으로 계산한 것 같다. 그들의 수학적 능력은 우리 것보다 훨씬 뛰어난 것이 분명하다. 그리고 그 계산에 거의 완벽히 들어맞는 상태로 준비 작업을 수행한 것 같다.

이 문장에서 대시를 쉼표로 바꾸면 문법적으로 틀리게 된다.

어떤 인쇄물에서는 양쪽에 공백이 있는 엔 대시$^{en\,dash}$(" – ")를 사용하고, 어떤 인쇄물에서는 공백 없이 약간 더 긴 엠 대시$^{em\,dash}$("—")를 사용한다. 따라서 출판사에 따라 다음 두 가지 형태 중 하나를 볼 수 있다.

*Few of them are religious – not that it matters.*그들 중 종교적인 사람은 거의 없는데, 그게 중요한 것은 아니다.

Few of them are religious—not that it matters.

괄호

둥근 괄호는 문장이나 단락의 주요 흐름에 삽입된 부가 설명이나 보충 설명을 표시하는 데 사용된다.

*Miss Swift (who, incidentally, is not related to Taylor Swift) was not very pleased to learn what had happened.*스위프트 양은(사실 테일러 스위프트와는 관련이 없다) 일어난 일을 알게 돼 그다지 기쁘지 않았다.

그런데 문장에서 마지막 구두점의 위치는 중요할 수 있다. 사람들이 라스베이거스에서 어떻게 행동하는지에 관한 어느 광고 문구를 인용하자면 **"괄호 안에서 시작한 것은 괄호 안에서 끝나야 한다"**. 다시 말해, 왼쪽 괄호 뒤에서 대문자로 문장을 시작했다면, 오른쪽 괄호 앞에서 그 문장을 끝내야 하며, 괄호 바깥에서 문장을 시작했다면, 문장을 끝내는 구두점도 괄호 바깥에 있어야 한다. 다음 두 예문에서 마침표의 위치에 주목하라.

Miss Swift was not very pleased to learn what had happened (and incidentally, she is not related to Taylor Swift). 스위프트 양은 일어난 일을 알게 돼 그다지 기쁘지 않았다(사실 그녀는 테일러 스위프트와는 관련이 없다).

Miss Swift was not very pleased to learn what had happened. (Incidentally, she is not related to Taylor Swift.) 스위프트 양은 일어난 일을 알게 돼 그다지 기쁘지 않았다. (사실 그녀는 테일러 스위프트와는 관련이 없다.)

대괄호

드물게, 더 큰 괄호 안에 다시 괄호를 넣어야 하는 경우가 있는데, 이럴 때는 내부 괄호를 대괄호로 표시할 수 있다. 그러나 대괄호의 주된 용도는 글쓴이가 인용문 안에서 어떤 내용을 명확히 하는 것이다. 대표적인 예로는 직접 인용문에 라틴어 단어 sic('이와 같이'라는 뜻)을 삽입하는 경우가 있다. 이는 앞의 단어가 특이하거나 잘못됐을 수 있지만, '원본 그대로'라는 점을 강조한다.

Seemingly heedless of the role of women in the modern army, the general announced: "I am sure that every soldier will do his [sic] duty." 현대의 군대에서 여성의 역할에 무관심한 듯 보이는 장군이 다음과 같이 말했다. "나는 모든 병사가 그의 [원문 그대로 씀] 의무를 다할 것이라고 확신한다."

따옴표

인용된 발언이나 글을 표시할 때, 큰따옴표를 쓸지 작은따옴표를 쓸지는 보통 출판사나 편집자의 결정에 달려 있다. 선호하는 따옴표를 인용문에 사용하고, 그 인용문 안에 또 다른 인용문이 있으면 다른 형태의 따옴표를 사용할 수 있다. 따옴표는 문장이 아닌 특정 단어를 인용할 때도 사용된다. 다음 예시는 큰따옴표로 표시된 인용문 안에 작은따옴표로 된 단어가 포함된 경우를 보여 준다.

Mary McCarthy was sued for saying about Lillian Hellman: "Every word she writes is a lie, including 'and' and 'the'." 메리 매카시는 릴리언 헬먼에 대한 다음 발언 때문에 소송을 당했다. "그녀가 쓴 단어는 '그리고'와 '정관사 the'까지 포함해 모두 다 거짓이다."

나는 메리 매카시의 발언을 끝내는 마침표를 큰따옴표 안, 정관사 *the*를 둘러싸고 있는 작은따옴표 밖에 두었다. 그러나 마침표와 쉼표가 따옴표 안과 밖 중 어디에 위치해야 하는지에 관해서는 미국 출판사와 영국 출판사 간에 잘 알려진 규칙의 차이가 있다.

미국 출판사들은 논리적으로 그 위치가 맞지 않더라도 인용문 뒤의 마침표나 쉼표를 거의 항상 따옴표 안으로 밀어 넣기를 요구한다. 반면 영국 출판사들은 종종 작은따옴표를 선호하며, 쉼표를 따옴표 밖에 두는 경우가 많다. 따라서 영국의 책이나 신문에서는 *I called him 'sir', obviously*당연히 '선생님'이라고 불렀다 같은 문장부호의 위치를 볼 수 있는 반면, 미국 출판사는 *I called him "sir," obviously*를 선호할 수 있다.

언어학자인 나는 단어와 구를 따옴표 안에서 자주 언급해야 하므로 영국식 논리가 더 마음에 든다. 하지만 출판사의 편집자와 이 문제로 논쟁하려고 하지 말아라. 좋은 결과를 기대하기 어렵다. 출판사들은 이 점에 대해 완고하며, 심지어 무례하고 불쾌하게 행동하는 경우도 있다.

대문자 사용

단어의 첫 글자에 대문자를 쓰는 것은 일종의 문장부호 역할을 하는 측면이 있다. 영어에서는 문장의 첫 글자를 대문자로 시작하는 것이 필수기 때문에, 대문자는 (인용문을 포함한) 문장의 시작을 나타낼 수 있으며, 이는 마침표가 문장의 끝을 나타내는 것과 비슷하다. 물론 고유명사도 대문자로 시작해야 하므로, 대문자가 다른 이유로 대문자일 때는 새로운 문장을 나타내지 않는다.

동일한 단어를 사용하는 두 개의 문장이라도 절이 문장의 일부인지 여부에 따라 대문자 사용이 달라질 수 있다. 다음 예문에서 문법적인 문장과 비문법적인 문장의 차이에 주목해 보자.

Night is falling; it will soon be dark. 밤이 저물고 있다, 곧 어두워질 것이다.

~~*Night is falling. it will soon be dark.*~~

~~*Night is falling; It will soon be dark.*~~

"Night is falling," said Wilson; "It will soon be dark." 윌슨이 말했다. "밤이 저물고 있다, 곧 어두워질 것이다."

18장.
스타일

Style

비격식과 격식 사이의
중간 정도를 알아 두자.

스타일은 문법보다 훨씬 더 미묘한 문제다. 이 책은 문법에 관한 책이므로, 여기에서는 둘 사이의 차이점을 강조하는 정도로만 다룰 예정이다. 문법에서는 질문에 대한 답이 거의 항상 하나다. *The party's over*파티는 끝났다는 문법적으로 맞지만 *Party's the over*는 맞지 않다. 그게 전부다. 논의의 여지가 없다. 하지만 스타일에는 거의 항상 다양한 표현 방식을 선택할 수 있는 여지가 있다. 스타일이 적절하지 않아서 글이 보기 흉하거나 어리석거나 투박하거나 서툴게 보일 수 있지만, 엄밀히 말해 문법 오류가 있는 것은 아니다.

궁극적으로 여러분은 자기만의 스타일로 글을 쓰고 싶을 것이다. 글쓰기에 숙련되면 다른 사람들이 선택한 스타일에 대한 조언은 큰 도움이 되지 않을 것이다. 하지만 다양한 스타일의 예를 살펴보고 비교하는 것은 교육적인 가치가 크다.

스테이크가 너무 차갑거나 덜 익었거나, 혹은 너무 바짝 타 버렸을 때 먹기 힘든 것처럼, 특정 글의 스타일도 의도한 목적, 독자, 혹은 주제에 맞지 않으면 부적절할 수 있다. 너무 캐주얼하면 조잡하게 들릴 수 있고, 너무 격식을 차리면 거만하게 들릴 수 있다. 두 극단 모두 대부분의 경우 바람직하지 않다. 그래서 다양한 글에 적절하게 맞아 사람들이 특별히 의식하지 않을 정도의 넓은 중간 지대를 알아야 한다. 일반적으로 여러분이 원하는 것은 이런 스타일이다. 글쓰기 스타일 자체로 이목을 끌 필요는 없다.

다음은 격식의 단계가 점차 높아지는 다섯 가지 예문이다.

Where you're from ain't gonna make no nevermind. 어디 출신이냐는 1도 상관없어.

이 표현은 지나치게 비격식적이며, 대화체로 번역했을 때만 적합하다. *ain't*는 전형적인 비표준 표현이다.

Couldn't care less where you're from. 어디 출신이든 전혀 신경 안 써.

이 표현은 상당히 캐주얼하며, 주절의 주어가 생략돼 있다.

It doesn't matter a bit where you come from. 네가 어디 출신이든 전혀 중요하지 않아.

이 표현은 중간 정도의 일반적인 스타일로, 확연히 격식적이지도 지나치게 캐주얼하지도 않다.

It does not matter at all where you come from. 당신이 어디 출신인지는 전혀 상관없다.

이 표현은 명백히 격식적이며, *does not*의 사용이 두드러지지만, 여전히 문장 끝에 전치사가 있다.

It is of scant importance what your geographic origin may be. 당신의 지리적 출신이 어디인지의 중요성이 거의 없다.

지나치게 격식적이며 특정 상황에서만 적합하다. 오만하게 들릴 수 있다.

이 스펙트럼에서 양 끝은 받아들이기 어려운 극단적인 표현이다. 이런 스타일 차이에 익숙해지는 방법은 다양한 종류의 글을 많이 읽고, 각각의 글에서 문장이 어떻게 표현되는지 주의를 기울이는 것이다. 사람들의 문자메시지, 개인 이메일, 비즈니스 이메일, 탐정소설, 진지한 논픽션을 읽고 서로 비교해 보라.

여기 두 개의 예시 단락이 있다. 하나는 분명히 격식적인 (어쩌면 너무 격식적인) 문체로 작성된 단락이고, 다른 하나는 거의 같은 내용을 담고 있지만 좀 더 일반적인 글쓰기 방식에 가까운 (어쩌면 너무 캐주얼한) 단락이다.

너무 격식적인 문체

This paragraph is intentionally cast in an unusually formal style, the tone of which might be judged inappropriate for correspondence intended for anyone with whom one is personally acquainted.이 문단은 의도적으로 지나치게 격식을 갖추어 작성했는데, 그 어조는 개인적으로 아는 사람에게 보내는 서신에는 부적절하다고 판단될 수 있다. Highly formal style can be somewhat alienating for the reader, conveying a sense of social distance or even pomposity rather than of directness and clarity.지나치게 격식을 차린 스타일은 독자에게 다소 소외감을 줄 수 있으며, 직접성과 명확성보다는 사회적 거리감이나 심지어 거만한 인상을 줄 수 있다. It would thus constitute a grievous error to equate formal style with grammatical correctness, as is sometimes done by misguided teachers and less perceptive style and usage guides.따라서 잘못 가르치는 교사나 통찰력이 부족한 스타일 가이드북이 때때로 그러하듯이, 격식적인 스타일을 문법적 정확성과 동일시하는 것은 심각한 오류를 초래할 수 있다. Instruction of that kind would risk inculcating in schoolchildren a perception of their educational institution as culturally alien.

이런 유의 교육은 학생들에게 교육기관이 문화적으로 이질적이라는 인식을 심어 줄 위험이 있다. **The range of distinct style options in Standard English constitutes a resource in the use of which a skilled writer should be well versed.** 표준 영어에서 쓰이는 다양한 스타일의 범위는 숙련된 작가라면 알고 있어야 할 자원이며, 이를 적절히 활용하는 것이 중요하다. **To imagine that only the most formal style is correct would be to misvalue and squander that resource.** 가장 공식적인 스타일만이 옳다고 생각한다면, 그 자원을 잘못 평가하고 낭비하게 된다.

너무 캐주얼한 문체

I've written this bit in totally informal style. 이 글은 완전히 캐주얼한 스타일로 작성됐다. **Too informal, you might say.** 너무 격식 없다고 생각할 수도 있다. **But informality isn't the same as error.** 그렇다고 해서 틀린 것은 아니다. **Just because some feature (like using "I'm" or "isn't") is informal style doesn't mean it's not good Standard English.** 어떤 표현이(예를 들어 "I'm"이나 "isn't") 캐주얼한 스타일이라고 해서, 그것이 표준 영어로 맞지 않다는 뜻은 아니다. **Lots of wasted time and effort in English teaching goes into trying to get schoolkids to write more formally by telling them that everyday words or phrases are "wrong" or "not proper English."** 영어 교육에서 너무 많은 시간과 노력이 학생들에게 일상적인 단어나 구를 "틀린 것" "맞지 않은 영어"라고 하며 더 격식 있게 쓰라고 강요하느라 버려지고 있다. **Overstatements like that just make kids think school is dumb.** 이런 지나친 발언은 학생들이 학교에 대해 멍청하다고 생각하게 만든다. **Teaching formal ways**

of writing that don't occur so much in ordinary talk is all very well, but that doesn't make it right to tell lies about English, like that there's no such word as "can't," or that "Who else did you talk to?" is a grammar mistake. 일상 대화에 잘 없는 격식적인 글쓰기를 가르치는 것도 좋지만, "can't"라는 단어가 없다거나 "Who else did you talk to?"라는 문장이 문법적으로 틀렸다고 거짓말하는 것은 옳지 않다. **The range of different style choices available in English gives you a nice box of writer's tools.** 영어로 사용할 수 있는 다양한 스타일 선택의 범위는 글을 쓰는 사람에게 유용한 도구 상자가 된다. **If you think only formal style is "correct," you're throwing half of that toolbox away.** 만약 형식적인 스타일만이 '올바르다'라고 생각한다면, 그 도구 상자의 절반을 버리는 셈이다. **If you want your writing to feel natural, there's more than one Standard English style to be aware of.** 자신의 글이 자연스럽게 느껴지길 바란다면, 표준 영어 스타일이 하나만 있는 건 아니라는 걸 알아야 한다.

스타일의 적절함은 맥락에 따라 달라지지만, 거의 모든 사람이 좋아하지 않을 것 같은 몇 가지 일반적인 특성이 있다. 그중 하나는 장황함, 즉 불필요하게 길고 복잡한 표현이다. 사람들은 장황한 글에 부정적으로 반응하는 경향이 있다. 어떤 내용을 훨씬 적은 단어로 표현할 수 있다면, 거의 항상 그렇게 하는 것이 좋다. 아무도 군더더기나 쓸데없는 말이 많은 글을 좋아하지 않으며, 거의 모든 글쓰기 지침서가 이를 경계하라고 경고한다. 여기 본질적으로 동일한 내용을 담고 있는 장황한 문장, 중간 정도의 문장, 간결한 문장의 네 가지 예시가 있다.

One should ideally aim at achieving a close approach to employing minimal quantities of unnecessary verbiage. 불필요한 장황한 표현을 최소화하는 방향으로 접근하는 것을 목표로 삼아야 한다. ☞ 장황한 문장

Attempt to get rid of words that are not really needed. 정말 필요하지 않은 단어들을 없애도록 노력하라. ☞ 중간 문장

Omit needless words. 불필요한 단어를 빼라. ☞ 간결한 문장

On and on the little yappy dog kept barking, yap yap yap yap yap. 컹컹대는 그 작은 개는 계속해서 짖어 댔다, 컹 컹 컹 컹 컹. ☞ 장황한 문장

The little dog carried on yapping. 작은 개가 계속 짖어 댔다. ☞ 중간 문장

The dog yapped on. 개가 계속 짖었다. ☞ 간결한 문장

In the background behind him, a large array of all sorts of different scientific instruments was clearly visible. 그의 뒤 배경으로 온갖 종류의 다양한 과학 기구들이 뚜렷이 보였다. ☞ 장황한 문장

Behind him was a large assortment of scientific equipment. 그의 뒤에는 다양한 종류의 과학 장비가 있었다. ☞ 중간 문장

Behind him was some equipment. 그의 뒤에 장비가 있었다. ☞ 간결한 문장

Cerium is a chemical element that has the symbol Ce and has the atomic number 58. It is a soft, ductile, silvery-white metallic element that tarnishes slowly when it is exposed to air. It is so soft that you can actually cut it with an

ordinary knife. 세륨은 기호 Ce와 원자 번호 58을 갖는 화학 원소다. 부드럽고 연성이 있는 은백색 금속 원소로 공기에 노출되면 천천히 변색되며, 일반 칼로 충분히 자를 수 있을 정도로 부드럽다.
☛ 장황한 문장

Cerium is a soft, ductile, silvery-white metallic element with symbol Ce and atomic number 58. It tarnishes when exposed to air and is soft enough that it can be cut with a knife. 세륨은 부드럽고 연성이 있는 은백색 금속 원소로 기호는 Ce이고 원자 번호는 58이다. 공기에 노출되면 변색되고 칼로 자를 수 있을 만큼 부드럽다.
☛ 중간 문장

Cerium (Ce, atomic number 58), a soft, ductile, silvery metal that tarnishes in air, is soft enough to cut with a knife. 세륨(Ce, 원자 번호 58)은 공기 중에서 변색되는 부드럽고 연성이 있는 은빛 금속으로 칼로 자를 수 있을 만큼 부드럽다.
☛ 간결한 문장

장황한 표현과 간결한 표현 중 무엇을 선택할지는 맥락과 목적에 따라 달라지겠지만, 중간 길이나 간결한 문장이 더 나을 때가 많다. 중요한 점은 독자의 시간을 낭비하거나 독자를 피곤하게 해서는 안 된다는 것이다. 대학 과제물이나 학기 말 리포트처럼 최소한의 길이 제한이 있는 경우 특히 주의해야 한다. 만약 최소한의 요구 조건을 맞추기 위해 불필요한 단어와 구절로 내용을 늘리려 한다면, 글을 읽는 교사는 그 사실을 금방 알아차리고 좋지 않게 여길 것이다. 글의 길이를 늘리고 싶다면 더 충실한 내용을 담아야 한다. 빈약한 내용을 억지로 늘리기 위해 불필요한 단어와 구절을 덧붙이면 그 어떤 칭찬도 받지 못한다!

다른 출판물, 특히 문학작품을 스타일의 지침으로 삼을 때는 신중해야 한다. 찰스 디킨스는 장황하고 유머러스할 정도로 과장된 문장을 쓴 것으로 유명하며(그는 연재물 단어 수에 따라 돈을 받았다) 사람들은 그를 사랑했다. 그러나 영어의 평균 문장 길이는 지난 수백 년 동안 계속 줄어들었으며, 엄청나게 긴 문장을 좋아할 독자는 거의 없을 것이다. 예를 들어 리 차일드는 〈잭 리처 시리즈〉에서 "리처는 아무 말도 하지 않았다$^{Reacher\ said\ nothing}$" 같은 매우 짧은 문장을 자주 사용하는데, 이 시리즈는 현재까지 1억 부 이상 팔렸다(〈잭 리처 시리즈〉가 전 세계 어딘가에서 약 10초마다 한 권씩 팔린다고 들었다).

어떤 작가라도 관련 분야의 다양한 글을(소설, 신문 칼럼, 비즈니스 메모, 학술 논문 등 해당 장르에 맞는 글) 폭넓게 읽고, 각 문장이 어떤 느낌을 줄지에 대해 의도적인 결정을 내려야 한다. 때로는 풍부하고 긴 문장을 쓰고 싶을 수도 있지만, 리 차일드처럼 짧게 쓰는 것이 훨씬 나을 때도 있다. 혹은 문장 스타일을 섞어 쓸 수도 있다. 이는 여러분의 선택이다. 그게 누구든, 다른 사람이 자기의 방식을 강요하도록 두지 마라.

떠돌이 수식어

'떠돌이 수식어$^{dangling\ modifier}$' 또는 '떠돌이 분사$^{dangling\ participle}$'라고 불리는 꽤 미묘한 글쓰기 실수는 엄밀히 말해 문법 오류라기보다는 '공감 실패'에 가깝다. 그러나 매우 흥미로운 개념인 만큼 여기서 다루지 않을 수 없다. 어떤 느낌인지 이해하기 위해 다음의 예문을 읽어 보자.

> *Being six feet tall, there was nothing that could be done.* 키가 6피트라서 할 수 있는 일이 없었다.

이 문장은 무언가 이상하고 구조가 불완전해 혼란스러운 느낌을 준다. 독자는 이 문장을 읽고 '누가 6피트였던 거지?'라고 생각하게 된다.

좀 더 자세히 살펴보자. 주어가 없는 서술 부가어가 문장의 첫머리에 있을 때, 독자는(또는 청중은) 이 부가어가 누구를 지칭하는지 파악해야 한다. '키가 6피트인'이라는 속성이 언급되고 있지만, 그 속성이 누구에게 적용되는지 알아내야 한다. 하지만 위의 예문에서는 언급된 사람이 없어서 혼란스러워진다. '키가 6피트인'이라는 주어 없는 절이 공중에 떠서 의미를 전달하지 못하고 있다. 이제 다음 문장과 비교해 보자.

> *Being six feet tall, Justin could easily reach the box.* 키가 6피트인 저스틴은 상자를 쉽게 잡을 수 있었다.

이제 앞의 절이 완벽해졌다. 주절의 주어는 저스틴이고, 저스틴의 키가 6피트라는 생각과 충돌하는 것이 없으므로 우리는 이 가정을 즉시 받아들인다. 문장에도 아무런 문제가 없다. 이제 또 다른 예를 비교해 보자. 다음 문장을 살펴보자.

*Being six feet tall, the box was easy for Justin to reach.*키가 6피트여서, 상자는 저스틴이 쉽게 잡을 수 있었다.

이제 다시 이상해졌다. 그러나 아마 첫 번째 예문만큼 이상하지는 않을 것이다. 이번에는 앞에서 사용한 전략, 즉 주절의 주어를 찾아보고 그것이 주어로 적절한지 확인하는 테스트를 통과하지 않는다. 잠깐 이 문장이 6피트, 약 183센티미터나 되는 상자에 대한 이야기라고 생각할 수 있다. 하지만 빠르게 그럴 리가 없다는 결론에 도달하고, 6피트에 더 적절한 대상을 찾으려 한다. 그 대상은 바로 저스틴이다. 하지만 여전히 잠재적으로 혼란스러운 느낌이 남아 있다. 문장을 이해하려고 애쓰던 중 잘못된 방향으로 나아가고 있다는 느낌이 든다. 문제는 '키가 6피트여서'란 구가 주어 없이 떠 있는 것이 아니라, 그와 정반대로 잘못된 주어와 연결돼 있다는 것이다. 이 연결을 되돌리고 상황을 다시 생각해야 한다.

평소에 글을 주의 깊게 살펴봐라. 특히 준비된 연설문을 들을 때 귀를 기울이면 바로 앞의 예문과 같은 문장이 매우 흔하게 나타난다는 사실을 알게 될 것이다. 다음 문장은 교통 정지 신호에서 멈춘 후 경찰에게 심하게 구타당한 브랜든 캘러웨이[Brandon Calloway]에 대한 뉴스 보도 중 하나다.

*On July 16, while driving to his father's home, police in Oakland, Tennessee, beat Calloway after stopping him for a minor traffic violation and pursuit.*7월 16일, 테네시주 오클랜드에서 경찰이 아버지의 집으로 차를 몰고 가던 캘러웨이를 경

미한 교통 법규 위반 및 추격을 이유로 제지한 후 구타했다.

여기서 *while driving to his father's home*아버지의 집으로 차를 몰고 가던은 부가절로, 이 절에는 주어가 없다. 주절의 주어는 *police in Oakland, Tennessee*테네시주 오클랜드 경찰이다. 하지만 아버지 집으로 차를 몰고 간 사람은 경찰이 아니었다! 이 문장을 읽으면서 여러분은 적절한 명사구를 찾기 위해 앞뒤를 훑다가 마침내 절의 주어가 *Calloway*라는 결론에 도달하기까지 적지 않은 혼란을 느낄 것이다.

때로는 시제와 주어가 없는 부가절에서 주어를 화자나 작가라고 쉽게 짐작할 수 있는 경우도 있다. 어떤 저자는 다음과 같은 문장을 썼다.

Reading as an outsider, these parents seem to have collectively lost their minds.
외부인의 시각에서 볼 때, 이 부모들은 집단으로 정신이 나간 것 같다.

이 문장은 문맥상 '내가 봤을 때, 이 부모들은 집단적으로 정신이 나간 것 같다'라는 의미로 쉽게 짐작할 수 있다. 또한 내용상 저자가 자신을 명확하게 드러내지 않은 이유를 충분히 이해할 만하다.

하지만 이와 달리 변명할 여지가 없는 경우도 있다. 영국 신문 〈데일리 미러〉는 폭력적인 남자친구 체이 보스킬Chay Bowskill에게 납치된 젊은 여성 앤젤 린Angel Lynn에 대해 이렇게 보도했다.

The 20-year-old was filmed carrying Angel across a busy street and throwing her into the back of a van, but on speeding off at 60mph she fell from the vehicle. 스무 살의 그가 번잡한 거리를 가로질러 와서는 앤젤을 들어올려 밴의 뒤쪽에 던지는 장면이 촬영됐지만, 시속 60마일로 질주하던 중 그녀는 차에서 떨어졌다.

처음에 *speeding off at 60mph she fell from the vehicle* 시속 60마일로 질주하던 중 그녀는 차에서 떨어졌다를 읽었을 때, 순간적으로 *she* 가 주어 없는 부가절의 주어로 보일 수 있다. 하지만 속도를 낸 것은 앤젤이 아니라 보스킬이었다. 앤젤은 단지 보스킬이 자신을 납치해 실었던 밴에서 떨어진 것뿐이다.

이와 같은 방식으로 잘못된 문장은 놀라울 정도로 흔하다. 이런 오류는 단순한 문법 실수라고 보기에는 너무 자주 발생한다. 나에게는 이런 문장이 독자가 오해할 수 있는 가능성을 고려하지 않은 무례함으로 보인다. 그러니 자신이 쓴 글을 다시 읽고, 작성한 모든 문장이 이해하기 쉬운지 자문해 보라. 그리고 읽고 자문하는 일련의 행동을 습관으로 만들어라.

권장 도서 목록

영어 문법과 용법, 스타일에 관한 책은 수천 권에 달하며, 학술 논문은 수만 편에 이른다. 그러니 이 모든 것을 소개하는 일은 시작조차 불가능하다. 나에게 영향을 준 책들만 언급해도 지면이 부족할 것이다. 그래서 여기에는 이 주제에 관심이 있는 이들을 위해 몇 권의 책을 간략히 추천하고, 내가 피하길 권하는 책들에 대한 솔직한 의견을 덧붙였다. 일반적인 참고문헌 작성 규칙은 따르지 않겠다(케임브리지대학교 출판사가 케임브리지에 있다는 식의 세세한 정보는 생략하겠다). 대신 웹 검색 도구를 이용해 내가 언급하는 책들을 쉽게 찾을 수 있을 정도로 충분히 정보를 제공하겠다.

문법 권장 도서

본 책의 현대적 영문법 접근법을 더 깊이 탐구하고 싶다면, 로드니 허들스턴Rodney Huddleston, 제프리 풀럼Geoffrey K. Pullum, 브렛 레이놀즈Brett Reynolds가 쓴 《학생을 위한 영문법 입문A Student's Introduction to English Grammar》(2판, Cambridge University Press, 2022)을 추천한다. 이 책은 400페이지 분량의 학부 수준 교재로, 본 책과 이론적 전제는 완전히 일치하면서도 훨씬 더 자세한 내용을 다루고 있다. 초급 수준은 아니지만, 본 책을 읽었다면 여러분도 이제 영문법 초보자는 아닐 것이다.

이 교재의 토대가 되는 더욱 방대한 고급 문법서로는 《케임브리지 영문법The Cambridge Grammar of the English Language》(로드니 허들스턴,

제프리 풀럼 외, Cambridge University Press, 2002)을 꼽을 수 있다. 나는 이 책을 "CGEL"이라고 불러 왔다. 이 책은 1,800페이지가 넘는 방대한 학술 참고서다. 언어학 학위가 없어도 읽을 수는 있지만, 본 책보다 더 기술적이고 전문적인 개념과 용어를 사용하며 포괄적이고 심층적인 내용을 담고 있다. 이는 학생이나 일반 독자가 아닌 문법학자와 강의 교수를 위한 책이다. 참조용으로 설계됐기 때문에, 주제 색인 외에도 특정 단어의 문법적 속성을 논의하는 페이지를 찾는 데 도움 되는 어휘 색인이 포함돼 있다.

지난 400년 동안 출간된 수천 권의 문법책 중 대부분은 내가 앞서 경고했던 종류의 책들이다. 상당수는 서로를 무분별하게 표절하며 잘못된 믿음, 모호한 설명, 쓸모없는 정의를 반복한다. 알면 좋은 책들도 있지만, 대부분 그렇지 않다. 안타깝게도, 최고의 문법서들은 100년이 넘은 것들이며, 이 점이 문제다. 언어 변화는 느리지만, 한 세기는 문법에 변화를 일으키기엔 충분한 시간이다. 영어의 역사에 관심이 있다면 앤 피셔^{Ann Fisher}(《실용적인 새 영문법^{A Practical New Grammar}》, 1750), 로버트 로스^{Robert Lowth}(《영문법 입문^{A Short Introduction to English Grammar}》, 1762), 린들리 머레이^{Lindley Murray}(《학습자 수준에 맞춘 영문법^{English Grammar Adapted to the Different Classes of Learners}》, 1795), 굴드 브라운^{Goold Brown}(《영문법의 문법^{The Grammar of English Grammars}》, 1851), 헨리 스윗^{Henry Sweet}(《새 영문법^{A New English Grammar}》, 총 2권, 1892~1898), 오토 예스페르센^{Otto Jespersen}(《현대 영문법^{A Modern English Grammar}》, 총 7권, 1909~1949) 등의 고전 문헌을 널리 읽고 그들이 정확히 어떤 내용을 다루고 있는지 살펴보는 것이 좋다. 그러나 언급된 책들의 용어와 전

제가 본 책과 일치할 거라는 기대는 하지 마라. 허들스턴과 나는 2000년대 이전 문헌에 등장하는 많은 문법적 가정과 용어에 대해, 왜 그리고 어떻게 작별을 고할지 오랫동안 고민해 왔다.

용법 권장 도서

논란이 되는 영어의 용법과 정확한 사용에 관한 가장 훌륭한 참고서로는 와드 길맨^{E. Ward Gilman} 등이 편집한 《메리엄 웹스터 영어 용법 사전^{Merriam-Webster's Dictionary of English Usage}》이 있다(종종 MWDEU라고 불린다, Merriam-Webster, Springfield, Conn., 1989). 2002년에는 더 간결하게 편집된 《메리엄 웹스터 영어 용법 사전 축약판^{Merriam-Webster's Concise Dictionary of English Usage}》이 출간됐다. 이 사전은 놀랍도록 중립적이며, 영어를 어떻게 써야 하는지를 거의 지시하지 않는다. 규칙을 어기는 것을 나쁘다고 평가하지도 않는다. 이 책의 목표는 실제로 영어가 문학과 언론에서 어떻게 사용되고 있는지를 알려 주는 것이며, 방대한 역사와 예시가 포함돼 있다. 본 책 16장에서 다룬 용법 문제는 그저 간략한 샘플에 불과하지만, 내가 다루지 않은 논란의 여지가 있는 문법 문제에 대해 더 깊이 알고 싶다면 《메리엄 웹스터 영어 용법 사전 축약판》을 참고하면 된다. 이 사전은 내가 다룬 내용보다 천배나 더 많은 정보를 담고 있다. 이 사전에 익숙해지면 알파벳 순서로 배열된 항목을 통해 원하는 내용을 빠르게 찾을 수 있을 것이다(예를 들어, 좌초된 전치사와 관련된 내용을 확인하려면 *Preposition* *at end*끝에 나오는 전치사에서 찾아보는 식이다). 또한 본 책에서 언급한 18세기 및 19세기 문법학자들의 작업 역시 이 사전의 참고문헌을 통해 쉽게 추적할 수 있다.

브라이언 가너^{Bryan A. Garner}가 쓴《가너의 현대 영어 용법^{Garner's Modern English Usage}》은 미국영어 용법에 관한 가장 완벽한 가이드다 (5판, Oxford University Press, New York, 2022). 이 책은 탁월한 참고서로, 범위가 넓고 매우 상세하다.《메리엄 웹스터 영어 용법 사전 축약판》보다 훨씬 더 보수적이고 지시적이며, 흔히 접하는 단어와 구 또는 구문에 대해 확고한 조언을 제공한다. 그럼에도 이 책의 권장 사항은 대체로 매우 합리적이다. 왜냐하면 개인적인 의견이나 편견이 아니라, 자세한 증거 조사를 바탕으로 권고하기 때문이다(이런 일이 얼마나 드문지!). 가너가 어떤 단어나 문법 패턴을 사용하지 말라고 조언할 때 그 조언은 온라인 검색이나 조사 결과를 검토한 후 내린 결론이다. 문법에 관해서 가너는 19세기 전통을 따르고, 내가 본 책에 도입한 현대적인 분석과 용어는 사용하지 않았기에, 내가 명시적으로 거부한 용어들이 나올 수 있다. 그러나 이는 시중에 출간된 거의 모든 책에서도 마찬가지며, 가너의 책이 진지하게 영어로 글을 쓰는 이들에게 필수적인 참고서라는 사실에는 변함이 없다.

많은 사람들이 헨리 파울러^{H.W. Fowler}의《현대 영문법 사전^{A Dictionary of Modern English Usage}》이 최고의 책이라고 말하겠지만, 이는 상당히 잘못된 판단이다. 파울러는 분명 흥미로운 학자였으나, 제1차 세계대전 무렵에 자기 생각을 정리했고, 1926년에 초판을 출간했다. 거의 한 세기가 지난 시점이므로 너무 오래됐다.《메리엄 웹스터 영어 용법 사전 축약판》과《가너의 현대 영어 용법》을 신뢰하는 것이 더 바람직하다.

스타일 권장 도서

현대 영어 스타일과 그 언어적, 심리적 뿌리에 대한 가장 지적인 연구 중 하나는 스티븐 핑커Steven Pinker의 《글쓰기의 감각The Sense of Style》일 것이다(Allen Lane, London, 2014). 핑커는 훌륭한 언어학자이자 작가며, 이 책의 가정은 본 책의 가정과(《케임브리지 영문법》의 가정이기도 한) 대체로 일치한다. 그는 왜 특정 유형의 문장이 다른 유형보다 더 나은 스타일인지를 과학적으로 설명해 준다. 205페이지에는 내가 '오류'라고 부를 만한, 특정 항목이 잘못된 범주에 포함된 명백한 사례가 있다(이 오류를 찾는 일은 독자 여러분에게 흥미로운 과제로 남겨 두겠다!). 하지만 전반적으로 이 책은 훌륭하며, 영어의 작동 방식에 관심 있는 사람이라면 누구나 읽어 볼 가치가 있다.

조셉 윌리엄스Joseph Williams의 《스타일 레슨Style》도 읽어 볼 만하다. 이 책은 윌리엄스가 처음 집필한 이후 여러 차례 개정됐고 출간일, 공동 저자, 출판사가 다양한 여러 판본이 존재한다. 일부 판본은 제목이 약간 수정되기도 했다. 이처럼 복잡한 판본 목록에서 특정 판본을 추천하지는 않겠지만, 윌리엄스가 언어에 대해 합리적인 접근을 하는 작가며, 그의 책이 읽을 가치가 있다는 점은 분명하다.

또 다른 책은 벤 야고다^Ben Yagoda의 《페이지 위의 소리^The Sound on the Page》다(HarperCollins, New York, 2005). 이 책에서 야고다는 40명이 넘는 작가들과의 인터뷰를 통해 그들의 글쓰기 스타일에 대해 논한다.

앞의 책들이 문법 자원을 활용해 메시지를 전달하는 문학적 의미의 스타일을 다루는 반면, 문장부호, 글꼴 선택, 인용 방식 등과 같은 원고 준비의 실용적인 측면을 다룬 책으로는 《시카고 스타일 가이드^The Chicago Manual of Style》가 가장 적합하다(University of Chicago Press). 이 책은 2024년 8월에 18판이 출간됐으며, 스타일에 관한 그 어떤 책보다 권위 있다. 존경받아 마땅한 책이다.

비추천 도서

이제 독자 여러분과 나 사이에서, 그리고 이 책의 공간 안에서만 나눌 수 있는 이야기를 해 보겠다. 내가 앞으로 할 말은 많은 사람을 불편하게 할 수 있지만, 나에게는 여러분에게 진실을 전할 의무가 있다. 많은 이들로부터 사랑받는 유명한 글쓰기 책 일부는 문법과 용법에 관해 심각하게 잘못된 정보, 스타일에 대한 황당한 조언을 제공한다. 20세기 동안 널리 사용돼 온 이 책들은 유효기한이 이미 한참 지나 버렸다.

가장 확실한 사례는 《영어 글쓰기의 기본^The Elements of Style》으로 알려진 책이다. 이 책은 1918년에 나온 윌리엄 스트렁크^William Strunk가 쓴 초판을 E. B. 화이트가 개정하고 확장한 것이다. 화이트는 1919년 코넬대학교에서 스트렁크의 수업을 들을 때 이 책을 처음 접했다. 1959년 화이트가 맥밀란 출판사와 함께 개정판을 냈을 당시, 일부 내용은 이미 40년이 지난 것이었고, 이후 여러 출판사에서 여러 번 개정되며 현재는 100년 넘게 시간이 흐른 상태다. 이 책에 나오는 문법과 용법에 관한 내용 중 많은 부분은 매우 잘못된 조언이며, 화이트의 개정판에서 추가된 일부 내용은(예를 들어, 전치사를 문장 끝에 두는 것을 두고 화이트가 "살인처럼 들린다*sounds like murder*"라고 표현한 부분, 4판, 78페이지) 완전히 터무니없다. 이 책은 피하는 것이 좋다.

조지 오웰의 에세이 〈정치와 영어*Politics and the English Language*〉(1946)는 책이 아니라 한 편의 에세이지만, 수백만 명의 학생들이 이 에세이를 책의 형태로 접했을 것이다. 이 에세이는 1952년부터 1996년까지 325개 대학에서 교재로 사용되며 118번 이상 재인쇄됐다(자세한 내용은 린 블룸*Lynn Bloom*의 연구 논문 〈에세이 캐넌*The essay canon*〉을 참조, *College English* 61.4, 1999, 401~430페이지). 이 에세이의 내용은 인터넷에 널리 퍼져 있으며, 수많은 영어교사들이 지난 78년 동안 이 에세이를 찬양해 왔다. 그러나 그 내용은 위선적인 미덕 과시, 잘못된 예시, 그리고 아무도 따르지 않는 어리석은 조언들로 가득 차 있다. 예를 들어, 오웰은 이 책에서 익숙한 표현을 절대 사용하지 말라고 하며, 수동형을 사용하지 말라는 조언도 한다(하지만 자신의 글에서는 대부분의 영어 글보다 수동형을 훨씬 많이 사용한다). 나의 조언은 이 에세이를 따르지 말라는 것이다. 그러나 만약 당신에게 이 에세이를 누군가 권했고, 그가 이 에세이에 대한 여러분의 견해를 묻는다면, 그냥 훌륭하다고 대답하는 것이 좋다.

윌리엄 진서William Zinsser의 《글쓰기 생각 쓰기On Writing Well》는 1976년에 처음 출판된 후 2006년 하퍼콜린스 출판사가 30주년 기념판을 출간한 글쓰기 책으로, 그동안 많은 찬사를 받았다. 이 책은 형용사와 부사는 대부분 "불필요하다"라고 주장하는데, 이는 명백히 사실이 아니다(본 책의 8장과 9장을 참조). 또한 문장을 however로 시작하는 것을 두고 "젖은 설거지 수건처럼 걸려 있다it hangs there like a wet dishrag"라고 표현하는데(73페이지), 이런 조언이 합리적이라고 생각한다면, 그건 혼자만의 생각이다. 나는 이 책을 좋아하지 않는다.

나는 공포물의 대가 스티븐 킹이 쓴 《유혹하는 글쓰기On Writing》도 별로 좋아하지 않는다(이 책의 20주년 기념판은 2020년 스크라이브너 출판사에서 출간했다). 이 책을 훌륭하다고 생각하는 사람들도 있지만, 나는 동의하지 않는다. 문법과 용법에 관한 한 정말 어처구니없기 때문이다. 킹은 부사가 마치 민들레처럼 통제되지 않고 퍼져 나갈 것이므로 제거하지 않으면 안 된다고 주장한다(125페이지). 하지만 내가 9장에서 언급했듯이, 그는 결국 다른 사람들과 마찬가지로 부사를 사용하고 있으며, 그 사실을 깨닫지 못한 것 같다.

지금까지 언급한 책들은 문법에 대한 이해가 부족하고 독단적이며 시대에 뒤떨어져 있다. 그러니 이런 책들은 피하라. 하지만 내가 이런 말을 했다는 것은 절대 누설하지 않길 바란다. 이들 저자에게는 수백만 명의 열렬한 팬이 있고, 나는 그들의 적이 되고 싶지 않다.

용어 해설
(ABC순)

accusative(목적격) 주어가 아닌 대명사의 형태. *me* 혹은 *them*.

active(능동형) 수동형이 아닌 유형. *Various errors occurred*다양한 실수가 있었다나 *I shot the sheriff*내가 보안관을 쐈다.

adjective(형용사) *enthusiastic*열정적인, *proud*자랑스러운, *reprehensible*비난할 만한, *recent*최근의, *big*큰 같은 범주의 단어.

adverb(부사) *enthusiastically*열정적으로, *proudly*자랑스럽게, *reprehensibly*괘씸하게, *recently*최근에, *soon*곧 같은 범주의 단어.

article(관사) 가장 기본적인 두 가지 한정사 *the*와 *a(n)*.

attributive(한정) 명사구에서 명사 앞에 위치하여 명사를 수식하는 속성. *good dog*착한 개.

auxiliary verb(조동사) 의문문 주절에서 주어 앞에 올 수 있는 동사의 하위 범주.

category(범주) 공통된 문법적 특성을 보이는 단어들의 집합. 예를 들어 명사, 동사, 형용사 등.

clause(절) 진술이나 질문을 표현할 수 있는 최소 구성요소로, 영어에서는 거의 항상 동사를 포함한다.

closed interrogative(폐쇄형 의문문) 적절한 답변의 수가 제한된 의문문으로, *Do you come here often?*여기에 자주 오시나요?의 경우 가능한 답변은 *Yes* 또는 *No*로 제한된다.

comparative(비교급) 특정 범위에서 더 많이 있는 것을 표현하는 데 사용되는 형용사나 부사의 형태. *higher*더 높이, *louder*더 크게, *faster*더 빠르게, *more*더.

conjunction(접속사) '*coordinator*(접속사)' 항목 참고.

connective adjunct(접속 부가어) 부사 *consequently*결과적으로 또는 전치사

구 *of couse*물론와 같은 부가어로, 담화에서 종종 문장을 이전 문장과 연결하는 데 사용된다.

coordinator(접속사) *and* 또는 *but*과 같은 단어로, 두 개의 구나 절을 동등하게 연결하는 데 사용된다. [많은 언어학자가 "conjunction"이라고 부르지만, 이는 적절한 용어 선택이 아니다. 왜냐하면 접속사 or는 논리적 선택을 표현할 뿐 결합conjunction을 나타내지 않기 때문이다.]

count noun(가산명사) 셀 수 있는 것을 나타내는 보통명사로, 일반적으로 복수형을 갖는다. *dog*(*two dogs*개 두 마리), *city*(*several cities*여러 도시), *mistake*(*repeated mistakes*반복된 실수들).

declarative(평서절) 진술을 표현하는 데 가장 일반적으로 사용되는 절의 유형. *They were very kind*그들은 매우 친절했다.

determinative(한정사) *an*, *all*, *each*, *most*, *several*, *some*, *the*와 같은 범주에 속하는 단어. [많은 언어학자들이 이를 "한정어"라고 부르지만, 한정사는 단어의 범주를 가리키는 용어고, 한정어는 단어의 기능을 가리키는 용어다.]

determiner(한정어) 명사구에서 단수 가산명사나 보통명사 앞에 요구되는 구성요소의 기능. 예를 들어, *the spider's web*거미줄 또는 *our secret*우리의 비밀 또는 *hardly any point*거의 어떤 지점의 밑줄 친 부분(다른 보통명사와 함께 허용됨). 범주를 나타내는 '한정사'와 혼동하지 말 것.

direct object(직접목적어) 일반적으로 영향을 받는 개체나 전달되는 것을 나타내는 목적어다. 예를 들어 *hand the usher your ticket*안내원에게 너의 표를 줘에서 밑줄 친 명사구.

exclamative(감탄절) 감탄하는 진술을 표현하는 데 가장 일반적으로 사용되는 유형의 절. *How kind they were!*그들이 어찌나 친절하던지!

feminine(여성형)　대명사 *she*와 어울리며 *he*나 *it*과는 다른 성별 집합에 속하는 것.

genitive(속격)　-'s(또는 규칙적인 복수형 속격의 경우 -s')로 표시되는 명사구의 형태(*John's*)며, 대명사의 경우 불규칙 형태도 있다(*his*). [많은 언어학자가 '소유격(*possessive*)'이라는 용어를 사용하지만, 그 의미가 소유와 관련이 없는 경우가 많으므로 적절한 용어 선택이 아니다.]

gerund-participle(동명사)　-*ing*로 끝나는 **동사**의 형태. *singing*.

head(핵심어)　구의 주요 구성요소로, 종종 필수적이며 전체 구의 문법적 속성을 결정한다. 예를 들어 동사구의 동사나 전치사구의 전치사.

imperative(명령절)　명령이나 제안 같은 지시를 표현하는 데 가장 일반적으로 사용되는 절. *Be kind*친절하라.

indefinite(부정형)　명사구가 지칭하는 것이 식별 가능한 것이 아니라 열려 있고 불특정할 때의 속성. *some arrangement*어떤 배열, *a former pope*전직 교황, *most shirts*대부분의 셔츠.

indirect object(간접목적어)　일반적으로 수혜자나 수령인을 나타내는 목적어. *hand the usher your ticket.*안내원에게 너의 표를 줘.

inflection(굴절형)　문맥의 측면에 따라 수정된 문법적 형태.

interjection(감탄사)　문장구조의 일부가 아니라 화자의 감정을 나타내는 데 주로 사용되는 작은 범주의 단어들. *ah*, *hey*, *ooh*, *ouch*, *ugh*, *wow*.

interrogative(의문절)　질문을 제기하는 데 가장 일반적으로 사용되는 절의 유형. *Were they kind?*그들이 친절했어? 또는 *How kind were they?*그들이 얼마나 친절했어?

irregular(불규칙)　특히 단어의 굴절형에서 일반적인 규칙에 따르지 않는 유형.

lexeme(어휘소)   사전에 항목으로 추가할 수 있는 단어. *Take*라는 어휘소에 대한 항목은 사전에 있지만, *take*, *taken*, *takes*, *taking*, *took*과 같은 개별 단어 형태에는 별도의 사전 항목이 없다.

lexical verb(어휘동사)   조동사가 아닌 동사.

masculine(남성형)   대명사 *he*와 어울리며 *she*나 *it*과는 다른 성별 집합에 속하는 것.

mass noun(집합명사)   구체적, 추상적 또는 은유적 물질을 나타내는 명사. *zinc*아연, *water*물, *innocence*순수.

modal(서법)   절의 의미가 진실 또는 거짓과 어떻게 관련되는지 나타내는 방식에 관한 것. *may*는 절의 나머지 부분이 가능성이 있는 진실임을 나타내는 서법 조동사고, *clearly*는 서술한 내용이 명백하게 진실임을 나타내는 서법 부가어로 사용될 수 있다.

modifier(수식어)   다른 항목에 지배되지 않고 구성요소의 의미를 변경하는 구. *Do it on Tuesday*화요일에 해, *I agree emphatically*나는 확고하게 동의한다, *the girl with the dragon tattoo*용 문신을 한 소녀, *a quiet woman who no one had noticed*아무도 눈치채지 못한 조용한 여성의 밑줄 친 부분.

neuter(중성)   대명사 *it*과 어울리며 *he*나 *she*와는 다른 성별 집합에 속하는 것.

nominative(주격)   절의 주어가 되는 대명사의 형태. *we* 또는 *they*.

noun(명사)   종종 사물이나 물질의 유형을 이름 붙이는 단어의 집합. *apple*사과, *mountain*산, *gasoline*휘발유.

noun clause(명사절)   특정 내용절의 전통적인 이름.

NP, Noun Phrase(명사구)   명사가 핵심어인 구.

object(목적어)   동사 뒤에 오는 문장 구성요소(거의 항상 명사구)로, 동사가 나타나는 의미에 즉시 영향을 받거나 논리적으로 연결된 대상을 나타낸다. 다음 동사구에서 밑줄 친 명사구가 여기 해당한다. *opened a new bottle*새 병을 열었다, *caused trouble*문제를 일으켰다, *take your time*시간을 가져라, *hand the usher your ticket*안내원에게 너의 표를 줘.

open interrogative(개방형 의문문)   잠재적인 답변의 범위가 넓거나 한정되지 않은 의문문. *How often do you come here?*여기에 얼마나 자주 와?

participle(분사)   자체적으로 시제를 나타내지는 않는 동사 형태로, 예를 들어 과거분사 *taken*이나 동명분사 *taking*이 있다.

passive(수동형)   능동형이 아닌 절. 수동형 절에서는 동사가 과거분사 형태로 나타나며, 의미가 뒤바뀌어 두 주요 명사구(일반적으로 주어와 목적어)의 역할이 바뀐다. *Your dog bit me*너의 개가 나를 물었다의 수동형은 *I was bitten by your dog*너의 개한테 물렸다다.

past tense(과거시제)   *I usually walked*나는 보통 걸었다 또는 *It felt damp*축축한 느낌이었다에서처럼 과거의 시간적 사건을 지칭하는 데 사용되는 시제며, 특정한 다른 방식으로도 쓰인다(*if I wanted to*에서 가정의 의미).

past participle(과거분사)   (종종 *-ed* 또는 *-en*으로 끝나며) *have* 뒤에 사용돼 완료 시제를 나타내거나(*I have already written it*나 이미 그거 썼어) 수동형에서 사용되는(*The alligator was humanely killed*그 악어는 인도적으로 사살됐다) 동사의 형태다.

perfect(완료형)   과거분사와 *have*를 사용하여 현재와 관련이 있는 완료된 동작을 표현한다. *I has sung*나는 노래했다.

person(인칭)   (발화자를 포함하는 1인칭) *us*, (발화 대상자를 포함하는 2인칭) *you*, 그리고 (둘 다 포함하지 않는 3인칭) *them*을 구별하는 문법적 속성이다.

plain form(기본형) 접미사가 추가되지 않은 명사, 동사, 형용사의 기본 형태. *be, do, make* 등.

plural(복수형) 하나가 아닌 수의 명사를 지칭하는 것. *apples*.

possessive(소유격) 'genitive(속격)' 참조.

PP, Preposition Phrase(전치사구) 전치사가 핵심어인 구.

preposition(전치사) *at, between, by, despite, into, of, throughout* 등으로 대표되는 단어의 범주.

present tense(현재시제) 습관적인 행동이나 현재 순간의 시간을 표현하는 시제. *I usually walk*나는 보통 걷는다(습관), *It feels damp*축축한 느낌이다(현재 순간).

progressive(진행형) Be 동사 뒤에 현재분사 형태가 오는 동사의 구조로, 계속되는 활동을 표현한다. *is singing*노래하고 있다.

pronoun(대명사) 문장에서 가까운 일부 명사구 또는 문맥에 있는 어떤 것을 지칭하는 데 사용되는 특수한 명사의 작은 하위 범주. He, I, It, One, She, They, We, You 복수, You 단수

proper noun(고유명사) 특정할 수 있고 식별할 수 있는 사람, 장소, 사물, 개체를 지칭하는 명사. *Gandhi*간디, *Chicago*시카고, *Kilimanjaro*킬리만자로, *Hamlet*햄릿.

reflexive pronoun(재귀대명사) *-self*로 끝나는 대명사의 형태로, 일반적으로 같은 절 내의 명사구를 다시 지칭할 때 사용된다. *myself, herself*.

relative clause(관계절) *which frightened us*우리를 놀라게 한 또는 *that nobody wanted*그 누구도 원하지 않은와 같은 절로, 가장 일반적으로는 명사구 내의 명사를 수식하는 데 사용된다.

singular(단수형) 명사가 나타내는 것 중 하나만을 지칭하는 형태. *apple*.

stranded of a preposition(전치사의 좌초) 보어와 분리된 전치사의 형태. 좌초의 또 다른 예로는 *Who did you see __?*누가 봤어?가 있으며, 여기서 *see*는 *who*를 목적어로 가지는 것으로 이해될 수 있다.

subject(주어) 절의 주어는 일반적으로 동사구 앞에 오는 필수 구성요소(보통 명사구)다. *Several of the members thought otherwise*몇몇 멤버들은 다르게 생각했다, *Nobody does it better*이보다 더 잘하는 사람은 없다, *Half past nine or a quarter to ten should work*9시 반이나 9시 반에서 10시 정도면 괜찮다.

subordinator(종속사) *whether*와 *that*을 포함하는 매우 작은 단어의 범주. [많은 언어학자가 이를 '보문소complementizers'라고 부르지만, 종속사는 보충어 절complement clause뿐만 아니라 관계절도 도입할 수 있기 때문에 이 용어는 적절하지 않다.]

superlative(최상급) 척도의 극단을 표현하는 형용사나 부사의 형태. *highest*가장 높은, *loudest*가장 큰 소리의, *fastest*가장 빠른, *most*가장 많은 등.

tense(시제) (현재 시간 또는 습관을 나타내는) *investigates* 및 *speaks*를 (과거 시간을 나타내는) *investigated* 및 *spoke*와 구별하는 동사의 속성.

verb(동사) *investigate*조사하다, *think*생각하다, *fondle*애무하다, *seem*보이다, *bring*가져오다 등과 같은 범주의 단어.

VP, Verb Phrase(동사구) 동사가 핵심어인 구.

wh-word(의문사) 관계절이나 열린 의문문을 도입하는 데 사용되는 단어들. *who*, *what*, *which*, *where*, *when*, *how*, *why*.

word(단어) '**lexeme(어휘소)**' 또는 '**word-form(어형)**' 항목 참조.

word-form(어형) 문장에서 나타날 수 있는 단어의 특정 형태. *take* 또는 *takes* 또는 *taken* 또는 *taking*.

찾아보기

가나다순

가산명사(count noun) 65~70, 93, 240

가정법(subjunctive) 181

간접목적어(indirect object) 37~38, 193

감탄사(interjection) (범주) 48, 50, 159, 166~168

감탄절(exclamative) (절 유형) 55~56, 58~59, 171, 176

개방형 의문절(open interrogative) 57~58, 174, 184, 215, 255, 274

거만함(pomposity) 82, 235, 293, 2955

격식 스타일, 문어체 (formal style) 21, 56, 79, 112, 180, 201, 224, 231~232, 235, 237, 256~257, 272, 293~297

고유명사(proper noun) 65, 70~73, 76, 86, 122, 289

고유이름(proper name) 73~74

공손함(politeness) 100

과거 시간(past time) 100, 108, 111, 117, 188

과거분사절(past-participial clause) 187~188

과거분사형(past participle form) 101~103, 107, 110~111, 179, 187~188, 193~194, 200

과거시제(past tense) 100~103, 105, 112~113, 117, 171, 179

관계대명사(relative pronoun) 208, 210~215

관계절(relative clause)의 정의 207

관계절(relative clause) 163~164, 207~216

    보충(supplementary) 관계절 208~212

제한적(restrictive) 관계절 207~208

통합(integrated) 관계절 207~208, 210~212

한정적(defining) 관계절 207~208

관사(article) 50, 70~72, 86, 91

부정관사(indefinite) 91, 125

정관사(definite) 71, 91, 126, 288

괄호(parentheses) 272, 276, 286

구(phrase) 31, 34~40, 72~73, 74~76, 128~130, 138

구글(Google) 130, 268

구어체 영어(spoken English) 47, 59, 80, 140, 154, 150, 194, 201, 232, 235, 267, 270

구의 핵심어(head of a phrase) 34~36, 39~41, 72~73, 75, 82~91

굴절형(inflection) 49, 123~124, 219, 228

그리스어(Greek) 65~67, 262

기본 부사(basic adverb) 134~135, 139

남성형(masculine) 78~79, 85

내용절(content clause) 163~164, 171~176

감탄문 내용절(exclamative) 176

의문문 내용절(interrogative) 164~165, 174~175

평서문 내용절(declarative) 173~174

노르웨이어(Norwegian) 255

노아 웹스터(Webster, Noah) 262

느낌표(exclamation mark) 273~274

능동절(active clause) 184, 191, 193, 195~198, 200, 202~203

단수형 명사(singular) 65~67, 69~71, 73, 75, 77, 85, 93~94, 242, 250

단어 단위 발화(single-word utterances) 187

대괄호(square brackets) 287

대명사(pronoun) 76~88, 224~227, 249~252

대문자(capital letter) 70~73, 284, 286, 289

대시(dash) 271, 276, 285~286

도와주는 동사(helping verb) 104, 107

독립속격(independent genitive) 82~85, 228

독립절(independent clause) 277, 284~285

독일어(German) 255

동격 관계절(appositive relative clause) 209

동명분사 형태(gerund-participle form) 104, 106, 108, 179, 219, 222~223

동명분사절(gerund-participial clause) 222, 235

동사(verb) (범주) 9, 36~42, 46~52, 55, 99~117, 140, 142, 150, 153, 179~222

동사구(Verb Phrase, VP) 34~35, 193~195, 200~201

동사원형(plain form of verb) 60, 99~100, 179~184

등위 접속사(coordinating conjunction) 159, 248

떠돌이 수식어(dangling modifier) 301~304

라틴어(Latin) 65~67, 154, 240, 287

로드니 허들스턴(Huddleston, Rodney) 5, 9, 12, 307, 309

로버트 로스(Lowth, Robert) 24, 308

로버트 베이커(Baker, Robert) 239

리 차일드(Child, Lee) 199, 300

린 블룸(Bloom, Lynn) 313

린들리 머레이(Murray, Lindley) 24, 308

마이크로소프트 워드(Microsoft Word) 81, 277

마침표(full stop) 참조 272, 273~275, 288

마크 트웨인(Twain, Mark) 249

명령(command) 115~116, 180

명령절(imperative) (절 유형) 56, 59~60, 171

명사(noun) (범주) 9, 48, 63~88, 122, 125~127

명사구(Noun Phrase, NP) 36~38, 72~77, 84~87, 92~94, 125~127, 168, 225~227, 249~252, 265

명사구의 원형(plain case form of NP) 74

명사절(noun clause) 173

목적격(accusative case) 82~83, 186, 222, 224~228, 231~233

목적어(object) 37~38, 40, 173, 186, 191~193, 200~203, 231, 235, 255

문장부호(punctuation) 248, 261, 271~290, 312

문학(literature) 234~235, 250, 300, 309

물음표(question mark) 56, 271, 273~274

미국영어(American English, AmE) 25~27, 113, 139~140, 154, 160, 180, 242, 262, 310

미래 시간(future time) 100, 117

바람과 함께 사라지다(Gone With the Wind) 243

바이런, 바이런 경(Byron, Lord (George Gordon, 6th Baron)) 250~251

발음(pronunciation) 25, 47, 75, 80, 101, 105, 134, 261, 265, 270

발화 대상자 또는 청중(addressee) 60, 77, 168, 301

발화자(utterer) 50, 77, 79, 198

범주(category) 5, 48~51, 91, 159, 166~168

벤 야고다(Yagoda, Ben) 27, 312

벤 존슨(Jonson, Ben) 254

보충 관계절(supplementary relative clause) 207~212, 276

보충어(complement) 35~41, 59, 125, 128~129, 138, 140, 147, 150~154, 160, 173, 183, 187, 193~194, 236, 253

    보충어 절(clause) 153, 171, 173, 176, 182, 220, 235, 238, 276

보통명사(common noun) 70, 73

복수형 명사(plural) 55, 65~71, 73~94, 125~127, 227, 240~241, 266

복합어(compound word) 267~269

부가 의문문(confirmation tag) 87~88

부가어(adjunct) 41~42, 301

    방식(manner) 부가어 243~246

    서법(modal) 부가어 134~135

    접속(connective) 부가어 243~246

부분격(partitive) 246~249

부사(adverb) (범주) 5, 6, 22, 45, 49~50, 121, 133~143, 148~150, 152, 220, 242~246, 314

    부사공포증(adverbophobia) 141~143

    부사구(Adverb Phrase, AdvP) 34, 41, 138

부정관사(indefinite) 91, 125

부정사절(infinitival clause) 180, 182~185

부정형 조동사(negative auxiliary verb) 87, 105, 112

분리 부정사(split infinitive) 219~222

분사(participle) 19, 112, 122, 154, 193, 268, 301

불규칙 동사 형태(irregular verb forms) 102~103

불규칙 복수형(irregular plurals) 65~67, 75, 240

불일치(mismatching) 220, 253~254

비격식적인 스타일, 구어체(informal style) 139~140, 296~297

비교급(comparative form) 123~124

비교절(comparative clause) 236, 242

사전(dictionary) 14, 39, 45~46, 48, 72, 129, 134, 147, 152, 165~167, 262, 268, 309~311

삽입 요소, 삽입구(parenthetical interruption) 41, 208, 276~277, 279, 285

서법 부가어(modal adjunct) 243~246

서법 조동사(modal auxiliary verb) 112~117

서술(predication) 108

서술어(predicate) 35, 172

서술적 보충어(predicative complement) 125

성별(gender) 79~80

세미콜론(semicolon) 271, 282~283

속격 형태(genitive form) 74~76, 82, 84~85, 91, 187, 222~223, 228~229, 265

수동절(passive clause) 5, 109, 188, 191~203

수식어(modifier) 41, 49, 56, 91, 121~122, 124~126, 137, 150, 188, 220~222, 245, 269, 301~304

쉼표(comma) 41, 207, 209, 247, 271~272, 275~278, 280~285, 288~289

스타일, 문체(style) 12, 21~23, 140, 293~300, 311~312

스티븐 킹(King, Stephen) 133, 143, 244, 314

스페인어(Spanish) 255

시제(tense) 100~101, 117, 122, 179

아이슬란드어(Icelandic) 255

아포스트로피(apostrophe) 74~76, 263~267

아포스트로피보호협회(Apostrophe Protection Society) 264

앤 피셔(Fisher, Ann) 78~79, 308

어형(word-form) 45~51

어휘동사(lexical verb) 104~106, 108, 110~111

어휘소(lexeme) 15, 45~48, 51, 65, 99, 123

에든버러왕립학회(Royal Society of Edinburgh) 153

영국영어(British English, BrE) 25~27, 104, 139, 154, 180, 242, 262, 288~289

오스카 와일드(Wilde, Oscar) 26, 251, 277

완료 시제(perfect tense) 187~188

용법(usage) 81, 108, 136, 232, 244~246, 309~310

원형부정사(bare infinitival) 183~184, 253

월터 크롱카이트(Cronkite, Walter) 237

웰스 한센(Hansen, Wells) 264

위치(location) 109, 147, 150

윌리엄 메이크피스 새커리(Thackeray, William Makepeace) 1251

윌리엄 셰익스피어(Shakespeare, William) 224~225, 234

윌리엄 에스티 광고회사(William Esty Advertising Agency) 237

윌리엄 진서(Zinsser, William) 133, 314

윌슨 폴렛(Follett, Wilson) 244

융합 관계절(fused relative) 214~216

의무(obligation) 114~115

의문문 내용절(interrogative) 174~175, 215

의문절(interrogative) (절 유형) 57~58, 171, 216, 272, 274

인용(quotation) 288, 312

인칭(person) 76~78, 183, 211, 213

    1인칭(1st) 76~77, 198, 226

    2인칭(2nd) 77, 80, 198

    3인칭(3rd) 77~79, 112, 181

일치(agreement) 55, 121, 229, 242, 253~254

재귀대명사(reflexive pronoun) 80~81

잭 리처(Reacher, Jack) 300

전치 한정사(pre-determiner) (기능) 94~95

전치사(preposition) (범주) 5, 9, 19, 39, 48, 50, 134, 138, 147~156, 166, 220, 242, 254~258, 313

전치사구(Preposition Phrase, PP) 34, 39~41, 93, 95, 109, 128~129, 138, 153~156, 160, 221~222, 254

전통 문법, 기존의 문법(traditional grammar) 5, 9, 10, 12, 34, 48, 55, 63, 73, 76, 84, 104~105, 107, 117, 122, 125, 134, 137, 147, 148, 152, 159, 162, 165, 166, 173, 185, 191~192, 197, 209, 215, 249

절(clause) 31~32, 55~58, 171~173, 179~180

    감탄절(exclamative) 55~56, 58~59, 171, 176

    개방형 의문절(open interrogative) 57~58, 174, 184, 215, 255, 274

    명령절(imperative) 56, 59~60, 171

    의문절(interrogative) 57~58, 171, 216, 272, 274

평서절(declarative) 55~56, 110, 171

폐쇄형 의문절(closed interrogative) 57, 105, 164, 174, 184

절의 유형(clause type) 55~60, 191

점진적 의미(gradable meaning) 126

접속부가어 246~249

접속(coordination) 160

접속사(coordinator)(범주) 50, 147, 159~162, 165~166, 253~254

정관사(definite) 71, 91, 126, 288

정의(definition) 3, 9, 55, 86, 122, 192

제인 오스틴(Austen, Jane) 251

제퍼디!(Jeopardy!) 58

제한적(restrictive) 관계절 207~208

조동사(auxiliary verb) 9, 49, 104~117, 265~266

조지 버나드 쇼(Shaw, George Bernard) 27

존 드라이든(Dryden, John) 154~155, 258

존 리처즈(Richards, John) 264

존 윌킨스(Wilkins, John) 45

존 콤리(Comly, John) 220

존 헌터(Hunter, John) 153

종속속격(dependent genitive) 82, 84

종속 접속사(subordinating conjunction) 152

종속사(subordinator)(범주) 50, 159, 162~165

좌초된 전치사, 전치사 좌초(stranded preposition) 220, 254~258

주격 형태(nominative case form) 82, 101

주어(subject) 35, 55~60, 82~83, 101, 121, 185~186, 222,~223, 278

주절(main clause) 33, 171~175

중립형 조동사 neutral auxiliary verb form) 107, 112

지시사(demonstrative) 46

직접목적어(direct object) 36~38, 193

진행형(progressive aspect) 108

질량명사(mass noun) 67~70, 238~242

질문(question) 56~58, 83, 168,175, 215~216, 273~274

찰스 디킨스(Dickens, Charles) 300

철자(spelling) 14, 75, 92, 101, 104, 134~135, 152, 261~270, 272~273

최상급 형태(superlative form) 123~124

축약형(contraction) 4, 9~10, 245, 307, 311

케임브리지 영문법(The CambridgeGrammar of the English Language) 4, 9~10, 245, 307, 311

콜론(colon) 271, 284~285

타잔(Tarzan) 225

태(voice) (능동형 또는 수동형) 191

통합 관계절(integrated relative clause) 207~208, 211~212

평서문 내용절(declarative) 173~174

평서절(declarative) (절 유형) 55~56, 110, 171

폐쇄형 의문절(closed interrogative) 57, 105, 164, 174, 184

표준 영어(Standard English) 27, 150, 164, 181, 225~226, 236, 253

품사(part of speech) 5, 48

프랑스어(French) 154, 255

프랭크 파울러(Fowler, Frank) 212

프랭클린 루즈벨트(Roosevelt, Franklin) 113

필수적인 보충어(obligatory complement) 39, 147, 183

하이픈(hyphen) 267~269, 272

한정 수식어(attributive modifier) 125

한정사(determinative) (범주) 50, 91~95, 238, 240~241

한정어(determiner) (기능) 91

헨리 제임스(James, Henry) 249

헨리 파울러(Fowler, Henry) 212~214

현재 시간(present time) 101, 108, 111, 116, 188

현재시제(present tense) 102, 112~113, 171, 179, 181

형용사(adjective) (범주) 5, 9, 22, 48, 49, 121~130, 139~140

형용사구(Adjective Phrase, AdjP) 109, 124~125, 128~130, 142, 160~161, 176

형용사와 형태가 같은 부사(bare adverb) 139~140

형용사의 기본형(plain form of adjective) 135

후치 수식어(postpositive modifier) 125

AP, Associated Press 222

by-구(by-phrase) 197~198, 200~201, 203

J. R. R. 톨킨(Tolkien, J. R. R.) 269

to-부정사(to-infinitival) 182~184

W. H. 오든(Auden, W.H.) 251

wh-단어(wh-word) 57

영문법에 관한 진실한 이야기

The Truth about English Grammar

ⓒ 제프리 풀럼, Printed in Korea

1판 1쇄 2025년 3월 5일

ISBN 979-11-89385-56-9

지은이. 제프리 풀럼

옮긴이. 경규림

펴낸이. 김정옥

편집. 김정옥, 조용범, 눈씨

마케팅. 황은진

디자인. 나침반

제작. 정민문화사

종이. 한승지류유통

펴낸곳. 도서출판 어떤책

주소. 03706 서울시 서대문구 성산로 253-4 402호

전화. 02-333-1395 팩스. 02-6442-1395

전자우편. acertainbook@naver.com 홈페이지. acertainbook.com

페이스북. www.fb.com/acertainbook 인스타그램. www.instagram.com/acertainbook

파본은 구입하신 서점에서 바꾸어 드립니다.

안녕하세요, 어떤책입니다. 여러분의 책 이야기가 궁금합니다.

홈페이지 acertainbook.com
페이스북 www.fb.com/acertainbook
인스타그램 www.instagram.com/acertainbook

점선을 따라 가위로 오려서 보내 주세요. 우표 없이 우체통에 넣으시면 됩니다. ✂

보내는분

이름
주소
이메일

우 편 엽 서

받는곳

도서출판 어떤책

03706 서울시 서대문구 성산로 253-4 402호

우편요금
수취인 후납
발송유효기간
2023.7.1.-2025.6.30
서대문우체국
제40454호

저희 책을 읽어 주셔서 감사합니다. 독자엽서를 보내 주시면 지난 책을 돌아보고 새 책을 기획하는 데 참고하겠습니다.

1. 《영문법에 관한 진실한 이야기》를

☐ 선물받았습니다. ☐ 추천받아 구입했습니다. ☐ 추천 없이 구입했습니다. ☐ 기타: _____

2-1. 이 책을 선물하거나 추천한 사람은 누구인가요?

☐ 친구 ☐ 가족 ☐ 선생님 ☐ 서점 운영자 ☐ 기타: _____

2-2. 이 책을 구입하신 서점은 어디인가요?

3. 이 책의 저자나 출판사에 하고 싶은 말씀이 있다면 들려주세요.

_____

_____

_____

4. 새 책 출간, 북토크 개최 등 출판사 소식을 이메일로 공유받길 원하시나요?

☐ 네, 보내 주세요. ☐ 아니요, 원하지 않습니다.

기입해 주신 개인정보는 출판사 소식 공유 외 다른 목적으로 사용되지 않습니다.

점선을 따라 가위로 오려서 보내 주세요. 우표 없이 우체통에 넣으시면 됩니다. ✂